文化鄱阳丛书　顾问　周金明
　　　　　　　　　　胡　斌
　　　　　　　主编　应美星

陈先贤 编著

文化鄱阳

闻人卷

江西高校出版社
JIANGXI UNIVERSITIES AND COLLEGES PRESS

图书在版编目(CIP)数据

文化鄱阳.闻人卷/陈先贤编著.---南昌:江西高校出版社,2021.4(2022.3重印)
(文化鄱阳丛书/应美星主编)
ISBN 978-7-5762-0463-6

Ⅰ.①文… Ⅱ.①陈… Ⅲ.①文化史—鄱阳县 ②名人—列传—鄱阳县 Ⅳ.①K295.64 ②K820.856.4

中国版本图书馆 CIP 数据核字(2020)第 211217 号

出版发行	江西高校出版社
社　　址	江西省南昌市洪都北大道96号
总编室电话	(0791)88504319
销售电话	(0791)88522516
网　　址	www.juacp.com
印　　刷	天津画中画印刷有限公司
经　　销	全国新华书店
开　　本	700mm×1000mm 1/16
印　　张	17.5
字　　数	270 千字
版　　次	2021年4月第1版 2022年3月第2次印刷
书　　号	ISBN 978-7-5762-0463-6
定　　价	58.00 元

赣版权登字-07-2020-1131
版权所有　侵权必究

图书若有印装问题,请随时向本社印制部(0791-88513257)退换

编委会名单

顾　问　周金明　胡　斌
主　任　应美星
委　员　胡　燕　胡春江　江海涛　操海鹏
　　　　徐　燕　胡柏涛　蔡　瑛　陈先贤
撰稿人　陈先贤

序 一

张祯祥

县委宣传部部长应美星同志主编、陈先贤编著的《文化鄱阳丛书》即将付梓,草草地翻了翻,这套书信息量很大,内容广博,意蕴深邃,对鄱阳的历史文化做了一次较为精细的回顾,值得称许。

鄱阳是江西拥有域名最早的两个县之一,秦初立县,东汉末年析豫章立郡,历享"银鄱阳"之誉,是江南著名的鱼米之乡。

2014年下半年在组织的安排下,我来到鄱阳任职,开始服务鄱阳人民,并成为鄱阳的一员。鄱阳是我从小耳熟能详的地方,在我们余干,更多的时候不称鄱阳而称饶州。那时在我心中,鄱阳是个繁华的地方。后来读书接触的东西多了,我对饶州也就是鄱阳又有了一些新的了解,知道她不但是江西最早存有域名的地方,而且是本省建县最早的两个县之一。在漫长的历史时期,鄱阳一直是郡、州、府所在地,与余干、余江、万年、德兴、乐平、浮梁同属一个行政体。我来到鄱阳后,进一步了解到鄱阳是江西发展得较好的地区之一:沐浴在中国传统文化阳光里的鄱阳,长期以来一直深受众多历史文化名人的熏陶与影响,人才辈出,水运发达,是江西农业、商业和手工业"早熟"的地区,是江南较为富庶的鱼米之乡,也是文化璀璨、教育趋前的地方,尤其是文化,可以用四个字概括——"博大精深"。

对于鄱阳文化的"博大精深",以前总是从她的历史长度去看,很少从她的历史宽度去深入了解,即使是通过翻阅县志,也难窥见比较完整的当时面貌。因为,县志受体例制约,无法过度去拓展。这套书好就好在它不受这些限制,可以就事就人去拓宽视野,尽最大努力搜集有关鄱阳的人和事。这些人和事,使我们加深了对不同历史时期鄱阳的发展脉络和当时所处的地位的认识。

在赣东北地区,鄱阳历史与文化的深远影响,远远不止这种地域的划分与人口迁徙这么简单。从这套书中,我们可以清楚地看到,鄱阳的历史文化既具有文化品质的包容性,又具有历史文化的传统性和创造的广泛性。它的包容性,即求同存异和兼收并蓄。求同存异,就是能与其他文化和睦相处;兼收并蓄,就是能在文化交流中吸收、借鉴其他文化的积极成分,并以此增强对自身文化的认同和对其他文化的理解和认知。

如果追溯历史,鄱阳湖与鄱阳有着非同一般的渊源关系,不只是湖名得名于县,其漫浸的广袤地区,有不少曾为"番"所属。在现代学者看来,称谓江西文化时,除了"赣"字之外,"鄱"也是最能指代江西的字。当然,这里的"鄱"虽然包含广大的鄱阳湖流域,但"鄱"字的源流与"番"息息相关。江西学者傅修延说:"根据学界考证,'赣'字中的'章'旁,表明赣江流域的先民与北方漳河流域的漳人有关(也有人说源于战国时期江淮流域的'豫章');而'鄱'字中的'番'旁,又提示鄱阳湖地区的先民有自己的来源——《山海经·海内经》中那个'始为舟'的黄帝后裔番禺。"当然,这是一家之言。不过,在上古文献中,无论是《左传》还是《战国策》,都很难找到江西人的踪影,重大事件基本上发生在北方。古代江西有史可考的最早人物为春秋晚期楚大夫潘子臣和吴国的公子庆忌。《史记·吴太伯世家》载,公元前504年,"吴王使太子夫差伐楚,取番"。《左传·定公六年》载:"吴大子终累败楚舟师,获潘子臣、小惟子及大夫七人。"《史记索隐》载:"番,音潘,楚邑名,子臣即其邑之大夫也。"番即秦所设之番县,其地在当今之鄱阳及周围地区。又据《左传·鲁哀公二十年》载,庆忌"出居于艾"。杜预注:"艾,吴邑,豫章有艾县。"其地在今修水。上述诸人只是在江西地域活动过,并非江西土著。而且这说明,江西吴头楚尾之地,其实是楚国先占,春秋中期以后为吴国所占,后来又为楚所占。因此,从文化属性来看,它是随着统治阶级的变化而变化的。但是后来的历史证明,因为战争和自然灾害,鄱阳的人口经历了多次巨大的变化,正是这些变化,使鄱阳文化不断走向成熟,并具有如下几个特征:

首先,鄱阳人口的多元性与混合性,奠定了鄱阳历史文化的包容性。起初,属于楚领地的鄱阳,因诸侯的争夺变成时"楚"时"吴",进而变成了"吴头楚尾"。尤其是本为春秋时吴国贵族后裔的吴芮,入籍鄱阳之后,鄱阳不但行政属性有了质的不同,文化属性也受到较大影响。随着时间的推移,特别是通过两晋南北朝北方人口大量的迁徙,经过接触、混杂、联结和融合,中原文化的影响日益扩大。鄱阳文化的主流由许许多多分散孤立存在的不同文化体验形成一个你来我去、我来你去,我中有你、你中有我,而又各具个性的、相互包容的、互不排他的多元统一体。这种现象,在鄱阳现存的语言和风俗习惯中表现得尤为突出。

其次,正是这种文化上的包容性,使传统文化在广大的鄱阳地区,形成了丰富多彩、生动活泼的局面,在外部不断吸纳外来文化的营养,使自身更具生命力。比如我们的渔俗文化、饶河调、渔鼓、大鼓以及不

少手工艺制作乃至"耕读传家"等儒家思想的续存,都体现了这点。乡镇各地至今在民间流行的一些传说,充分证明了这个事实。

  再次,从过去的岁月中可以看到,鄱阳自两汉以来人才辈出,体现了这个地区人们独有的品性。雷义、陶母、陶侃、操师乞、林士弘、蔡明远、吉中孚以及后来的彭汝砺兄弟、熊本、陶节夫、洪皓父子、姜夔、彭大雅、周伯琦、胡闰等,除东晋时官拜大将军、都督八州军事的陶侃之外,他们虽然大都未独领风骚,但每个人都自尊自强,志存高远,持之以恒,深明大义,正直自重,关心民瘼,勇敢担当,忠君爱国,坚贞不二,立功立事,穷不丧志,富不骄奢,不沽名钓誉,不欺世盗名,一步一个脚印,从平凡处起步,到平淡处终结,为鄱阳留下了宝贵的精神财富,形成了这个地区人们特有的品格。这种敬畏自然,兼容并蓄,博采众长,重传承、重接纳、重追求、重贡献、重承诺和轻索取的文化精神,激励一代又一代鄱阳人为自己的家乡和祖国做出了不可磨灭的贡献。

  今天,我们所干的事业是古人难以想象的,但是,对于鄱阳这些宝贵的文化遗产,我们还是要毫无保留地继承。所以我认为这套书值得我们去翻阅。当然书中难免还有不足之处和遗漏,希望这只是个开端,将来有更好的书出版。

  我爱鄱阳,祝愿鄱阳的明天更美好!

序 二

胡 斌

《文化鄱阳丛书》即将付梓,这应该是本县文化界的一件大事、幸事,借此我谈谈自己的看法。

我对鄱阳较全面的了解,是来此任职之后。以前我知道鄱阳是个大县,历史悠久,享有"鱼米之乡"的美誉,但不够深入。来鄱阳后,通过广泛接触我才知道,地处江西北部偏东,东近浙江,北接安徽,西邻鄱阳湖的古邦,因悠久的历史和独特的地理环境,鲜遭兵燹,风景秀丽,水富地肥,宜于人居,所以成为魏晋以来历朝历代举家外迁、躲避战乱的理想场所。这一地区崇文重教,农、商、儒兼举,代代相沿,不仅在江西历史上的地位较高,而且创造和积累了有着自己特色的灿烂历史文化。

从现在的地理位置看,鄱阳和我的家乡婺源相距不近,如果还原历史,鄱阳和婺源曾经有着剪不断理还乱的种种关系。鄱阳置县时间早于婺源,而且婺源设置之初,有部分地域曾属鄱阳。然而,若从家谱中查看乡镇的历史,鄱阳几乎每个乡镇都有从婺源迁徙过来的家族。从这点看,鄱阳和婺源的关系太不一般。所以在鄱阳,我就有种与众不同的感觉——我所从事工作的职责即是为家乡建设贡献自己的力量。

中国的历史多集中在两类人身上,一是皇帝,一是皇帝身边的人,因为后者多是历史"巨人"。在鄱阳的历史上,不乏这类人物。翻开鄱阳历史,首先映入眼帘的,是江西第一位政治家吴芮。是吴芮的远见卓识,奠定了鄱阳后来的历史地位,使鄱阳从一个"荒服之地",成为赣东北地区的政治、经济、文化中心。

汉代离秦朝虽然很近,却是鄱阳重要的历史转折时期,番(通鄱,音pó,下同)县的设置,不只是一个域名的存在,而是一种历史的认同。正因为此,汉武帝时,远在北方的朝廷便把目光投向了南方这块璞玉。车千秋寝葬鄱阳,看似一件无关紧要的小事,但对当时仍处在生产力落后状态的江南,不啻是种兴奋剂。虽说早在春秋时,番已是诸侯争霸的必争之地,但毕竟仍很荒凉落后。东汉末年,鄱阳地位上升,使这块璞玉有了被雕琢的机会。三国东吴分豫章立鄱阳郡,从此鄱阳翻开了崭新的一页。正是从这个时候起,历史上不少名人或主政鄱阳,或享受鄱阳的供奉。这些人中既有政治家、思想家,也有文学家、史学家、诗人、学者。这些重要历史名人在鄱阳任职,对鄱阳文化水平的提升起到了不可估量的作用。尽管他们中有的人在鄱阳任职的时间并不长,时间较长的也不过三五年,但都留下过印记,有的印记甚至千年万载都无法抹去。据不完全统计,仅唐朝就前后有9位朝廷枢臣——宰相来鄱阳任职,成为州守。如至今鄱阳人仍称道的"颜范遗风",就是唐宋两朝良牧治饶的典范。"颜范遗风",颜指颜真卿,范为范仲淹,是古代有名的两位人物,他们都在鄱阳任过职,而且给鄱阳人留下了深远的影响。除了书法之外,颜真卿坦荡率直、一丝不苟、忠贞节烈的浩然正气和优良品格,给一代又一代鄱阳人树立了良好的精神丰碑;范仲淹的刻苦励志和"不以物喜,不以己悲,居庙堂之高则忧其民,处江湖之远则忧其君""先天下之忧而忧,后天下之乐而乐"的胸怀天下的苦乐观和抱负,至今不但为鄱阳人所敬仰,也为天下人垂范。

"柳公楼",它早不为现在的鄱阳人所熟悉,但它能在古代历史地理典籍中出现,可见其当时的规模与影响;当我们每每谈起铸钱和铜镜时,可曾想到唐代时鄱阳的造纸技艺,"鄱阳白"这个一时让人感到陌生的文房四宝之一,显现了传统文化在鄱阳的根深蒂固;自晋虞溥办学之后,鄱阳教育始终走在江西前列,到两宋书院兴起,为鄱阳培养了大量学子,也使原饶州地区输送出一大批人才;景德镇陶瓷艺术,看似与鄱阳不搭界,实际上能拥有今天的辉煌,离不开鄱阳曾经的贡献,这不只是地理意义上的优势,还有人才、技术等方方面面的支撑……凡此种种,无不让我对鄱阳有了全新的认识。

乡村是城镇的起点,鄱阳广袤的农村,折射出这块古邦大地的久远。从新石器时代走来的鄱阳人,历经秦汉初始,两晋南北朝的迁徙接纳,唐、宋、元、明、清的不断变迁,直至新中国的建立,其间多无文字记载,我们却可以从蛛丝马迹中看出他们的发展轨迹,这些都对我们的新农村建设有一定的借鉴。

历史是文化的土壤,文化是历史的积淀。历史是人类对过去的记忆,古罗马的哲学家西塞罗有句名言:"人若不知出生以前发生的事,则将永如幼童。"鄱阳之所以文化积淀深厚,是因为其悠久的历史。鄱阳早在春秋战国时便在史籍上出现,加上傍湖依水、湖山钟秀的地理优势,因此在较长的时间里,拥有了一定的政治和经济地位。正是这种得天独厚的条件,使鄱阳在历史的长河里,贤才俊彦层出不穷,淳风良俗代代相传,文化内容博大璀璨。所有这些沉淀,经过继承发展,逐渐过滤成自己的文化风格和文化品位,这种文化可归纳为:三大经纬六大品质十个内核构筑的、有着自身品性的地域文化,即以湖风水俗为经,以吴楚中原风韵为纬,以古风淳俗为梭,交织成坚忍不拔,敬畏自然,兼容并蓄,博采众长以及重传承、重接纳、重追求、重贡献、重承诺和轻索取"五重一轻"的文化品质。这种品质的内核,主要体现在吴芮胸襟、陶母美德、陶侃气魄、士弘刚毅、明远情义、彭氏(彭汝砺、彭汝方、彭大雅)品格、四洪(洪皓与子洪适、洪遵、洪迈)风范、姜夔才艺、伯琦智慧和颜范遗风中。

我们正在打造一个全新的鄱阳,这个鄱阳既要连接历史,又要面向未来。遗忘、轻视历史,都会使我们继往开来、承前启后的工作受到影响。然而鄱阳的历史太悠久了,时间跨度之大,留存记忆之少,又给这项工作带来了一定的难度。尤其乡镇方面,历史裂缝很大,从建县迄今有两千多年,要想真正了解实在不易。这套丛书以最大的可能,弥补了这方面的不足,为我们全面了解鄱阳辟了一条蹊径。

往事如烟,但历史的烟尘并不可能随便被风吹散。对此我感到莫大欣慰,并愿有兴趣者抽空一看,以加深对这片土地的印象,并建言献策,为更好地打造新鄱阳贡献自己的光和热。

目录

历代乡贤

吴芮：秦汉江西第一人 /001

雷义：雷陈友谊誉千秋 /004

雷焕：龙光牛斗慧眼识 /006

陶母湛氏：母范为师千古传 /009

陶侃：运筹帷幄知细微 /012

操师乞、林士弘：秦俗汉道将何冀 /016

吉中孚：神清才子文章宗 /019

陈陶：玉都仙名长空鹤 /023

熊本：事经官路心更明 /026

彭汝砺：蟾宫折桂占鳌头 /029

陶节夫：韬略夙怀保边宁 /032

洪皓：历经磨难报国殇 /035

洪适：革弊鼎新去瑕疵 /038

洪遵：为官清正重民本 /041

洪迈：涉猎广博多著述 /044

姜夔：咳唾成珠声韵怡 /047

张履信、张辑：伯劳燕飞各风烟 /051

彭大雅：名垂青史复尊荣　　/054

周伯琦：玉雪坡下广流声　　/057

赵友钦：粪土功名事天文　　/060

费震：仁智勇谋集一身　　/063

章复：种得青松夹路长　　/067

童轩：才富品端精历法　　/070

刘应麒：来去行装见清廉　　/075

陈嘉训：正气厚义垂青史　　/078

史彪古：临渊待月不畏迟　　/081

胡克家：清臣良医两自如　　/084

张鸿翯：灌园捕鱼我独醒　　/088

李守诚：矢志不渝仰孙文　　/091

彭涛：开拓化工带头人　　/095

姜达权：三峡锁江曾留痕　　/099

石屏：敢教蓝天任翱翔　　/102

历代名宦

唐蒙：开辟夜郎南丝路　　/105

步骘：鄱阳立郡为首任　　/109

周鲂：治乱扩城有政声　　/112

虞溥：大修庠序兴公学　　/116

王廙：兴学重教身亦师　　/119

顾众：县邦受封第一人　　/122

虞丘进：东晋末期鄱郡守　　/125

胡藩：南朝刘宋守鄱郡　　/128

陈显达:非命世才威扬盛 /131

柳恽:良质美手广才艺 /135

萧恢:永福弘法赖显明 /138

陆襄:蔬食布衣广德政 /140

柳庄:襄阳贤士饶州牧 /143

李大亮:志怀贞确声绩远 /146

薛振:探赜索隐极深研 /149

祝钦明:浚河疏垮存德声 /152

吴兢:史坛骁将铁骨铮 /155

颜真卿:立德践行高风节 /158

李嘉祐:中唐才子鄱阳令 /162

第五琦:行之信义守恭勤 /165

韦伦:和蕃使者事孝悌 /168

裴谞:宽厚和易为民本 /171

李复:收复琼州利后代 /174

杜佑:富国安人为己任 /177

郑珣瑜:贱敛贵发以便民 /180

李吉甫:抑藩治吏两为相 /183

马植:为政治边信诚待 /186

钟泰章:助杨夺吴享南唐 /189

毕士安:端方沉雅精词翰 /192

范正辞:执法严苛治饶州 /195

范仲淹:文武兼备大节具 /198

王钦臣:富有"百城"勤"书田" /202

曾孝广:宦途不定政声显 /205

毛滂：知名于世赖诗文 /208

连南夫：屡为鄱阳御外敌 /211

李弥逊：正直无畏忤奸佞 /214

章谊：不避权贵立朝事 /217

叶义问：两度州守袖清风 /220

王居正：饱读诗书耕读继 /223

唐文若：清风苦节主抗金 /226

胡铨：南宋名臣性耿直 /229

王十朋：诗才横溢文声远 /232

唐震：留得丹心照汗青 /235

江万里：俯仰令人倍慨然 /237

王都中：秉公执法勤政事 /240

陶安：翰苑文章第一家 /244

陈吾德：德言与功立不朽 /247

陈德荣：耿介诚谨守清廉 /249

秦承恩：无愧姓秦远奸佞 /252

沈葆桢：清望冠时威卓然 /256

沈衍庆：取义成仁担纲常 /259

赵之谦：师法秦汉才华展 /262

历 代 乡 贤

吴芮：秦汉江西第一人

考古学证明，数万年以前的旧石器时代晚期，赣鄱大地上就已经有人类居住。到了新石器时代，文化遗存的分布越来越广，原始农业、手工业和部落均得到发展。万年仙人洞稻种的发现，新干大洋洲和樟树吴城等遗址的发掘，靖安李洲坳古墓群的出土，以及鹰潭仙水岩悬棺、瑞昌武山铜矿遗址的存留，都可以说明，江西在上古已有较为发达的文明，出现了最初的城邑，形成了比较发达的青铜文明。

但是，在上古文献中，无论《左传》还是《战国策》，都很难找到江西人的踪影，重大事件基本上发生在北方。古代江西有史可考的最早人物，为春秋晚期的楚大夫潘子臣和吴国的公子庆忌。《史记·吴太伯世家》载，公元前504年，"吴王使太子夫差伐楚，取番（pó，同鄱，下同）。"《左传·定公六年》载："吴太子终累败楚舟师，获潘子臣、小惟子及大夫七人。"《左传·鲁哀公二十年》：庆忌"出居于艾"。艾在今修水。上述诸人只是在江西地域内活动过，并非江西原住民。

公元前221年，秦统一中国，江西隶属九江郡，下设番、艾等县。从此出现了第一个有名有姓的江西人——番县县令吴芮。

吴芮不但是鄱阳第一任县令，也是江西有史以来的第一位政治家。他出生于东周赧王姬延五十九年（公元前256）。吴芮父亲吴申，为吴王夫差的后裔、吴氏始祖泰伯的第二十七代孙，原为楚考烈王的司马，因谏议春申君的事，被楚王贬谪来番。

吴芮从小是个很有志向、勤奋好学、生性豪爽的人，十分聪颖。青年时，吴芮常研究《孙子兵法》和《吴起兵法》，带领族人和南下军士的后代演练阵法。当时正处于战国时期，社会动乱，灾害频仍。当时的鄱阳膏腴万顷，盛产鱼米，是个富庶的地方。吴芮带领大家聚族而居，他十八岁时就统制兵马一万七千多人，分布在番（包括今鄱阳、余干、浮梁、都昌）的各处要道，部队军纪严明，深受百姓拥戴。吴芮母亲梅氏为人贤惠，建议藏兵于民、兴农兴商，所以吴芮的部队不缺给养，他派出自己队伍中的得力骨干到四乡发展，其势力范围北到安徽祁门，东到赣浙边界，南到福建。

吴芮敢作敢为，大胆革除弊政，轻徭薄赋，减轻百姓的负担；带领百姓兴修水利，并制定了一系列鼓励农耕的措施。吴芮成了雄踞一方的领袖人物，以至被南方东越诸盟推为盟主，人们称他为番君。秦始皇统一六国后，在全国推行郡县制。秦始皇二十六年（公元前221）置番县，这是秦王朝首次在江西设置的县，江西第一次有了自己的行政区划。吴芮被举为番（今鄱阳）第一任县令。

当上一县之"长"的吴芮，勤谨施政，百般抚民，深得人民的拥戴。为了防御外患，吴芮在县令任期，带领大家筑郭七华里，从此鄱阳有了县城。后来，鄱阳县城的范围，就是在吴芮所筑城郭的基础上，向东扩展起来的。

公元前209年，秦二世胡亥从兄弟手中夺得皇位，继秦始皇统治天下。秦二世一登基，就以苛征暴敛鱼肉百姓，他的行为很快激起了人民的反抗。在反秦浪潮风起云涌的时候，吴芮审时度势，与部将梅鋗一道起兵反秦。在吴芮的影响下，闽越族军民也闻风而动，他们在自己的首领无诸的率领下，投奔到了吴芮麾下，这样便组成了一支庞大的反秦队伍。接着，东海王遥也来投奔，很快，吴芮起义军雄踞南方广大地区。不久，六（今安徽六安）人黥布闻悉吴芮的大名，也率兵加入。

吴芮先是助项羽，后助刘邦。公元前206年，汉高祖刘邦战胜项羽，受诸侯王拥戴当上皇帝，建都长安（今西安市长安区西北），国号汉，史称前汉，也叫西汉。汉高祖五年（公元前202）二月，刘邦正式登基，颁布诏书曰："故衡山王吴芮与子二人、兄子一人，从百粤之兵，以佐诸侯，诛暴秦，有大功，诸侯立以为王，项羽侵夺之地，谓之番君。"刘邦便封吴芮为长沙王，立都临湘（今湖南长沙县南）。据美国哈佛燕京学院1935年版的《中国历史与经济地图册》标示，汉朝南方疆域,恰好是秦朝南方疆域加吴芮的领地,吴芮的辖区最南端已经到了越南。汉高祖六年(公元前201),吴芮受命率领部下平定闽中一带的叛乱,走到赣南金精山时,突然患重病逝世。刘邦下令厚葬,并追谥为文王。

　　刘邦非常欣赏吴芮的忠诚,加上吴芮生前对南越的影响,因此没有对这支异姓王视为异己。高祖定天下时,功臣中立为异姓王的有八位,分别是赵王张耳、长沙王吴芮、梁王彭越、淮南王黥布、燕王臧荼、后燕王卢绾、齐王韩信、韩王信。然而,这些因一时权变和智谋获得成功的人,最终又因野心而被消灭。虽说其中的张耳以才智使自己免遭厄运,但他的儿子重蹈覆辙。唯有吴芮,不仅自己保全了声誉,而且使王位传承了五代。

雷义：雷陈友谊誉千秋

雷义，字仲公，东汉时期鄱阳人。

雷义起初担任郡府功曹，那时鄱阳属豫章郡（今江西南昌）。功曹是郡守、县令的佐吏即助理，主管考察记录业绩。在这个职务上，他举荐擢拔了很多德才兼备的人，却从不夸耀自己的功劳。

当时，有个人犯了刑律，被重判为死刑。雷义通过了解得知这个人只是偶然触犯了法律，以前从未干过违法的事后，便为他说话。在雷义的挺身帮助下，这个人得以减刑，回到家中赡养亲人。为了感谢雷义的再造之恩，他攒了两锭银子送到雷家，以表示自己的心意。雷义就是雷义，他坚辞不受。感恩的人没有办法，只好趁雷义不在家时，偷偷把银子放在雷家老屋的屋梁上。过了几年，雷义家修葺房屋。翻开屋顶后，他发现了那两锭银子，通过分析认定那银子是当年感恩的人放的。于是，他四处寻求送银人的下落，后来得知送银人已经过世，妻小也不知流落何方，无法退还，便将银子交给县曹，充入官库。

陈重和雷义一样，也是东汉年间豫章郡品德高尚、舍己为人的君子。陈重和雷义都是饱学之士，年轻时便结为知交，成为密友。太守张云闻陈重之名，嘉许他的德才品行，举荐他为孝廉。陈重要把功名让给雷义，先后十余次向太守申请，太守皆不批准。第二年，雷义也被选拔为孝廉，两人一起到郡府就职。陈重与雷义两人同时官拜尚书郎，在皇帝左右处理事务，当时人们称颂道："胶漆自谓坚，不如雷与陈。"雷义升任尚书侍郎时，有位同僚犯事，应当受到处罚。雷义主动为他分担责任，向上司上疏申辩，称自己愿意独担罪责。好友陈重知道后，也弃职进京自陈曲衷，以身体有病为由，请求为雷义赎罪。后来汉顺帝下诏，两人一同免官，并免于刑事处分。

雷义回到家乡后又被举荐为茂才，雷义要把功名让给陈重，刺史不批准，雷义就假装发疯，披头散发地在街上替陈重奔走呼吁，而不去应命就职。乡里传遍了他们的事迹，说道：胶和漆自认为融为一体、坚不可摧，还不如陈重与雷义荣辱与共、生死相依。后来，三府同时征召了两人，雷义被任命为灌谒太守，让他持节督察诸郡国的风俗教化。他设席讲学,太守令各级官员来听讲,听讲者有70多人。不久,雷义官拜侍御史,授南顿令,卒于任上。陈重任细阳县令,颇有政绩,举措标新立异;后又升任会稽郡太守,因为姐姐去世守丧,遂辞官离职;之后又被司徒征召,官拜侍御史,卒于任上。

在现代人眼里,雷义的行为有些不可思议。但是在两千多年前独尊儒家的东汉,他无疑是道德楷模。事实上,达到如此境界并非易事。唐朝人李翰编著了一本叫《蒙求》的书,这本书是集历代典故为主要内容的儿童识字课本,其中就收录了雷义的有关故事——"雷义送金"。这则故事就是根据《后汉书·独行传》编写的,雷义这种洁身自好、廉洁奉公的精神,值得我们传承、发扬。

据《雷氏家谱》记载,雷氏家族定居江西始于西周。周朝初年,雷震公,即方雷公之二十四世孙,因兴周灭纣有功,受封豫章侯。公元前976年前后,雷震从冯翊郡(今陕西省大荔县)长安县斗门镇南迁至番。后雷震卒于任上,享年42岁。雷震死后,葬于鄱阳新兴乡(今古县渡镇)蜈蚣山先锋凹。雷震娶吕后,生三子:声、渐、辑。长子声来鄱阳祭父时,"见二山高耸,箕下平原,乃陟居于是,遂名曰大雷岗",其子孙遂居于此。雷氏后裔雷炳文在乾隆四十八年(1783)撰写的《前山雷氏重修家谱序》中说:"以我雷氏自周秦以来世居鄱阳,与吴、陶、彭为四大古姓,既而发越丰城,蕃衍巴蜀,涉及寰区千支万派。"

雷焕：龙光牛斗慧眼识

"南昌故郡，洪都新府。星分翼轸，地接衡庐。襟三江而带五湖，控蛮荆而引瓯越。物华天宝，龙光射牛斗之墟；人杰地灵，徐孺下陈蕃之榻。"这是闻名古今的唐初大文学家王勃所作《滕王阁序》中的一段序言。引文中的"物华天宝，龙光射牛斗之墟"的"龙光"之典，虽然见于《晋书·张华传》，却与鄱阳人雷焕密切相关。

雷焕（242—303），字孔章，鄱阳人（因当时丰城属豫章郡，故误之为豫章人），善星历占卜，曾为丰城县令。一位县令，如此出名，每每被世人所记，当然是因为他有着非同一般的史迹。《鄱阳县志》"古迹"中留存了："雷焕宅：在县东北35公里小雷岗，晋雷焕所居"的记载。西晋惠帝司马衷永平年间（291），张华因斗、牛二星间有紫气照射，邀来善观天象的县令雷焕，于丰城荣塘的湖北村的小鄱湖中设立观星台，见银汉雪涛常与斗牛相掩映，有谓"龙泉，太阿"重会于此，挖狱基得"龙泉，太阿"（一说"镆铘，干将"）雌雄宝剑，于是有了上面的典故。

关于具体的情况，史籍上是这样叙述的：在东吴未灭亡时，天上斗星与牛星之间常有紫气，相信道术的人都认为这象征着吴正强大，不可征伐，只有张华不以为然。

东吴被平定之后，张华观察到紫气更加明显，心中疑团更大。他听说鄱阳人雷焕精通谶纬天象，就邀请雷焕与他同宿，并有意避开旁人对他说："我们一起去寻查天象，以便了解将来的凶吉。"二人于是登楼仰观天象。雷焕说："我观察很久了，斗星、牛星之间有异常之气。"张华说："是何吉祥征兆呢？"雷焕说："是宝剑的精气，上彻于天。"张华说："你说得对。我少年时，有个看相的说，我年过六十，位登三公，并当得到宝剑佩带。这话大概是应验的。"接着他又问道，"剑在哪个郡？"雷焕说："在豫章丰城。"张华说："想委屈您到丰城做长吏，一起暗地寻找此剑，可以吗？"雷焕答应了。张华大喜，立即补雷焕为丰城令。雷焕到丰城后，挖掘监狱屋基，下挖四丈多，发现了一个石匣，光气异常。匣中有双剑,剑上都刻有字,一名龙泉,一名太阿。这天晚上,斗、牛之间的光气消逝了。雷焕用南昌西山北岩下的土擦拭二剑,此二剑光芒四射。雷焕用大盆盛水,把剑放在上面,看去光芒炫目。雷焕派使者将一剑和北岩土送给张华,留一剑给自己佩用。有人对雷焕说:"得到两把只送一把,瞒得过张公吗?"雷焕说:"本朝将要大乱,张公也要在乱中遭祸。此剑当悬于徐君墓树之上。此为灵异之物,终究会化为他物而去,不会永远为人所佩带。"张华以为南昌土不如华阴赤土,给雷焕写信说:"详观剑文,此剑就是龙泉,与其相配的太阿,怎么没有送来?虽然二剑分离,但天生神物,终究是会会合的。"张华于是送给雷焕一斤华阴土。雷焕以此土拭剑,发现此剑更加明亮。

张华(232—300),字茂先,范阳方城(今河北固安)人。西晋时期政治家、文学家、藏书家,西汉留侯张良的十六世孙、唐朝名相张九龄的十四世祖。张华在曹魏时历任太常博士、河南尹丞、佐著作郎、中书郎等职。西晋建立后,拜黄门侍郎,封关内侯。他博学多才、记忆力极强,被比作子产,后拜中书令,加散骑常侍。他与杜预坚决支持晋武帝司马炎伐吴,战时,他任度支尚书。吴国灭亡后,进封广武县侯,因声名太盛而出镇幽州,政绩卓然。后入朝任太常。晋惠帝继位后,累官开府仪同三司、侍中、中书监,被皇后贾南风委以朝政。

西晋惠帝永康元年(300),张华被赵王伦杀害,龙泉剑不知所终。及雷焕卒,其子雷华为州从事,一日持太阿剑行经延平津(今福建南平渡口),剑忽然从腰间跃出坠入水中。雷华急忙令人潜入水中搜寻,不见剑,唯见两龙各长数丈,盘曲旋绕,全身布满花纹。须臾,光彩照水,波涛翻滚,太阿剑亦失。雷华叹道:"先父的化为他物之说,张公的终将会合之论,今日算是验证了。"王勃在《滕王阁序》中以"物华天宝,龙光射牛斗之墟"赞誉洪州都督府物产精美,可比天上珍宝。今有瞻星台、剑池、剑匣等遗迹在。

关于"丰城剑",历代有不少诗文咏颂,著名的有唐朝李白《古风其十六》:"宝剑双蛟龙,雪花照芙蓉。精光射天地,雷腾不可冲。一去别金匣,飞沉失相从。风胡灭已久,所以潜其锋。吴水深万丈,楚山邈千重。雌雄终不隔,神物会当逢。"唐杜甫《重送刘十弟判官》诗:"年事推兄忝,人才觉弟优。经过辨丰剑,意气逐吴钩。"唐朝章孝标《丰城剑池即事》:"神物不复见,小池空在兹。因嫌冲斗夜,未是偃戈时。岸古鱼藏穴,蒲凋翠立危。吾皇别有剑,何必铸金为。"南宋叶适《送孙伟夫》诗:"远寻丰城剑,虚负历山月。发嫌梅柳催,到恨桃杏歇。"元朝柳贯《送董侍御由江右赴南台》诗:"荧光下合丰城剑,紫气中悬执法星。"清孙枝蔚《赠魏生》诗:"才华顺似丰城剑,和气当如春草轩。"此外,在清朝车万育编写的《声律启蒙》里有"雷焕剑,吕虔刀"的内容,说的就是三国东晋时的两件好兵器,这两件兵器在《西游记》里也被提到过。

关于丰城,史载为东汉建安十五年(210),孙权划南昌县南境设富城县。西晋太康元年(280),迁县治于丰水以西(今丰城荣塘镇),改名为丰城县(今丰城市)。雷焕在丰城任职期间,"施仁政,废霸道,谦和待百姓,廉洁抚民怨,宽厚感民心",深受古代丰城百姓的敬重。他从治理水患入手,足蹬草鞋,率领民众深挖河道,经过三年苦战,疏导平原积水入丰水,经赣江,通长江入海,使当地的农业有了很大的保障。

尤其让人惊讶的是,在我国南方的江西、湖南、四川一带,雷姓世系皆以雷焕为始祖。现居丰城、南昌、吉安、赣州等地的雷姓均为雷焕的后代。其家谱中,雷焕为一世祖孔章公。

然而,历史总在使人回归原来。2017年,在江西雷氏文化研究会的推动下,雷震、雷焕、雷义"三公陵园"于鄱阳县古县渡镇前山村建成。2018年4月,中华雷氏文化研究会、三公陵园建设委员会的雷氏宗亲,在前山村举行了雷氏三公陵园开光祭拜仪式。从此,雷氏三公又回到了雷姓根脉的发祥地。

陶母湛氏：母范为师千古传

陶母湛氏（243—318），晋代著名大将军陶侃的母亲，与孟母、欧母、岳母齐名，是著名的"四大贤母"之一。

湛氏出生于三国时期吴国的新淦县南市村（今江西新干县），名字无从查考。湛氏家境贫寒，早年丧父。16岁那年，因一次偶然的机会，她嫁给了吴国扬武将军陶丹为妾。扬武，系杂号，地位不高。陶侃出生没几年，陶丹便病逝。陶丹离开人世后，生活重担全部落在湛氏肩上。失夫之痛与家道的没落，并没有使这位年轻、柔弱的女子却步。她将丈夫的灵柩运回鄱阳老家安葬，挑起了培养和教育儿子的重担。

当时，时局混乱，战事不断，随着三国归晋，陶家家道中落。三国两晋时期，江南有许多少数民族。陶家迁居的庐江郡，是盘瓠蛮即溪族杂居的地方。盘瓠蛮因杂处五溪之内，故名"溪族"。陶侃的相貌与汉人有所不同，因此曾被人骂为"溪狗"，史书上也说他"俗异诸华"。陶侃先世无显赫仕宦可以溯记，年轻时又当过浔阳的"鱼梁吏"，说明他家属于"寒门"。在西晋，他属于社会地位很低的阶层。晋灭吴后，中原人称江南人为"亡国之余"，江东士族在政治上也受到中原士族的排挤。像陶侃这样"望非世族，俗异诸华"的人，处境就更加艰难了。

湛氏小时候受过一点启蒙教育，是个有少许文化的女子。她深知读书的重要性，因为家贫无所依托，所以她省吃俭用，日织麻、夜纺线，换回钱粮供儿子读书。她节衣缩食，常常一边劳作，一边伴读。一年四季，在这对孤儿寡母的陋屋里，总能看见夜半透出的灯光。

湛氏家教严谨，教子惜阴读书，树建功立业之志，还以忠顺勤俭为美德教育儿子。她告诫陶侃，择友要选学问和品德都比自己好的人。在她看来，孩子的品格是从幼年就开始形成的，课子不严，教子不紧，将会贻误孩子的一生。可是，陶侃生性贪玩，读书不用心，这可急坏了湛氏。有一天下雨，由于家无斗笠、雨伞，陶侃没法上学，便蹲在母亲的织布机旁玩。陶侃眼睛盯着穿来穿去的梭子，觉得好玩。湛氏见状，灵机一动，停下织布机，把小陶侃拉到身边，轻声细语地问陶侃老师教了什么课文。陶侃说,老师教读《贤文》。湛氏就让儿子背出来。当陶侃背到"光阴似箭,日月如梭"时,湛氏让他解释,陶侃想了半天,结结巴巴地说不出个所以然来。湛氏因势利导地指着手里的织布梭子讲解,使陶侃懂了珍惜光阴、用功读书的道理。从此,陶侃发奋苦读,博览群书,终于不负母望。

有一次,陶侃的好友范逵路经陶侃住处,见冰雪封道,天色也晚,便来陶侃家借宿。可是陶侃家中没有体面的饭食招待客人,陶侃手足无措,范逵也显得很尴尬,陶母连忙热情招呼客人,让陶侃和范逵聊天叙旧。她趁范逵闲坐寒暄之际,剪下青丝(即头发),卖于邻人,换回米油酒菜。没有柴禾,她就把每根柱子都削下一半做柴烧;怕范逵的马挨饿,便把自己床上的草垫子剁了做草料喂马。到傍晚,她就摆上了精美的食物,使随行的人感到什么也不欠缺。有人感到奇怪,那时的人买头发干什么? 因为古代曾经风行戴假发。《周礼》说:"追师掌王后之首服,为副、编、次,追衡、笄,为九嫔及外内命妇之首服,以待祭祀、宾客。"这里所谓的"副、编、次",其实是三种不同发髻的式样。"副"者纯粹为假髻,再配以玉石置于头上;"编"者是以假髻覆盖在真发之上;"次"者是以假发和真发混合编为发髻。《诗经·鄘风·君子偕老》也有记载:"鬒发如云,不屑髢也。"髢,古同"鬄",假发。这句古诗赞美了稠密而黑的头发有如云彩。当时有钱的人唯恐自己的头发不美,因而买好的头发制成假发戴在头上。

陶侃在浔阳做县吏的时候,监管渔业。想到母亲还过着清贫的生活,他心里很不安。有一次,一个部下出差,要路过母亲居住的地方,陶侃便要他带一坛子咸鱼干送给母亲,让她尝尝,以表孝心。陶侃的部下见到陶母,说明了来意,陶母很高兴。可是当她读完儿子的信,得知这坛咸鱼是公家的东西时,心情变得沉重起来。她拿过笔墨,写了个"封"字,贴在坛口上,并对陶侃的部下说,公家的东西不能收下,并请陶侃的部下带回去交给陶侃。她还在信中写道:"尔为吏,以官物遗我,非惟不能益吾,乃更增吾忧矣。"陶母退还鱼干的举动,教育和影响了陶侃的一生。之后,陶侃便努力地做一名清官,时刻牢记母亲的教诲:"为官心存君国,做人虚怀若谷。"

陶侃经别人引荐,去外地做官。陶侃赴任前,湛氏把他叫到跟前,语重心长地教导他,希望他做一个清正之人。她把一个事先准备好的包袱递给陶侃让他

带上。到了目的地,陶侃打开包袱一看,里面包着一坯土块、一只土碗和一块白色的土布。陶侃先是一怔,过了一会儿才慢慢领悟到母亲的用意:土块表示,无论他身在何地,一看到它就应想到家乡故土,要为故土争光。母亲的"三土",深深打动了陶侃的心。后来,他在仕途上果然不负母亲所望,正直为人,清白为官,受世人赞誉。

湛氏活到75岁才病故。

北宋时,鄱阳人因旌扬陶母美德,在陶侃做县吏时的居所——下士湖东岸往城墙方向的萧家巷口(今德化德桥北的东巷),竖立了一座两柱冲天单间石牌坊,牌坊不高也不气派,柱子出头,简洁古朴,它就是有名的"延宾坊"。清代,本县才子程作舟作《延宾坊》诗赞曰:"士行真男子,湛氏非妇人。妇人爱青鬈,金珠不为珍。仓卒为宾剪,令名从此成。岂曰能结客,一发引千钧。截江用竹苎,其智本慈亲。寄言坊下女,切莫笑清贫。"

陶侃：运筹帷幄知细微

陶侃（258—332），字士行，鄱阳人。父亲陶丹，在吴国任扬武将军。

陶侃年幼时家中贫苦，在任县里的小吏时，鄱阳的孝廉范逵曾经去拜访他。他家毫无准备，无物待客。他母亲剪下自己的长发，卖给别人做假发换得酒菜，客人畅饮极欢，连仆从也受到未曾有过的招待。范逵告别时，陶侃相送百余里。范逵问："卿想到郡中去任职吗？"陶侃回答："想去，可苦于无人引荐。"范逵拜见庐江太守张夔，召陶侃为督邮，领枞阳县令。长沙太守万嗣来到庐江，见到陶侃后，心中非常敬佩，说"君终当有大名"，并让自己的儿子与陶侃结为好友才离去。

张夔举荐陶侃为孝廉，陶侃到洛阳后，几次拜谒张华。张华开始认为他是来自偏远之地的人，不太理睬他。陶侃每次去都神色安然。张华后来和他交谈，大为惊异，任命他为郎中。伏波将军孙秀，是已亡的东吴王族的支庶，府第名望不高，中原人士耻于做他的僚属。因为陶侃出身寒族，孙秀于是召他为舍人。当时，豫章国郎中令杨晫，是陶侃的同乡。杨晫和陶侃一同乘车去见中书郎顾荣，顾荣也很看重他。吏部郎温雅对杨晫说："怎么和小人同乘一辆车呢？"杨晫说："这人可不是普通的人。"尚书令乐广要会见荆、扬两州的名士，武库令黄庆推荐了陶侃，有人非议，黄庆说："这人终会前途远大，有什么可疑的。"

刘弘将要赴任荆州刺史时，召陶侃为南蛮长史。陈敏作乱，刘弘任陶侃为江夏太守，加封鹰扬将军。

陶侃因母丧丁忧去职，服丧期满，任东海王司马越参军。

王敦非常忌妒陶侃之功，将他降职为广州刺史。陶侃在州府中无事的时候，常常早上将一百块大砖搬出厅外，下午又搬进厅内。有人问他为什么这样干，他说："我正要致力中原，太安逸闲适了，恐怕难当大任。"他就是这样劳其筋骨以励其志。

陶侃性聪明敏捷，勤于吏职，恭敬好礼，严守人伦。他终日正襟危坐，军中

事务千头万绪,没有丝毫遗漏,远近来往书札,无不亲自起草答复,下笔如流,未有停滞。迎送宾客不分亲疏,门前客人不断。他常对人说:"大禹是圣人,尚且惜寸阴,至于普通人,应当惜分阴,怎么能图安乐醉于荒戏游玩之中呢?活着于世无益,死后不留名声,这是自暴自弃。"

陶侃性格缜密好问,精于吏职,善察访,发奸擿伏如神,被时人比作西汉的赵广汉。他曾命令诸军营植柳。都尉夏施盗官柳种在自家门前,陶侃后来看见,停车问道:"这是武昌西门前的柳树,为何把它盗来这里种?"夏施恐惧之下连忙谢罪。陶侃的部下中有人沉迷于游戏而荒废职事,陶侃命令将那人的酒器、赌具都投入江中,并鞭打吏将,对他们说:"樗蒲赌博是牧猪奴的游戏。"有送礼物给陶侃的,他都要询问来由,若是自己出力得来的,即使礼物轻微也很高兴,回赠的东西更多;若这礼物来路不正,则严厉斥责,绝不收取。有一次,陶侃外出,看见一个人手拿一把未熟稻谷,陶侃问:"你拿它做什么?"那人回答:"在路上看见的,就随意拿来罢了。"陶侃大怒道:"你不种田,竟然拿别人的稻子戏耍!"陶侃命人将他鞭打一顿。因此,当地百姓勤于农事,家中充足。

在造船的时候,陶侃命人把木屑和竹头都登记后收藏起来,人们都不明白这样做的原因。后来大年初一聚会时,地面有积雪,太阳刚放晴,厅堂前也有积雪,地面潮湿易滑,陶侃于是用木屑铺撒地面。等到桓温伐蜀时缺乏船钉,他命部下用保存的竹头做船钉。

苏峻作乱时,京城被叛贼占领,陶侃的儿子陶瞻为贼所害。平南将军温峤邀陶侃一同赴朝廷勤王。明帝驾崩时,陶侃不在接受遗诏委托大事的重臣之列。陶侃答复温峤说:"我是在外守边的战将,不敢超越自己的职分。"温峤坚决要求他出兵,并推举他为盟主。陶侃这才派遣督护龚登率兵会温峤,随后又将龚登追回。温峤在书信中以苏峻杀害陶瞻的事来激怒他,陶侃的妻子龚氏也力劝陶侃出兵。陶侃这才戎服登舟而行,昼夜兼程,连陶瞻的丧礼也未参加。

庾亮小时候就有高名,以明穆皇后兄长的身份受元帝临终托付重任,苏峻叛乱,庾亮有一定的责任。石头城平定后,庾亮担心陶侃要追究他的责任,便听温峤的安排,拜见陶侃当面谢罪。陶侃马上阻止他说:"庾元规难道要拜陶士行吗?"王导进入石头城,要持以前的符节,陶侃讥笑他:"苏武的符节怕不是这个

样子吧。"王导感到惭愧,让人把符节遮盖起来。

陶侃回到江陵,不久就被任命为侍中、太尉,加羽葆、鼓吹,封为长沙郡公,食邑三千户,赐绢八千匹,加都督交、广、宁七州军事。当时后将军郭默伪造诏命,暗杀平南将军刘胤,窃据了江州。陶侃知道后,派将军宋夏、陈修率兵守住湓口,自己亲率大军随后进发。郭默派人送来歌妓婢女和百匹绢,伪造皇帝的手诏呈送给陶侃。部下的参将佐吏们都来劝谏:"郭默如果没接到皇帝的诏书,怎敢做这样的事?"陶侃严厉地说:"皇帝年幼,还处在怀抱之中。况且刘胤一直受到朝廷的信任和尊重,虽然管领一方才能有些欠缺,也不至于要处以极刑。郭默素来枭勇,常有掠杀的暴行,因为国家大乱刚平,为政比较宽松,所以他欲乘机横行。"陶侃于是派使者赴京,上表请求讨伐郭默。他给王导写信说:"郭默杀了州刺史,就让他任刺史,要是他杀了宰相,难道也让他任宰相吗?"王导回答:"只因为郭默占据了京师上游的有利地形,又有战船和现成的军用物资,所以我们只好暂时容忍不究,让他先有其地。有一个月的暗中准备,你的大军到达后,便可相继赴敌进剿。这是遵养时晦以定大事呀。"陶侃看信嘲笑说:"什么遵养时晦,这是遵养时贼。"陶侃大军到达后,郭默的部将宗侯绑了郭默父子五人和部将张丑前来投降,陶侃杀了郭默等人。

陶侃领兵回到巴陵,再移镇武昌,任命张夔之子张隐为参军,范逵之子范珧为湘东太守,以刘弘曾孙刘安为掾属,上表褒赞梅陶。凡是他微贱时受过的恩惠,哪怕是一餐饭,他也必定报答。

朝廷拜陶侃为大将军,特许他佩剑登履上殿,入朝不行拜见礼,赞拜不呼其名。陶侃上表坚决辞让,表上说:"我并不是贪图荣华于平时,今天却来虚情假意地推让。行事应合于时宜,臣怎能对陛下不敬?理法应有益于圣世,臣怎能违反朝廷的节礼?臣常想消除那些浮华虚伪的现象,并不仅仅约束我一个人。"

咸和七年(332)六月,陶侃身患重病,上表辞去职位并将后事托付给右司马王愆期,任命他为督护,令其统领部下文武僚属。陶侃乘舆车出临津登舟,第二天,船行到樊溪,陶侃去世,终年七十六岁。晋成帝策命谥号为"桓",在灵前祭以太牢,他的旧部则在武昌城西为他刊石立碑画像。

陶侃在军中共四十一年,他沉雄刚毅又有权谋,机智聪慧又善于决断。他

晚年想停止操劳，不再求进，不再参与朝政大事。去世的前一年，他准备辞去职务回到藩国，部下却苦苦挽留他。到病重时，他将要返回长沙前，将军用物资、牛马舟船等都上账登记，封存于仓库。他还亲自加上锁，全部交付给王悆期后，才登舟起行。

注：关于庐江，《后汉书》记载，汉文帝在前元六年（前174）废除刘长淮南王之位，将其国土都收归朝廷后，曾经建立了一个庐江郡。据周振鹤《西汉政区地理》考证，这个郡包括位于今皖南的如下古县：宣城（今南陵县青弋江东岸部分）、春谷（包括今南陵县青弋江以西、繁昌、铜陵、青阳东北部、贵池县城以东部分）、泾县及其戍城陵阳（该城汉武帝元封二年即前109年升格为县），还包括赣北的鄱阳（含今东至县西南部）、余汗、鄡阳、彭泽（包括今东至县西北部）诸古县，郡治在鄱阳。

操师乞、林士弘：秦俗汉道将何冀

隋朝仁寿四年(604)，炀帝杨广杀死他的父亲隋文帝登上帝位，建元大业。隋炀帝当上皇帝后，滥用民力，大兴土木工程，以致民不聊生，各地农民纷纷起义反抗。大业十二年(616)夏秋季，新义乡(今属鄱阳县金盘岭)操家人操师乞和太阳埠(今属鄱阳县凰岗镇)人林士弘，即时发动起义，投入了反隋抗暴的行列。

操师乞是种田的农民，性情豪爽，膂力(也就是体力)过人，平时又好打抱不平，在当地也算个人物。小时候，操师乞念过几年书，后来一边跟父亲种田，一边练习武功。操师乞住的操家，四面是山，中间平坦，常常受到兵匪侵扰。在他的倡议下，村里开辟了练兵场和跑马场。他还在村口筑起了寨门，农闲时便组织村民练起拳脚，舞弄棍棒。日长月久，这支习武队伍无形中成了一支自卫力量。操师乞对横征暴敛、骄奢淫逸的隋朝统治者十分不满，产生了对立情绪。官吏每到新义，他从不假以辞色，渐渐地成了官府剿除的对象。大业十二年(616)，南海太守刘权路过鄱阳，朝廷下诏，令他就地"讨贼"。官逼民反，操师乞决心把握时机。此时林士弘拥有一支农民武装，在鄱阳南部活动。共同的理想，加深了他们之间的友谊。两支农民武装迅速汇合起来，浩浩荡荡地向郡城进军。广大贫苦百姓闻风响应，起义军队伍猛增到一万多人。

林士弘(？—622)，鄱阳太阳埠人，祖籍福建莆田，其父林英从莆田北螺(今莆田西天尾镇林峰村)迁居鄱阳。林士弘性格豪迈爽直，喜欢武功，善于谋略，对隋王朝的反动统治同样非常不满。

当时，鄱阳郡城武备不修，有个名叫袁赟的人，以防御兵乱为由，"倡义聚郭内居民相保守"。此人略谙军事，颇精武艺，城防工作实际上由他负责。但他对农民军的实力估计不足，一经交战便支持不住，只好弃城逃走。城内大小官吏见郡城不保，也一个个带着家属、细软仓皇逃命。起义军初战胜利，操师乞下令安抚百姓，开仓放赈，并对部队进行整训。十月，操师乞自称元兴王，年号为"天成"。接着，起义军又攻下浮梁、彭泽等县，之后迅速向豫章郡(治今南昌)发起

进攻,乘敌不备,占领了豫章郡。这时,操师乞任命林士弘为大将军,并确定以豫章为据点,向江西和岭南扩展。

豫章郡失守,使隋朝廷大为震惊,南逃到江都的隋炀帝,紧急命令治书侍御史刘子翊,率兵前来讨伐。刘子翊是位有着丰富军事经验、带过兵打过仗的将军。刘子翊来到南昌后,双方摆开了阵势,操师乞在战斗中中箭身亡。面对起义军群龙无首、军心涣散的局面,林士弘挺身而出,带领起义军继续战斗。当时,江南唯一的精锐是刘子翊的部队,然而,这支军队在围剿操、林起义军时受到重创,且兵力无法得到增援。林士弘分析形势后,组织水军,率部与刘子翊决战彭蠡湖,结果取得了全面胜利。起义军取得胜利的消息传开,邻近的豫章各县农民纷纷加入起义军,林士弘部队很快发展到十多万人。

隋大业十二年(616)十二月,林士弘建立楚国,自称楚皇帝,改元"太平"。不久,楚军攻占了九江、临川、南康、宜春等郡。不少隋朝地方官员也归附林士弘。转眼间,林士弘便占据了江西全境,并南下广东,其势力范围"北至九江,南洎番禺(治今广州)"。

大业二年(606)冬季,山东兖州方与县(今山东鱼台县西)有个叫张善安的,率领所部过江,要求归附义师。林士弘得知这个人十七岁时就有劫掠行为,且系新来,互不了解,便让他驻扎在距豫章不远的南塘下。张善安以为林士弘蔑视他,非常痛恨,急欲报复。南塘下与大江相通,张善安悄悄地派出舟师掩至豫章城外,向起义军发起突然袭击。林士弘虽对张善安存有戒心,但没想到此人竟然如此狠毒,防范不严。在没有充分准备的情况下,起义军仓促应战,城被攻破,连外城也被张善安放火烧毁。这一役令起义军损失巨大,豫章短期内难以收复,林士弘南迁至南康。不久,割据江陵的肖铣趁林、张二人分裂之机,派部将胡苏儿袭破豫章。不久之后张善安率部驱走肖铣的守军,占领了豫章城,形成南北分立的局面。当时,林士弘还曾退保余干,在余干筑城三座。为摆脱困境,第二年四月,林士弘派人招抚交趾太守丘和,丘和不从;又派部队进攻始安(今广西桂林)郡,也没有攻下来。

太平三年(618)四月,汉阳太守冯盎以苍梧、高凉、珠崖、番禺之地归附林士弘。冯盎是高州良德人,因血腥镇压少数民族对隋廷的反抗,被封为汉阳太守,后又升左武卫大将军。他归附林士弘的目的在于搞政治投机。这年五月,隋炀帝被宇文化及缢杀,冯盎奔还岭表(指五岭以南的广东、广西一带),收集土人酋长和散兵游勇共五万余人,作为自己东山再起的资本。

太平五年(620),南海郡广州、信安郡新州(今广东新兴县)的起义军头领高法澄、冼宝彻二人,杀掉隋朝官吏,占据郡府,归附林士弘。但就在这时,原来打着归附旗号的冯盎,却带着大队人马向高冼军发起突然袭击,起义军不敌败走。

林士弘退守虔州(今江西赣州)以后,辖地周围出现了群雄并峙的局面:北面有背叛过他的张善安,东面有实力雄厚的杜伏威,西面有虎视眈眈的肖铣,南面也潜伏着动乱的危机。

武德元年(618)五月,李渊建立唐朝。武德五年(622)春,窃踞豫章的张善安接受李渊封爵,被任为洪州总管。七月,杜伏威入长安朝见,被唐王朝软禁。至此,江南地区的农民军或败或降,所余无几,林士弘部处境日益孤立,唐王朝没有让他喘息,进一步实施了分化瓦解策略。早在几个月前,唐朝就通过荆州总管李孝恭进行招抚,林未予理会,现在又来策反,而且规模比以前更大,也更频繁。一些地方守将经不住威胁利诱,投降于唐朝。形势越来越恶化,但林士弘并不灰心,他命令自己的弟弟、任鄱阳王的林药师,率兵两万进攻循州(辖今广东兴宁、梅县、龙川、大埔、蕉岭、和平、平远、连平、五华九县),企图稳定南方,再图进取。但起义军到达循州城外时,遭到该州总管杨世略的顽抗,林药师在战斗中牺牲。消息传来,全军震惊,人心浮动。此时林士弘的得力将佐、豫章守将王戎(原任司空),也携部投唐。林士弘考虑再三,决定继续战斗。是年十月,林士弘率领余部,退守安成山洞(今江西安福东南)。袁州(今宜春地区)人得知林士弘来,群起响应,希望他能重振军威。当时,林士弘曾秘密去过一次豫章,和王戎密商收拾旧部,重议起义大计。原来王戎投唐并非出于真心,而是为了保存实力,伺机再起。不料事机不密,被张善安探到消息。豺狼成性的张善安,马上发兵攻打豫章,王戎兵败被擒。林士弘回到安成不久,余部又被洪州总管若干则击破。眼看大势已去,林士弘不胜悲愤,一病逝去,部下群龙无首,各自离散,一场轰轰烈烈、声势浩大的起义宣告失败。

吉中孚：神清才子文章宗

吉中孚(740—798左右)，字子猷，鄱阳人，大历十年(775)或十一年(776)，登博学宏辞科，一说中书判提萃科，授万年尉，除校书郎。又登宏辞科，为翰林学士。历谏议大夫、户部侍郎、判度支事。大历十才子之一，与卢纶、钱起等齐名。

吉中孚曾当过道士，后来还俗。在唐代，一个道士能够入朝出仕，一定要有内外大臣举荐，得到皇上赏识才行。玄宗崇奉道教，其时元载得以策入高科，后为宰相。吉中孚以道从儒，成为宰相元载府上的嘉宾。李端在《送吉中孚拜官归楚州》中写道："初戴莓苔帻，来过丞相宅。满堂归道师，众口称诗伯。"在另一首诗《卧病闻吉中孚拜官寄元秘书昆季》中，他又说："毛遂登门虽异赏，韩非入传滥齐名……年少奉亲皆愿达，敢将心事向玄成。"吉中孚受元载的举荐保奏，征拜为校书郎。与钱起、卢纶等文咏唱和，同游于驸马郭暧之门。大历十二年(777)，元载因罪被诛，因吉中孚与元载仅系道友诗文之交，并没有参与他们"侈僭无度，排斥忠良"的行动，所以也没有受到株连坐累。

吉中孚仪表非凡，器宇轩昂，仙风道骨，被誉为"才子神骨清，虚竦眉眼明。貌应同卫玠，鬓且异潘生"。他事母孝，李端以"孟宗应献鲊，家近守渔官"的诗句称赞他。孟宗系古之孝子，流传哭竹生笋的故事。

关于吉中孚的籍贯，《全唐诗》卷二九五吉中孚名下，注为鄱阳人。但《中国文学家大辞典·唐五代卷》(中华书局)在吉中孚词条中说，系楚州(今江苏淮安)人，这种说法不妥，纯属推测。吉中孚是鄱阳人，来源于《旧唐书》卷一百六十三："卢简辞，字子策，范阳人，后徙家于蒲。祖翰。父纶，天宝末举进士，遇乱不第，奉亲避地于鄱阳，与郡人吉中孚为林泉之友。"这个卢简辞，就是吉中孚挚友卢纶的儿子。

卢纶是著名诗人，在鄱阳寓居了一段时间。卢简辞与兄卢简能，弟卢弘止、卢简求都中进士，而且有文名。卢简辞刚入仕时，为三任地方节度使府幕僚，后

入朝为监察御史,升任侍御史。当时,卢简辞对福建盐铁院官卢昂的贪污案穷追不舍,共查得赃钱三十万缗,并从其家中搜出金床以及斗大的用碧玉做成的瑟瑟枕等。这些赃物,连皇帝唐敬宗都感叹没有见过。卢简辞卸任侍御史后,被太原节度使李程表求为判官,之后入朝先后任考功员外郎、考功郎中、太仆卿等职。唐文宗大和年间(827—835),他因事被贬为衢州刺史;唐武宗会昌年间(841—846)被召入朝,先后任刑部侍郎、户部侍郎;唐宣宗大中元年(847)迁兵部侍郎,兼工部尚书、许州刺史、御史大夫、忠武军节度使等多种职务。他还任过湖南、浙西观察使,山南东道节度使等,后卒于任上。

卢纶和李端与吉中孚的交情很深。在卢纶的悲旧诗中,不但有"因浮襄江流,远寄鄱阳城。鄱阳富学徒,诮我懋无营"的句子,而且《送吉中孚校书归楚州旧山》一诗还道出了吉中孚与淮安的渊源。他在诗题下注曰:"中孚自仙宫入仕。"唐代楚州(今淮安)的道观除太清观外,所谓"仙宫"只有紫霄宫,吉中孚曾经当过紫霄宫的道长。他这次是官拜校书郎数载之后,归楚州旧山养病的,所以卢纶咏他"年来倦萧索,但说淮南乐"。

吉中孚的另一位挚友李端却说他,"吟诗开旧帙,带绶上荒坛。因病求归易,沾恩更隐难"。由此可以看出,吉中孚的鄱阳籍贯是毋庸置疑的,无奈他少时家贫,出家为道士,随师来楚州,在紫霄宫修炼,后为仙宫住持。卢纶、李端和司空曙等人所咏的诗中反映出,入仕后,吉中孚曾多次回楚州休养。

由于新旧唐书都没有给吉中孚立传,以致后世典籍介绍他的资料都不系统,并说生卒年不详。其实,据《旧唐书》卷一百六十三所载"贞元中,吉中孚为翰林学士、户部侍郎,典邦赋,荐纶于朝。会丁家艰,而中孚卒",即可推算他大约卒于何时。唐德宗贞元年共二十一年(785—805),贞元中大致为795年前后。此时,吉中孚、卢纶在朝为官,偏偏碰上卢纶父或母逝世,须在家服丧三年。而在此期间,吉中孚本人也谢世,由此推算,吉中孚约卒于德宗贞元十四年(798)。而还俗的时间,在唐代宗大历初年,当时他被征拜为校书郎,约25岁,因此他约生于740年。史书不言其字,司空曙在《送吉校书东归》中吟道:"少年芸阁吏,罢直暂归休。独与亲知别,行逢江海秋。听猿看楚岫,随雁到吴洲。处处园林好,何人待子猷。"李端在《宿山寺雪夜寄吉中孚》中也说:"鄙夫今夜兴,唯有子猷知。""子猷"实指中孚,是他的字。另据《重修山阳县志》记载:"吉中孚少为道士,后登博学宏辞科,授校书郎,与卢纶、韩翃、钱起、司空曙、苗发、崔峒、耿湋、夏侯审、李端俱以诗名,号大历十才子。贞元初,知制诰,与陆贽、韦执谊、吴通玄等同视草,官至户部侍郎。妻张氏,亦工诗。"虽然记得比较简单,且语焉不详,但大致勾勒了他生平的轮廓。

"知制诰,与陆贽、吉中孚、韦执谊等同视草"这种说法始见于《旧唐书·吴通玄传》卷一百九十,是专对吴通玄而言的。而吉中孚"知制诰"是在贞元前,先于吴通玄。《中国文学家大辞典》载吉中孚于"建中元年(780)为万年尉,迁司封郎中、知制诰。贞元二年(786)以本官充翰林学士,六月改谏议大夫"。吉、陆、韦、吴都曾充翰林学士,贞元初,四人同视草。史载陆贽长于制诰政论,世称其"榷古扬今,雄文藻思"。韦执谊亦富辞藻,而吴通玄以文思敏睿为德宗所重,"凡中旨撰述,非通玄之笔,无不慊然"。吉中孚与陆贽等同视草,足见其不仅以诗闻名,而且也是撰拟诏旨的能手。他于文雅之余,亦善理财。"贞元二年(786),迁户部侍郎,判度支两税",即掌管国家的财政收支与夏、秋两税事务。这与上述"贞元中,吉中孚为翰林学士、户部侍郎,典邦赋"的记载是一致的。在此期间,他曾权判吏部侍郎,为中书舍人,不久卒于京都。

《新唐书·艺文志》曾著录《吉中孚诗》一卷,已散佚。仅存诗一首《送归中丞使新罗册立吊祭》:"官称汉独坐,身是鲁诸生。绝域通王制,穷天向水程。岛中分万象,日起转双旌。气积鱼龙窟,涛翻水浪声。路长经岁去,海尽向山行。复道殊方礼,人瞻汉使荣。"这首诗作于大历三年(768)。文学史历来评论"大历十才子"的诗风为华美典雅、轻酬浅唱。吉中孚的这首诗不仅格律规整、字句精工,而且寄情山水,咏颂了汉家的王化,也反映出唐代中国与新罗(位于今朝鲜半岛)的友好往来。卢纶在诗中称他"侍郎文章宗,杰出淮楚灵。掌赋若吹籁,司言如建瓴",绝非虚妄。

唐代诗人辈出,若银河灿烂,然而夫妻皆善音律、长于诗赋者却寥寥无几。吉中孚的妻子张氏,陕西山阳人,也工于诗,尤善歌行,诗名甚著。《诗薮外编》称她"可参张籍、王建间",《唐音癸签》赞誉其诗为"尤彤管之铮铮者"。《全唐诗》卷二十八存张氏诗《杂曲歌辞·拜新月》一首:"拜新月,拜月出堂前,暗魄深笼桂,虚弓未引弦。拜新月,拜月妆楼上,鸾镜未安台,蛾眉已相向。拜新月,拜月不胜情,庭前风露清,月临人自老,望月更长生。东家阿母亦拜月,一拜一悲声断绝。昔年拜月逞容仪,如今拜月双泪垂。回看众女拜新月,却忆红闺年少时。"这首长歌行,以"拜新月"为题,委婉地抒发了红颜易老、佳人迟暮的哀怨,亦属于情思绵邈、轻咏浅唱之类。除《杂曲歌辞·拜新月》外,张氏还有五律《柳絮》:"霭霭芳春朝,雪絮起青条。或值花同舞,不因风自飘。过樽浮绿醑,拂幌缀红绡。那用持愁玩,春怀不自聊。"这对诗苑佳偶,应当有许多风韵酬答的佳作,可惜未能流传于后世。

陈陶：玉都仙名长空鹤

陈陶，字嵩伯，鄱阳人，生卒年不详，约唐武宗会昌初前后在世。陈陶早年游学长安，善天文历象，尤工诗，以平淡著称。屡举进士不第，遂隐居不仕，自称三教布衣，遂恣游名山。唐宣宗大中年间（847—860），隐居洪州西山（今江西新建区西），后不知所终。有诗十卷，已散佚，后人辑有《陈嵩伯诗集》一卷。

陈陶年轻时壮志满怀，有着建功立业为"帝王师"的远大抱负。"莫道羔裘无壮节，古来成事尽书生"，他认定自己是个能"成事"的"书生"，准备干一番事业。并且他自视甚高，凡事不干则已，要干就得干出个样子来："在山不为桂，徒辱君高冈。在水不为莲，徒占君深塘。"但就是这样一个人，偏偏几次进士考试都落了榜。他有些沉不住气了，写下了那首表白心迹、兼发牢骚的有名诗篇："一顾成周力有余，白云闲钓五溪鱼。中原莫道无麟凤，自是皇家结网疏。"意思是说，偌大的中原不是没有麒麟和凤凰那样的天生灵物，像姜子牙那种依傍白云、直钩钓鱼、一出山就奠定周朝八百年基业的能人，只不过是皇上的朝廷没有细细地搜求罢了。他在这首诗里毫不客气地把自己比作姜子牙，抱怨皇上网罗人才时所用的网网眼太"疏"，把他给漏掉了。"近来世上无徐庶，谁向桑麻识卧龙。"他在这首诗里自比诸葛亮，抱怨当今世上没有人像三国时的徐庶向刘备推荐诸葛亮那样，把自己推荐给皇上。他还直截了当地说："乾坤见了文章懒，龙虎成来印绶疏。"他认为自己有龙虎奇才，有一揽乾坤的气魄，但适合自己的官位太少了。在最急于建功立业的时候，他甚至以警醒的口气对自己做官的朋友说："最好是在开明的时候把在野的能人推荐上去，不然等他愤愤而死之后，大家才来表示哀悼和惋惜，就像千古以来对待屈原那样就晚了。"（好向明时荐遗逸，莫教千古吊灵均。）

其实，陈陶所处的时代，是唐王朝走下坡路的时期，连年不断的平藩战争，使百姓的经济负担日益加重。南方江淮一带，因为战争较少，相对处于和平环境，所以成了唐政权筹集军饷赋役的主要依靠。陈陶出生的元和年间（806—820），江南八道一百四十万户百姓，负担了唐朝八十多万军队的供给，"率以两户资一兵,其他水旱所损,征科妄敛,又在常役之外"(《唐会要》卷八十四)。代宗宝应元年(762),浙东袁晁起义后,规模不等的农民起义此起彼伏接连不断,加上宦官专权,朋党纷争,以致许多有作为的文士,不幸陷入政治旋涡,失去为国效力的机会。处在这种时代的陈陶,起初还以"台铉自负",台铉就是宰相,意思是说自己是当宰相的人才,直到碰过钉子、受过白眼之后,才知道自己只能是终身布衣。他渐渐地明白了一个道理:这个世界太小了,自己没法施展才能。于是他不再强求仕途的上进,而是"高居不求进达",做起隐士来了,不但"恣游名山",还自称"三教布衣"。

陈陶的归隐起初并不是那种看破红尘、全心入道的归隐,而只是儒家"天下有道则见,无道则隐",那种等待时机的暂时归隐。他仍期望自己像大隐士姜子牙和诸葛亮那样,修道以增长能力,避世以等待时机。"自古隐沦客,无非王者师。"他随时准备着,一旦机会来临,便要入世登台,干一番惊天动地的大事业。他要做"王者师",辅佐一代帝王完成开基创业的雄图。他甚至直言不讳地说,自己就是要像姜子牙当初磻溪垂钓那样,"兹焉乃磻溪,豹变应须时",避世江湖,消磨时日,以静候文王式的人物的到来。只是陈陶的生活后来并没有过得像他自己想象的那样,他便逐渐从儒家之隐,变成了真心入道的道家之隐。中岳有个姓仇的道人,教了他服食松英的秘法。服了一千日后,周身香气四溢,步履轻健,足下生风,能够辟谷不食,在某些方面达到了"地仙"的标准。随着修炼层次的提高,诗歌里的境界也提高了,这从他的许多诗中都可以看得出来,以至于《北梦琐言》称"陈陶歌诗似负神仙之术"。

陈陶在宣宗大中年间(847—860),因为战乱而避地到了洪州,并在西山隐居。只是山居时间长了,便渐渐地产生了经济上的困难。从陈陶自己的诗和他人的记载来看,他自己似乎并不耕田种地,因此不能从土地中收益分文,一家人的衣食住行都得另寻财源。为了解决财源问题,陈陶在山上种了许多柑橙。到了橙子成熟时,他便招呼一些山里的儿童帮他把柑橙拿下山去卖。据当时的著名诗僧贯休的诗中所言,陈陶这样一连卖了几年柑橙后,居然顺利地解决了经济来源的问题,在生活上实现了自给自足(贯休:"高步南山南,高歌北山北。数载买柑橙,山资近又足。")。另外,西山上出产各种药材,有好几十种。陈陶一家人不但自己挖药吃,还把一部分药物拿到城里去卖,这样也能获得一部分收入。一个曾经"颇负壮怀,志远心旷"的高士,能在如此艰难的境况下坚持修炼可见其意志的可贵了。

出世的陈陶虽然很早就离开了故乡,但对鄱阳始终怀有深深的眷恋之情,他的《鄱阳秋夕》,便是一个很好的印证,作为方外之人,他的人生每一个历程都是一次旅游:"忆昔鄱阳旅游日,曾听南家争捣衣。今夜重闻旧砧杵,当时还见雁南飞。"

传说陈陶是一位大寿星,在山里经历了五代十国时期,一直活到宋太祖开宝年间(968—976),有150多岁。与陈陶同时代的不少诗友,在陈陶死后写过祭诗,如比较有名的诗人张乔、杜荀鹤、曹松等就写过《哭陈陶》。这些赠诗难免会有溢美之词,但同时也要看到,对于一个没有地位又处在贫寒生活状态的人,人们更多的还是看重他的才华和品性。

熊本：事经官路心更明

熊本（1026—1091），字伯通，鄱阳人。庆历六年（1046）进士，历任建德县知县、秦凤路都转运使、桂州知州兼广西经略使、吏部侍郎、洪州知州等职。他支持王安石变法，属于新党一派。熊本长期在北宋西南边疆任职，多次平定西南地区的少数民族叛乱及交趾国的入侵，为西南边疆的稳定和发展做了很大的贡献。

熊本小时候就很好学，文采出众。景祐三年（1036），范仲淹到饶州任知州，看过熊本的文章，很是赏识。熊本中进士后，被任命为抚州军事判官，不久升为秘书丞。治平元年（1064），熊本出任建德（今浙江建德）知县，他发现前任县令曾划了一片圭田，即古代卿、大夫、士用以祭祀的田地，甚至把很多鱼池也被划进去了，于是把土地全部开禁，还给百姓使用。

熙宁元年（1068），熊本上疏颂扬宋神宗重用王安石变法，擢升提举淮南常平、检正中书礼房公事。

熙宁六年（1073），泸州（今四川泸州市）的罗夷族、晏夷族举兵反抗北宋朝廷，皇帝下诏令熊本察访梓州路、夔州路，授予便宜行事的权力。熊本奉诏率兵赴泸川安排平夷的事。他曾任戎州通判，久在边疆，熟习夷族的习俗，他认为这些少数民族之所以能够侵扰边疆，是因为当地有十二个村的豪强做向导。熊本便想出个正本清源的办法：用金帛作香饵，遣人招诱村豪投效帐下，说要他们帮忙办点小事，就给他们一个大名义，日后有功，特别升赏。那些爱钱重利的村豪，眼见既能发财又有官做，还不要下什么死力，便纷纷投靠熊本，达一百多人。熊本一一温言抚慰，收在帐下，一面每日提供好酒好肉给他们吃喝，使他们安心住下；一面遣都监王宣布置军事，准备进击诸夷。经过几天布置，熊本于泸川举行阅兵，先期发出布告，允许当地人不分汉、夷，前来参观。到了那天，熊本将大将旗鼓置于帐前两侧，排列五百骁卫，一个个腰横利刃；三军将士，各依行伍，环列帐外。三声炮响，熊本坐于帐中，命人将村豪传进帐来。诸村豪随传进帐，参见已毕，肃立帐前，听候命令。熊本蓦地怒喝道："你们知罪吗？"众村豪不明就里,相对愕然,瞠目不知所答。熊本又怒斥道:"此地诸夷,原本没有侵扰边疆的心思,都是你们想在当中得利,引导他们作乱。你们这一班人,真是罪大恶极!"熊本说完喝命骁卫:"一齐绑了!"五百骁卫,答应一声,当即两个伏侍一个把众村豪绑走了。百余村豪至此才知道入了牢笼,一个个垂头丧气。熊本遂命一并斩首示众。于是各姓诸夷愿效死赎罪,唯有柯阴酋长不来归附。熊本即命王宣招集晏州十九姓降众及黔州义军,前去进讨柯阴。柯阴酋长倾族拒敌。王宣用强弓硬弩猛力攒射,大败柯阴夷兵。柯阴酋长被追得无路可走,投戈乞降。不久,诸夷悉平。

平定了泸夷的熊本,回到了京城。神宗皇帝龙颜大悦,提升他为刑部员外郎、通判司农寺。赵顼抚着熊本的手说:"爱卿既没有花费国家多大财力,又没有伤害民众,却一下子消除了百年隐患,写出的奏章又如此生动详细,用词清丽,真是一个人才。"神宗赵顼遂擢升熊本为集贤殿修撰,赐三晶冠服。

蔡京是北宋时的一个奸相,那是后来的事。蔡京当年在秀州(今浙江嘉兴)做推官得益于熊本的举荐。熊本发现他有才干,又能练习新法,便力举他负责重要的公事,为他后来的升迁起了一定的作用。

熙宁七年(1074),黄河和湟河的水灾刚刚得到治理,朝廷派熊本担任秦凤(今甘肃天水一带)路都转运使。熊本在得知熙河一带的地方官法纪松弛,以致积蓄的钱不够一年的开支后,马上奏请朝廷,获准裁减冗员140人,年减少开支数十万。

熙宁八年(1075),渝州(今重庆)南川獠人头领木斗起兵叛宋,皇帝下诏令熊本前去平叛。熊本上任前,另一个獠人头领仁贵,因为是木斗的亲戚,被搜捕关押在监狱。熊本到任后亲自把他放出来,并让他在自己麾下效力。接着,熊本率兵进入南川县铜佛坝,仁贵率先攻入敌营,击败木斗,焚毁了他的粮草,木斗为之胆寒,献出自己管辖的五百里地前来归顺。熊本在基地设置四砦、九堡,在铜佛坝设立南平军。朝臣评议熊本的功劳,打算加授他天章阁侍制的官衔,宋神宗说:"熊本的文采,我是知道的,应当让他负责写诏书。"于是,熊本被加授制诰一职。此后,神宗皇帝多次称赞熊本的文章。

随着新法的推行,北宋朝廷中新旧两派斗争日益白热化。面对变法改革中的激烈纷争,熊本上疏宋神宗劝谏皇帝要坚持变法。

熙宁十年（1077），熊本等因受命考察时不守法纪，被调至西京（今山西大同）任职。熊本在洛阳待了三年，才被重新任命为滁州知州，后又改任广州知州。元丰五年（1082），熊本被召为工部侍郎。回京途中，因为宜州（今广西宜州区）发生少数民族叛乱，他在半路上被任命为龙图阁待制、桂州（今广西桂林）知州兼广西经略使，前去宜州处置战事。熊本到了宜州，公开谕示各个溪峒的酋长要安分守己，还告诫宋朝驻守边疆的官吏将士，不要惹是生非。同时他上奏朝廷选将练兵，多买战马充实骑兵，增强戍守力量。由于采取了有效措施，宜州相安无事。当地人蔡宝铨煽惑龙蕃与峒户相互仇杀，然后想引兵攻讨以为功。熊本质问蔡宝铨，看他神色有异，当即将他捆绑起来投入江中。蛮夷畏服，将熊本敬为神。

宜州与交趾相邻，当时北宋承认交趾国主李乾德据有顺州，但疆界没有划分清楚，交趾人因此经常侵掠勿阳地区，驱逐在此地的侬智会，侬智会到宜州来求援，熊本发檄文质问李乾德，李乾德连忙收兵向熊本谢罪。为了明确疆界，消除战乱，熊本请求将宿桑八峒这片不毛之地划给交趾，从此西南边疆得到安定。

转运判官许彦先，建议把湖南盐销售到广西，按人口卖给百姓，每年可得钱三十万。熊本说："桂州管区民贫地瘠，恐怕承受不了。"许彦先的建议遂被搁置，后熊本被召入京城为吏部侍郎。过了一年多，熊本极力请求外放为官，遂出知洪州。后有人弹劾熊本弃宿桑八峒为失策，熊本被降一官。元祐三年（1088），熊本徙知杭州、江宁府，后再知洪州。后被诏入京，元祐六年（1091）九月，熊本行至真州时病逝。

彭汝砺：蟾宫折桂占鳌头

彭汝砺(1041—1095)，字器资，鄱阳人，宋英宗治平二年(1065)乙巳科状元，又是省元，获得双第一。

彭汝砺自幼聪颖，读书勤奋。治平二年赴京应试时，他父亲当时为鄱阳郡吏。当他在京城大魁天下的榜书被送到郡中时，郡太守当即让他父亲停业值役，并命令左右随从用他的马把彭汝砺的父亲送回家中。不仅他父亲为儿子高中状元感到欣喜，郡中父老兄弟也引以为荣。

彭汝砺中状元后，历任保信军推官、武安军掌书记、潭州军事推官。熙宁元年(1068)，王安石执政推行新法，看到彭汝砺所作《诗义》，很为赏识，起用他为国子监直讲，旋调大理寺丞，继擢太子中允。御史中丞邓绾见彭汝砺才能出众，要荐他担任御史，意在让他为己所用，召之不往。邓绾于是上章说自己失举自列，神宗大怒，将邓绾罢职，而诏命彭汝砺为监察御史里行。但不久，彭汝砺在政治见解上与改革派发生了分歧。

彭汝砺在任上，敢于直言进谏，首次上言，便向朝廷推出一份综合性的意见书，陈述十事：正己、任人、守令、理财、养民、赈救、兴事、变法、青苗、盐事。他慷慨陈词，严厉指摘，多是当时朝臣所难言者。他上奏论吕嘉问设市易聚敛钱财是非法，应罢其职；论俞充谄媚宦官王中正，叫自己的妻子去拜会宦官，不配任检正中书五房事的官职。神宗听从其言。他还谏议不应任用宦官王中正、李宪主掌西路边防大军兵权，并列举汉、唐宦官祸乱之事，说："不当以兵付中人。"神宗听了不高兴，并用言语辱骂他，彭汝砺拱立不动。待神宗态度稍和缓，他再进言，神宗为之改容，当时廷上的大臣为他敢于直言而叹服。由于他对新法持不同的态度，元丰元年(1078)，彭汝砺以馆阁校勘外放为江西转运判官。在金殿辞别时，他还复言："今不患无将顺之臣，患无谏诤之臣；不患无敢为之臣，患无敢言之臣。"彭汝砺被调出不久，神宗因常念彭汝砺的忠毅、正直，便又把他调回，任他为提点京西刑狱。

神宗死后，哲宗赵煦继位。元祐二年(1087)，彭汝砺被起用为起居舍人。

当时，赵煦年幼，祖母宣仁太后高氏垂帘听政，陆续起用司马光、吕公著、范纯仁、吕大防等为相，废除神宗与王安石推行的大部分新法，史称"元祐更化"。有一次，吕公著征询他对新旧之政的意见，他坦率地说："政无彼此，一于是而已。"对于旧党不问是非、将新党一概排斥的做法，他表示了不满。他又说，现在把科举取士和差役这样的旧制度轻率地恢复，效果是不好的，老百姓不满，读书人也不满。他虽然对旧党的做法持不同的意见，但当时的执政者仍器重他。第二年，彭汝砺被升任为中书舍人，赐金紫。

彭汝砺在朝为官，所草拟的诰词，词语雅正，有古代名臣风度。在王安石执政时，曾官至宰相的蔡确，其时被贬于安州（今湖北安陆市）。时值夏日，蔡确登览当地名胜车盖亭，乘兴题了十首绝句，即《夏日登车盖亭》。元祐四年（1089），知汉阳军（治今湖北武汉市汉阳）吴处厚诬指其诗影射高太后，诽谤朝廷。高太后大怒，要穷治蔡确之罪，于是"谏官交章请治之"，史称"车盖亭诗案"。彭汝砺向高太后密疏，说这样做纯系"罗织罪名"，是"开告讦之路，此风不可长"。他多次向新任宰相申明己见，但不为所听。由于众多大臣极力营救，蔡确仅受到责授左中散大夫、守光禄卿分司南京（今河南商丘市）的处分。高太后又直接宣布蔡确为英州（今广东英德市）别驾、新州（今广东新兴县）安置。有的大臣说蔡确"家有老母，乞改移近里州郡"。作为中书舍人的彭汝砺，两次拒绝草拟斥责蔡确的诏命，向中书省讨还除目（通知书）。于是，他被谏官们指责为王安石、蔡确的党羽，受到落职外放、贬知徐州（今江苏徐州市）的处分。熙宁初年，彭汝砺任监察御史里行，蔡确任御史，在弹劾吕嘉问的事情上两人意见不合。据《宋史》载："汝砺在台时，论吕嘉问事，与确异趣，徙外十年，确为有力。"因为吕嘉问的案子，两人政见不一，惯以打击异己博得上位的蔡确自然是容不下彭汝砺的。后来，彭汝砺被外放出朝，蔡确起了助推作用。

《宋史》将蔡确列入"列传·奸臣"。其人在位时，用权谋打击政治对手，失势后自然遭到对手的政治报复，是政治斗争中的一个失败者。彭汝砺却积极为蔡确说话。当时，人们认为他是一位以德报怨的人，是一个正直无私的人。

元祐八年（1093），彭汝砺被召回朝廷，任集贤殿修撰，先后任兵部侍郎、刑部侍郎、礼部侍郎、吏部侍郎。

高太后死后，朝中大权又落入"新党"手中，昔日痛斥"新党"的大臣，现在转而痛斥"旧党"了。彭汝砺在元祐时期,既和"旧党"有政见分歧,又因营救蔡确得罪权臣而被贬。此时,他保持沉默,并说:"我当时替新党说话,因为那时人们都不敢讲,现在人们敢讲了,我也用不着多讲了。"哲宗赵煦亲政后,彭汝砺被进权吏部尚书。不久,有人弹劾他附会旧党刘挚,之后他便以宝文阁直学士的身份知成都府(今四川成都市)。

这时,彭汝砺向哲宗上疏,疏中论述了历代盛衰的经过,希望哲宗谨慎,要亲忠贤,远小人,广开言路,这样才可保天下大安。但意见不为哲宗所采纳,彭汝砺反而因此再次遭贬,被降为宝文阁待制知江州(治今江西九江市)。临行,哲宗问他有什么话要说,他还劝告哲宗对国事不要存新旧之见,要"其政不能无是非,其人不能无贤否。政惟其是,则无不善;人惟其贤,则无不得矣"。到江州后仅数月,他便病倒。病中,他还上表说:"土地已有余,愿抚以仁;财用非不饶,愿节以礼。佞人初若可悦,而其患在后;忠言初若可恶,而其利甚博。"表上还提到河北的流民要抚恤,要查问江南的水旱情形等。当时,哲宗对表奏很满意,起用他为枢密都承旨之职。绍圣元年(1094),彭汝砺病卒于任上,终年五十四岁。当任命颁下后,彭汝砺已经不在人世了,只得告赐他的家属。

彭汝砺去世后被安葬在湖北省阳新县木港镇。他的后代广泛分布于湖北阳新、大冶、黄石、鄂州、武汉等地。

陶节夫：韬略夙怀保边宁

陶节夫，字子礼，饶州鄱阳人，晋大司马陶侃的后代，进士起家，初任广州录事参军。杨元在山谷中做强盗，被抓入狱中，多次越狱逃跑，并且不承认做过强盗。陶节夫用几句话责问他，杨元就吐露实情服罪了。被处决前，他和众囚犯说："陶公是德高望重的人，我即使死了也没有遗憾。"陶节夫担任新会县知县时，广州守臣章棠器重他的才能。章棠任泾原统帅时，召他进入府中。

崇宁元年（1102），陶节夫任讲议司检讨官，后晋升为虞部员外郎。崇宁四年（1105），陶节夫升任陕西转运副使，后调任延安知府。

北宋中后期，由于和西夏连年交战，陕西成为宋朝精兵健马汇集之处，陕西军也渐渐取代河北军与河东军，成为宋朝最精锐的部队。从神宗朝开始，宋向西夏发动了一系列旨在彻底灭亡西夏的进攻。但五路伐夏的失败，使宋朝君臣痛苦地认识到，迅速灭亡西夏已无可能。于是在西北统军的宦官李宪改变了策略，采取了步步为营、层层推进的战术。他开始在宋夏边境修筑大量的军事城堡和要塞，并且逐渐将这些堡垒推进至西夏境内，不断蚕食西夏领土。宋、夏两军随之就这些堡垒展开了一系列血腥的争夺战。

陶节夫因为招降羌人有功，加官集贤殿修撰，主持修筑石堡等四城。石堡把天洞作为护城壕，可供通行的只有一条道路，夏人在那里挖窖藏粮数千石。石堡归宋所有后，他们的首长惊叹道："汉人占领了我们的全窝埚！"于是，他们立即派铁骑兵来抢。陶节夫分派手下的将士抵抗，斩杀捕获他们将领以下的人上百个。夏人估计不能成功，遂收兵退回。陶节夫被擢升为显谟阁待制、龙图阁直学士。正议论在银州筑城之事，内线说夏人已经从东边过来。陶节夫预料夏人一定会西去泾原，属官们不认同，陶节夫说："我的计策已经考虑好了。"他派遣副将耿端彦迅速赶到银州，五天筑好城。夏人果然从泾原到来，但城的守备已经加固，夏人于是逃走。

北宋时期重文轻武，同等级的文官地位高于武将，文官驾驭武将，外行领导内行,皇帝直接掌握军队的建置、调动和指挥大权。兵权三分:枢密掌兵籍、虎符,三衙管诸军,率臣主兵柄,各有分守。枢密院为最高军事行政机关,直接秉承皇帝旨意,调发全国军队,"掌军国机务、兵防、边备、戎马之政令",兵将分离,将不专兵。此外还设有兵部,只掌管仪仗、武举和选募军兵等事。所以陶节夫与蔡京的关系不能不好,在执行政策上也必然步调一致。夏人想要议和,陶节夫不接受。碰到放牧的人,他就抓起来杀掉。夏人怨恨他,大举入侵镇戎军,杀掠数万人。

其时西夏由第四代皇帝李乾顺当政。李乾顺借助于辽朝的力量,结束了母党专权的局面,又依靠辽道宗的扶植亲政。因此李乾顺执政后,在政治上完全依附辽朝,对宋朝则采取和解政策。永安二年(1099)二月,李乾顺出兵帮助辽平息了拔思母部的起义。李乾顺希望同宋朝讲和,宋哲宗不许。在辽朝出面斡旋的情况下,李乾顺处死了曾为梁太后策划扰宋边境的嵬保没、结讹遇二人,并遣使向宋朝上谢罪表,宋朝才答应与夏议和,恢复"岁赐"。宋徽宗继位后请和遭到拒绝后,宋朝起用蔡京为相,开始对西夏用兵。夏贞观四年(1104)五月,陶节夫任陕西转运使,知延州,出兵进攻石堡砦,夺其粮食窖藏,筑城堡以守。李乾顺愤然道:"汉家夺吾金窟埚!"从贞观五年至六年,宋军多次攻夏,夏军一再被击败。李乾顺两次遣使向辽求援,辽朝为此遣使向宋朝入贡,请求罢兵,并请归还所占西夏的土地。崇宁五年(1106)二月,迫于辽的压力和权宜之计,宋徽宗答应归还崇宁以来所占领的西夏边地,与夏议和。但是宋朝权臣蔡京、童贯集团对西夏用兵,实行开边以邀功的方针并没有改变,在经过七年多的准备之后,又重新开始对西夏的战争。从政和五年(1115)至宣和元年(1119),宋军多次攻夏,宋熙河经略使刘法军深入夏都城兴州、灵州核心地区,李乾顺命晋王察哥率步骑万余人迎战,夏军奋勇力敌,全歼刘法所部,宋军死伤数万。夏军乘胜攻破宋统安城,进围震武城。六月,李乾顺在对宋作战大获全胜的情况下,又以辽的名义再次向宋朝请和,宋朝被迫接受与夏议和。

陶节夫不久兼任环庆、泾原、河东经制司,负责边防事务,上奏说:"现在已经得到石堡,又在银州筑成,西夏的洪州、宥州都在我们的掌控之中。横山的地盘我们已占据十分之七八,兴州的巢穴浅显直露,只需要用计谋攻取。"他随即

陈述了攻取兴州、灵州的计策,加官龙图阁学士。恰逢朝廷废除经制司,又舍弃了筑城之地,陶节夫于是请求到内地做官。他被调到洪州,改任江宁知府,先后任青、秦二州和太原府知府。

李勉等盗贼在辽州、北平之间兴起,河东、河北一带骚动不安,两路的将官、检官都因犯罪离去,朝廷于是派遣台郎督查捕捉他们。陶节夫请求把派遣的军队全部撤去,最终用计谋捕获李勉。因为上疏请求本路的军队不要提防而获罪,他被降为待制,负责水兴军,几个月后去世,被追任恢复龙图阁学士。

洪皓：历经磨难报国殇

宋钦宗靖康二年(1127)，在金兵大举进攻下，偏安南方的赵构，建立了南宋王朝，这一年为高宗建炎元年。

高宗为了巩固自己的统治，一边硬起头皮重新起用受百姓拥戴的李纲为宰相，一边又派出心腹黄潜善、汪伯彦暗中监视李纲。这时，抗金名将宗泽，正全力以赴地部署军队，在抵抗金兵的同时，准备渡河收复失地。宗泽特地上疏逃往扬州的高宗，请求将京城迁回开封(今河南)，以安定民心，振作士气。然而，害怕真的打败金兵，迎回徽、钦二帝，自己皇位不能保住的赵构，并不想收复失地，仍一味妥协投降。他派出洪皓，以礼部尚书的名义出使金国，请求金邦罢兵息战。具有强烈爱国热忱和民族气节的洪皓，出使金国时，坚贞不屈，以自己十五年的岁月，谱写了一曲爱国主义正气歌，成为我国爱国者的典范之一。

洪皓(1088—1155)，字光弼，鄱阳人，徽宗政和五年(1115)进士。洪皓起初出任台州宁海(今浙江)主簿，宣和六年(1124)任秀州(今浙江嘉兴)司录。在任上，他关心民众疾苦，办了很多有益于大众的事，被百姓称为"洪佛子"。

建炎三年(1129)五月，洪皓以徽猷阁待制、假礼部尚书为大金通问使，与副使龚璹一道，从建康(今南京)出发，取道山西，到太原(今山西)，过了一年危险的生活，后到云中(今山西大同)。金军西路统帅粘罕，逼迫洪皓及龚璹，到金人扶植的伪齐傀儡政权刘豫那里任官。洪皓大义凛然，以死相抗。他说："我不远万里来到这里履行使命，目的是奉迎徽、钦二帝还朝，至于逆贼刘豫，我恨不得将他分尸，难道我能与这样的人共事？告诉你们，我早已做好准备，是煮是烹，任你宰割，但要我做鼠狗辈以苟延残喘，那是万万不可能的事。"粘罕听了恼羞成怒，命手下将洪皓推出斩首。这时，粘罕一个手下，见洪皓不仅器宇轩昂，一表人才，而且学识渊博，又有一腔爱国热情，便急忙跪请粘罕刀下留人，这样洪皓才得以流放冷山(今属黑龙江)。

冷山在金都会宁(今黑龙江阿城南白城)，也就是习称黄龙府的北边。洪皓一行在金兵的押送下，花了六十天时间，才到达目的地。在冷山流放期间，金王室元老重臣陈王悟室,对洪皓非常苛刻,在两年的时间里,不供食物,盛夏让他穿粗布棉衣,寒冬不供薪柴,在这样的艰苦条件下,还要洪皓教他八个儿子读书。

洪皓离开花艳水美的故园,在这荒芜的边塞之地备受煎熬,心中无时无刻不思念自己的国家和亲人。当时,他母亲还健在,儿子幼小,但他自始至终没有忘记国家和徽、钦二帝。金人起初将他与羊群关在一起。腥膻的怪味,使他恶心作呕。他期待与被掳的二帝见面,因此强忍着克服这一困难。在金邦时间一长,牧羊人被洪皓的骨气折服,便在暗中保护他。转眼间秋去冬来又快一年,不久霜雪冻地。一天,北风呼啸,大雪纷飞。顷刻间,远山近水白茫茫一片。洪皓赶着一群羊来到一座小山脚下,见雪中几枝寒梅争先怒放。看到这傲雪的寒梅,洪皓思绪万千,浮想联翩,"一朵忽先变,百花皆后香;欲传春消息,不怕雪里藏"。梅花使他想到了故国,想到了亲人。于是,一首《江梅引》奔涌而出:"去年湖上雪欺梅,片云开,月飞来雪月光中,无处认楼台。今岁梅开依旧雪,人如月,对花笑,还有谁? 一枝两枝三四蕊,想西湖,今帝里,彩笺烂绮,孤山外,目断云飞。坐久花寒,香露湿人衣。谁作叫云横短玉? 三弄彻,对东风,和泪吹。"

漫长的流放和恶劣的环境,并没有使洪皓改变半点儿气节,更没有挫伤他一定要返回故国的决心。每当寂寞,他便让诗词宣泄自己的思绪和怀念,表露心系祖国、梦萦家园的思念之情。

宋高宗绍兴十三年(1143),金熙宗生了太子,实行大赦,因而允许宋朝使者南归。八月,洪皓与张邵、朱弁三人得到批准后,迅速登程南归。这时,金人担心洪皓拘留于北方时知道不少实情,把他放回南宋对金邦不利,于是派人追赶。哪知道,归心似箭的洪皓他们,已登舟渡过了淮河。

洪皓经过十五年的漫长流放,回到了南宋朝都临安(今杭州)。他原以为宋朝廷在屡受屈辱之后,能够振作,整军经武,待机北伐。不承想整个临安纸醉金迷,一派苟安景象。虽然这时候的高宗也称赞洪皓:"忠贯日月,志不忘君,虽苏武不能过。"但是,在以秦桧为代表的投降派的主持下,洪皓和所有的抗金名臣,都无法受到重用。皇帝在他忍辱十五年后给的官职,仍是徽猷阁直学士、提举万寿观,兼权直学士院这样有名无实的空官衔。洪皓并不为自己的荣辱计较,他牵肠挂肚的还是收复失地。一次,在与奸相秦桧交谈时,洪皓有意戳穿了他和金人的关系,并向朝廷揭露了秦桧为金将起草受降檄文的丑行。秦桧对此怀恨在心,指使李文会弹劾洪皓,使他离开朝廷,出知饶州。

洪皓回到故乡鄱阳不久,母亲董氏辞世。三年服满,秦桧又以种种借口削夺洪皓的官职,把他贬为濠州(今安徽凤阳)团练副使,安置英州(今广东英德)。绍兴十七年(1147),洪皓在去英州履职的途中,经过岭南韶州(今广东韶关),特意到禅宗六祖慧能寄托肉身的南华寺,瞻仰这位高僧。洪皓想到六祖的经历,联想到自己的出使和回到故国后的遭遇,不由得感慨万千:"半贡囚拘愧牧羊,生还四载地投荒。危机未履已如此,欲效前贤问上苍。"

洪皓在"湿燠庳窄,出门茅不见人,四旁皆狐虺所穴"的英州,又度过了九年的艰苦生活。绍兴二十五年(1155),高宗在各方的压力下,终于为洪皓复官正名,将他授为左朝奉郎,主台州崇道观,改徙袁州(今江西宜春)。然而,历经长期拘禁、流放、摧残的洪皓,已心力交瘁,于奉旨北返的路上,在翻越大庾岭时病逝,终年六十八岁。

洪皓死后,南宋朝廷恢复他徽猷阁直学士的官职,并封他为鄱阳开国侯爵位,谥号"忠宣"。洪皓学优才赡,是南宋文章大家,也是一位文章、道德两全齐美的千古名臣。著有《文集》十卷、《春秋纪咏》三十卷、《鞧轩唱和集》三卷、《帝王通要》五卷、《姓氏指南》十卷、《松漠纪闻》两卷、《金国文具录》一卷、《鄱阳集》四卷。

洪适：革弊鼎新去瑕疵

洪适(kuò)(1117—1184)，原名造，后更名适，字景伯，又字温伯、景温，洪皓长子，鄱阳人，因其父而入仕途。晚年居住老家鄱阳盘洲，故自号盘洲老人。绍兴十二年(1142)二月，洪适与弟洪遵同中博学宏词科，洪遵为状元，洪适为榜眼。累官至尚书右仆射、同中书门下平章事兼枢密使，官至右丞相。封太师、魏国公，食邑五千户，实封二千六百户，卒谥文惠，奉祀为乡贤。

洪适自幼聪颖好学，学业优异，有"日诵三千言"之誉。成童子后，作文条理分明，构思巧妙，深得师长称赞。洪适十三岁那年，父亲洪皓出使北方，家中祖母董氏夫人年迈，母亲沈氏夫人多病，弟妹年幼，全家各等事务大都由他主持处理。建炎三年(1129)，金军跨过长江进犯吴地(今苏南和浙北)，逼近秀州(今浙江嘉兴)，形势十分危急。当时洪家寄住秀州，一家老小面临战乱，慌乱无计。在此危难之时，洪适毅然决定率全家奔回故乡。他在仓促中带领家中年轻力壮的佣仆，护送祖母、母亲和五个弟弟、三个妹妹登程回乡。一路上，他租船只、赁车马，指挥若定，跋山涉水，将全家人安全领回故乡鄱阳。他们离开秀州没有几天，金军骑兵果然攻入秀州城大肆抢掠，还掳去了一批平民做奴隶。洪皓在冷山得知金军掳掠秀州的消息后，挂念留在秀州的家眷，十分焦虑。当时听说有秀州平民被掳至冷山，他就千方百计地打听寻找。几个被掳至冷山的秀州人对他说，秀州官吏都在城陷之前，携家眷逃往松江华亭(今属上海市)避难去了，但不知洪家的下落。由于音讯不通，洪皓得不到确信，对留在秀州的老母、妻子、儿女终日放心不下，难解焦虑，竟大病了一场。

洪适一家回到故乡后，出生在江浙的沈氏夫人水土不服，洪适兄弟也因为长久离别而感到生活不习惯，加之洪皓的俸禄是由秀州供给的，当金军北退以后，洪适又带领全家回到了秀州。

绍兴八年(1138)，洪适的母亲沈氏夫人，因洪皓困于北方，音讯难通，吉凶难定，日夜思念，积忧成疾，不治病故。时年二十一岁的洪适，在万分哀痛中井然有序地操持丧事，按诰命夫人的葬礼安排祭仪，并遵照母亲生前的意愿，将灵柩运抵外祖父家无锡安葬。

洪适自故乡返回秀州之后,与兄弟刻苦读书。经过数年努力,于绍兴十二年(1142),洪适与弟弟洪遵、洪迈同时赴京应考。洪适与洪遵双双高中博学宏词科,成为进士,得到宋高宗的亲自接见和称赞:"父在远方,子能自立,此忠义报。"并授予敕令所删定官的职位,不久又提升为秘书省正字。

绍兴十三年(1143)洪皓南归以后,洪适任台州(今浙江台州地区)通判。当时秦桧党羽主管台州政事,腐败至极,刑事诉讼中贿赂公行,造成了很多冤狱,坑害了不少无辜的平民。洪适一次到黄岩县(今属浙江省)巡视时,发现监狱中的囚犯高喊冤枉,即传令有关吏、囚询讯,将冤情记录在册,呈文上报浙江东路提刑司,请求为民平冤。由于知州等人有秦桧做靠山,洪适不但没能为民平冤,反而因此丢掉了乌纱帽,被罢免了台州通判的职务,九年没有得到起用。在此期间,洪适为侍候流放英州的父亲,经常往来于杭州、鄱阳、南昌和英州之间。

绍兴二十五年(1155),洪适被任命为荆门军(今湖北当阳、荆门等县)知军。此时秦桧刚死,朝政呈百废待兴之势,高宗召令天下征求施政意见。洪适到荆门上任之初就着手修复农政,安抚因灾荒和战祸而流离失所的农民,整治社会秩序,兴办地方公益事业。他在施政中发现了很多弊端,于是根据当时的社会状况提出了四点建议,上疏朝廷:第一,减轻茶税;第二,减免各州代贡物品;第三,重建因战火毁坏的书院、试场,恢复旧有科举名额,以选天下人才;第四,免除无人耕种的官田赋税。

洪适任徽州知州时,至婺源等县巡查田赋、茶税、徭役,发现乡间富有的农户几乎不承担徭役,而生活贫困的自耕农却要负很重的徭役,存在严重的徭役不均的弊端;还发现地方官吏趁征收赋税之机敲诈百姓,勒索钱财,中饱私囊。洪适严令属下各县、监、镇及各官监税务,如"有虐吾民者必劾",以保护平民的利益。他还严令通判厅以下收集钱粮赋税的衙门,收取各种赋税时不得增加分文手续费,如有违反,必定惩处。

洪适升任提举江东路常平茶盐公事后,曾上疏论述当时徭役不均的弊端和利害,建议下令州、县采取措施尽快均徭役,以保护广大平民百姓的利益。他还上疏建议朝廷责令江东路沿江各州县,允许农民用原价赎回被官府和豪绅收占

的农田,以安定因战祸、灾荒流离失所,返回家乡又无田耕种的农民。

洪适向朝廷提出的各种施政论述和奏疏,都曾被朝廷采纳实施。但由于当时官场腐败,除他自己治理的地方实施较好外,其他大部分地方实施不力,因此收效甚微。

绍兴三十一年(1161)"采石矶大捷"时,洪适任江东路提举常平茶盐公事。在这次抗金战斗中,他率领属官及时组织、运送粮饷等军需辎重,供给抗金将士,为战争的胜利做出了积极的贡献,被朝廷升为尚书省户部郎中,总领淮南东路军马钱粮。

隆兴二年(1164),洪适出任中书舍人,成为皇帝的近臣和高级幕僚。当时金兵再犯淮南,边防军事情报纷至沓来。洪适除了为皇帝起草诏令文书,还夜以继日地参与军机,在调度部队、协调各部队的关系、安排攻击程序等方面为皇帝提供咨询和建议。

洪适自孝宗登基以来,掌管军政大事,深得孝宗器重。乾道元年(1165),洪适升任端明殿学士、签书枢密院事。皇帝亲自交代参政(即副宰相)钱端礼和虞允文"三省事与洪适商量",即朝廷军政大事都要与洪适商议处理。此时,洪适实际上掌握了宰相的职权。不久,孝宗又升洪适为参知政事,拜为尚书右仆射同中书门下平章事,兼任枢密院使(即宰相)。洪适在朝身居要位,意欲修复农政,厉兵秣马,统一军令,加强边备,力争早日收复中原,但他深知朝廷软弱、安于现状,官场腐败、鱼肉百姓,军令难行,士气不扬,实是积重难返,难以挽回大局。经过一番痛定思痛之后,他只好将夙愿付诸东流,辞去了宰相职位。

洪适诗文论著甚多,留下了很多名篇,所以《宋史》评价说:"适以文学闻望。"今有《盘洲文集》八十卷,收入《四库全书》集部别集类。存词《盘洲乐章》一卷,《隶释》二十卷、《隶续》二十一卷。辑《唐登科记》十五卷、《五代登科记》一卷、《宋登科记》二十一卷,均已散佚。其中,《盘洲文集》影响甚大。

洪遵：为官清正重民本

洪遵（1120—1174），字景严，号小隐，鄱阳人。绍兴十二年（1142）二月，洪遵与兄洪适同中博学宏词科，洪遵为状元，洪适为榜眼。

洪氏一家在南宋为江西望族，洪遵兄弟八人（一说五人），有兄适，弟迈、逖、逊、邈、遂、迅，皆出仕为官。

洪遵自幼聪慧，端重如成人，从师业文，不以岁时寒暑而耽误。他父亲出使金国，滞留漠北，不久母亲病故，当时家境十分困难。洪遵与兄弟在僧舍攻读，夜枕不解衣。绍兴十二年（1142），洪遵与兄适、弟迈，同至临安（今杭州）赴考，住在南山净慈院（今杭州净寺），与兄适同登博学宏词科，中魁选，赐进士出身。南宋词科中选即入国史馆，自洪遵开始。当时奸相秦桧的儿子秦熺是长官，洪遵不阿附，从而受到他的压制。次年，洪遵父亲自金国还，为秦桧所贬，洪遵也被外放，先后为常、婺、越三州通判。绍兴二十五年（1155），复入为正字。八月，兼权直学士院，后因父逝居丧。绍兴二十八年（1158）服除，皇帝召对时，洪遵极陈父冤："先臣与龚璹同出疆，龚璹仕于刘豫，以妄杀兵官为豫所诛，而秦桧赠以节旄，擢用其子。先臣拒金人之命，留十五岁乃得归，顾南窜岭外，臣兄弟屏迹在外。桧不分忠逆如此。"高宗虽加慰勉，但把责任推给已死的秦桧，说："洪某三子皆可用。"实际上，这个惯于玩弄权术的皇帝，并无心重用忠臣良将。所以洪遵陛对后，只拜起居舍人，迁起居郎兼权枢密院都承旨。绍兴二十九年（1159），拜中书舍人。绍兴三十年（1160）正月，试吏部侍郎，后兼权吏部尚书，不久罢去离京，出知平江府。孝宗即位后，洪遵任翰林学士承旨兼侍读，知隆兴元年（1164）贡举，拜同知枢密院事。同年七月，以端明殿学士（第二次）提举太平兴国宫。乾道六年（1170），洪遵起知信州，徙知太平州，又徙知建康府、江东安抚使兼行宫留守，不久又罢。淳熙元年（1174），提举洞霄宫。同年十一月，洪遵病逝，年仅五十五岁，谥文安，赠太师。

洪遵以正直敢言著称，在皇帝面前勇于表达自己的意见。例如高宗说："正立法，自今功臣子孙序迁至侍从，并令久任在京宫观。"洪遵说："侍从，朝廷高选,非如磨勘阶官,安有迁序之制?"退而又上奏言:"今内外将家无虑二十人,若以序迁,不出十年,西清次对皆可坐致。太祖开国功臣子孙不过诸司,惟曹彬之子琮、玮以功名自奋,遂为节度,初不闻有递迁侍从之例。今旨一出,使穆清之地类皆将种,非所以示天下。望收还前诏。"

对于当时讨论欲复鄱阳永平、永丰两监鼓铸事,洪遵说:"唐有鼓铸使,国朝或以漕臣兼领,或分道置使,厘为三司。自中兴以来,置都大提点,官属太多,动为州县之害。间者亟行废罢,又无一定之论,初委运使,又委提刑,又委郡守、贰,号令纷纷不一,鼓铸益少。窃以为复置便。"复置永平、永丰二钱监,对解决当时临安钱钞的危机,起了重要的作用。

洪遵在吏部侍郎、兼权吏部尚书任上时间虽短,却治绩显著。例如,当时选人诣曹改秩,吏倚为市,巧生枝节,推延不办,多所索贿。洪遵则针对时弊明确规定,照章办事,草除恶例,吏不敢欺。洪遵为官清正,既不阿附权贵,又不人云亦云,以势利待人。可见他是一位堂堂正正、颇有作为的政治活动家。

洪遵生活于金朝南侵的大动荡时代,对于北宋灭亡、南宋横遭攻战掠夺,深怀切肤之痛。洪遵在中书兼承密旨,有关边防民隐必为奏言,十分注重边防之守卫、军器之利弊,曾提出了许多切实可行的方案。对于金使(北使)提出的一些要求,洪遵据理力争,寸步不让。例如,金人来索绛阳郭小的、安化刘孝恭二百家,洪遵执以为不可。绍兴三十一年(1161),完颜亮的一支金兵由海道窥犯两浙,宋廷命浙西副总管李宝抵御。李宝驻兵平江,宋廷又命洪遵知平江府。李宝以水军袭击金兵于胶西获捷。胶西之战,资粮、器械、舟楫都是洪遵供应的,此战成功,洪遵之助力最多。

洪遵不论在朝为官,或在州、县地方,都以民为"本",关心民间疾苦,多方为民着想。洪遵当地方长官时,以保境安民为己任。高宗车驾前往金陵(今南京),沿途各州、县都被禁卫兵士苛索骚扰。至吴(当时洪遵知平江府),这些禁卫兵卒相告:"内翰在此,汝毋复然。"当时,宋廷曾一度海禁,以"虑商舶为贼得"为名,把商船悉拘入宫不还,甚至把沿海船舰及水手、民兵也扣留起来,这对江浙沿海商民是极大的困难。洪遵因此奏论,以船还商,而听水手自便,老百姓非常感谢他。

乾道六年(1170),洪遵知太平州期间,圩田坏,民失业,他调集几万役工筑圩。严冬盛寒,他亲自到筑圩工地,载酒食与民工同餐,用实际行动鼓舞民众。当时转运使张松忌功,妄奏圩未尝决,民未尝转徙,要责令圩户自筑,并裁减募工钱米之半。洪遵连疏抗争,请求派遣朝臣覆按。于是宋廷派遣将作少监马希言、监察御史陈举善下来查处,揭穿张松所言,使圩堤建成。

当时,淮南一带大旱,周围州县赈灾措施失当,百姓流离失所。洪遵认为,遇灾首先要安置百姓的生活。他精简工作人员,随远近老壮以差赋给,减免租税至十九,又从江西购买粮食,救活了数以万计的百姓。趁火打劫、欺凌百姓的戍兵,一律执拘归军。所以虽有大灾荒但村落晏然,一方平安。

洪遵的这些政绩,体现了忠君爱国,以"民本"为核心的政治思想,充分表现了他的治国安邦的雄伟抱负。

洪遵不仅是一个有所作为的政治活动家,而且是一位多才多艺的学者。他家学渊源深厚,博通文史,通晓宋朝翰苑故实,好藏金石钱币,能诗善文,既明医方,又是游艺能手,是一位才华横溢的专家学者。其著作有《文集》八十卷,《东阳志》《东阳谱》各十卷,《钱谱》五卷,《泉志》十五卷,《翰苑群书》三卷,《翰苑遗事》一卷,《洪氏集验方》一卷,《谱双》一卷,《小隐集》七十卷,《中兴以来玉堂制草》三十四卷,《三洪制稿》(适、遵、迈撰)六十二卷,其中洪遵撰二十卷,《订正〈史记〉真本凡例》一卷,《翰苑群书》二卷。

至今传世的著作仍有《订正〈史记〉真本》一卷,《翰苑遗事》一卷,《知不足斋丛书》第十三集,《泉志》十五卷,《洪氏集验方》一卷、《谱双》五卷附录一卷,《洪文安公遗集》一卷,《翰苑群书》(辑)。

洪遵一生严于律己,宽以待人,勤政爱民,勤政为民,清正廉明。他每到一处为官,都受人钦佩,尤其是做地方官时,更是得到百姓的敬仰。常州、婺州、越州三地的老百姓,为了感谢他在当地为官的政德,不少地方还为他建立了生祠祭祀,以颂扬他为那里的人民做出的政绩。据传,清代《长生殿》的作者、戏剧家洪昇是他的后裔。

洪迈：涉猎广博多著述

洪迈（1123—1202），字景卢，号容斋，又号野处，洪皓的第三个儿子，鄱阳人，绍兴十五年（1145）进士，官至翰林院学士、资政大夫、端明殿学士、宰执，封魏郡开国公、光禄大夫，谥"文敏"。

洪迈小时候每天读书数千言，看一遍就不会忘记，博览群书，即使是小说野史，也没有不涉猎的。绍兴十五年（1145），洪迈以第三名博学宏词登科，被授予两浙转运司干办公事的官职，入朝任敕令所删定官。这时洪皓已自金国返宋，揭露秦桧的丑行，得罪了秦桧。秦桧对洪皓怨恨不已，将洪皓安置在闲散的职位上，后才让他出知饶州。御史汪勃判定洪迈知道父亲对秦桧有敌意，于是将洪迈贬为添差教授福州，授两浙转运司干办公事。洪迈便不赴福州，而至鄱阳侍奉父母，至绍兴十九年（1149）才赴任。

绍兴二十八年（1158），洪迈归葬父亲后，被召为起居舍人、秘书省校书郎，兼国史馆编修官、吏部员外郎；绍兴三十一年（1161），授枢密院检详诸房文字。

绍兴三十二年（1162），金主完颜雍登位，派金朝的左监军高忠建出使南京，洪迈奉命作为迎接高忠建的陪伴使。在这个时候，高宗赵构因采石矶之战的胜利和完颜亮的毙命，忘记了敌我双方军事力量的对比，变得强硬起来，提出了所谓"首议名分，而土地次之"的主张。洪迈秉承高宗的旨意，提出了更改一切含有屈辱性的接待礼仪，把以前接待金朝人的陪臣礼改为敌国礼，即平等国的礼节。在整个接待活动中，洪迈不卑不亢的态度，使高忠建折服。洪迈这次的成功接待，是南宋自绍兴十一年（1141）议和以来，外交上取得的一次极大成就。不过洪迈也清楚，以军事实力为依恃的金朝，其议和条件并没有降低，而忘乎所以的高宗又不能正视现实。在这种情况下，洪迈提出了一个十分务实的主张："土疆实利不可与，礼际虚名不足惜。"可是这个主张上自高宗，下到礼部侍郎黄中、兵部侍郎陈俊卿都竭力反对。求和与正名心切的赵构，派洪迈作为贺登极使出使金国议和。临行前高宗突然又提出，因为不能祀祭祖宗皇陵，要金朝归还河南为条件。这时，洪迈不得不把自己对局势的正确看法告知皇帝：山东的兵都没有撤退，如此条件的和议是达不成的。果然，洪迈一到金朝中都燕京（今北京），出示以敌国礼行文的国书时，金人几次要他更改为陪臣礼行文，并改用陪臣礼节。洪迈坚决拒绝，金人恼羞成怒，将他禁闭在使馆内，从早到晚不给一口水喝，第三天才给一些食物，以此威逼洪迈屈服，洪迈始终百折不挠。金朝大都督企图将他扣留下来做人质，幸亏金朝左丞相张浩，权衡利害后竭力反对，他才免遭父亲洪皓那样被羁留金朝的命运。七月，洪迈回到了离别三个多月的临安（今杭州）。高宗赵构却以他"有辱使命"加罪于他，免除了他的职务。

乾道二年（1166），洪迈知吉州（今江西吉安）。淳熙六年（1179），洪迈出知赣州，到任后兴建学宫，建造浮桥，士人百姓安居乐业。郡兵素来骄横，稍不如意就蛮横强暴。郡中每年派上千人戍守九江，这一年有人害怕去后就会被留下而回不来，众人于是反戈，人们以谣言相警，百姓非常害怕。洪迈不为所动，只派遣一名校官好言劝说他们，使他们回到营中，众人都听从了劝说。他挂着空箭袋进入兵营，慢慢审问出什伍长两个人，给他们戴上刑具，将他们押送至浔阳，在市上斩首。辛卯年间，湖北和安徽闹饥荒，赣州正值中熟，洪迈拿出粮食去帮助邻郡。有个僚属进谏阻止，洪迈笑着说："秦地和越地的贫弱丰肥不同，是做臣子的道理吗？"不久，洪迈任建宁府知府。有个因小事情杀人而持刀越狱的富人，长时间拒捕，洪迈治他的罪，施黥刑后，将他流放岭外。

淳熙十一年（1184），洪迈任婺州知州。婺州军一向不讲军纪，想要用钱将春天发放的衣服换成丝帛，官吏不允许，就一起呼叫，放肆地聚集到郡将的治所，郡将惶恐不安，无原则地宽容，想满足他们的要求。洪迈来后，众人重演前事，甚至把恶意诽谤的话张贴在城门上。洪迈用计谋逮捕四十八人，将他们绳之以法，同伙互相唆使，一哄而上地拥住洪迈的轿子，洪迈说："他们是罪人，你们为什么要参与？"众人害怕不敢上前而散去。洪迈杀了带头作恶的两个人，并在市上斩首示众，其余处以黥刑和鞭打不等，没有人敢无理取闹。事情被皇帝听说，皇上对辅臣说："没想到书生处理事情能随机应变。"皇上于是特升任他为敷文阁待制。

光宗绍熙元年（1190），洪迈改任焕章阁学士、绍兴知府。他到朝廷上奏事情，上疏说新政应以十渐为戒。皇上说："浙东百姓被和市所困扰，你去替我纠正这件事。"洪迈拜了两拜说："我发誓尽力而为。"洪迈到了郡中，核对查实欺诈瞒骗四万八千三百多户，少收取的绢按匹计算，大致就是这个数目。第二年，洪迈两次上疏告老，却被进官为龙图阁学士。不久，他以端明殿学士的身份辞官。嘉泰二年(1202)，洪迈病故于鄱阳城城西滨洲。

洪迈在宦海浮沉几十年，当过地方官，当过京官，曾出使金国，最后官至端明殿学士。在任地方官时，他下察民情，整治农政，兴建学宫、书院，兴修水利，发展生产。在绍兴府尹任上，他通过察访民情发现，浙东地方官利用朝廷颁发的"和买"（官府以低价定额征购丝绸）政策暗中加额，敲诈勒索百姓。他排除多方阻挠，进行全面核查，核减了全部加征数额，根除了此项官场积弊，减轻了百姓的负担。

洪迈不仅是一位为政清廉的官吏，更是一位文学家。他学识渊博，著述极多，有文集《野处类稿》、志怪笔记小说《夷坚志》、编纂的《万首唐人绝句》、笔记《容斋随笔》，等等，都是流传至今的名作。作为一个勤奋博学的士大夫，洪迈一生涉猎了大量的书籍，并养成了做笔记的习惯。读书之际每有心得，他便随手记下来，集四十余年的成果形成了《容斋随笔》，这是一部分为《随笔》《续笔》《三笔》《四笔》《五笔》五集共七十四卷的巨著。

这部巨著被历代名人誉为"垂范后世"的佳作，有很高的文学价值，对当政者具有资政、资治的作用。最值得一提的是，《容斋随笔》受到一代伟人毛泽东的终生珍爱，毛泽东对此书爱不释手。他临终时，此书还摆在他的案头。

姜夔：咳唾成珠声韵怡

姜夔（1154—1221），字尧章，号白石道人，鄱阳城郊姜家坝村人，南宋文学家、音乐家。

姜夔出生于鄱阳一个破落的官宦之家，父亲姜噩是绍兴十八年（1148）进士，先后官任新喻（今江西新余）县丞、汉阳（今湖北武汉）知县，在知县任上病卒。

姜夔很小的时候就跟随父亲到任职地。父亲死后，十四岁的姜夔依靠姐姐，在湖北汉川县山阳村度过少年时光直到成年。因为著籍饶州鄱阳，姜夔曾于淳熙元年（1174）至淳熙十年（1183），先后四次回乡参加科举考试，最终名落孙山。

仕途不顺的姜夔四处流寓，曾涉足过扬州、江淮一带，后来客居湖南。大约在淳熙十二年（1185），他认识了诗人萧德藻。因为情趣相投，两人结为忘年之交。

萧德藻是福建闽清人，绍兴十一年（1141）进士，曾官任龙川县丞、湖北参议，后调任湖州乌程任县令。萧德藻擅长作诗，与范成大、杨万里、陆游、尤袤齐名。由于赏识姜夔的才华，萧德藻将自己的侄女许配给姜夔。

淳熙十三年（1186）冬天，萧德藻调官湖州，姜夔也决定和萧家同行。第二年暮春，萧德藻正式去湖州上任，途经杭州，介绍姜夔认识了著名诗人杨万里。杨万里对姜夔的诗词嗟赏不止，称赞他"为文无所不工"，酷似唐代著名诗人陆龟蒙，也和他结为了忘年之交。之后杨万里还专门写信，把他推荐给另一著名诗人范成大。范成大曾官任参知政事（副宰相），当时已经告病回老家苏州休养。范成大读了姜夔的诗词，也很喜欢，认为姜夔高雅脱俗，翰墨人品酷似魏晋间人物。

得到杨、范两位诗坛大家的揄扬，姜夔声名鹊起，此后寓居湖州达十多年。湖州弁山风景优美，绍熙元年（1190），他正式卜居弁山苕溪的白石洞天，朋友潘德久遂称他为"白石道人"。

姜夔在湖州居住期间，仍旧四处游历，往来于苏州、杭州、合肥、金陵、南昌等地。

姜夔为人潇洒不羁，以陆龟蒙自许，当时的名流士大夫都争相与他结交，连大学者朱熹也对他青睐有加，不但喜欢他的文章，还佩服他深通礼乐。著名词人辛弃疾对他的词也深为叹服，曾和他填词互相酬唱。

绍熙元年（1190），姜夔客游合肥，寓居赤阑桥，和范仲讷为邻。在合肥，他有相好的两位歌妓姐妹，彼此之间情深意厚。这对姐妹与他的相知、相爱，是他一生中极为重要的感情经历。从认识这对姐妹以后，他多次寓居合肥，直到绍熙二年（1191）秋她们离开合肥为止。姜夔对她们的离去表现出无比伤感和眷恋之情。同年冬天，姜夔再次来到苏州，谒见范成大，作《雪中访石湖》诗，范成大作诗见答。姜夔在范家踏雪赏梅，范成大向他征求歌咏梅花的长短句，姜夔填《暗香》《疏影》二词，范成大让家妓习唱，音节谐婉，大为喜悦，特意把家妓小红赠送给姜夔。除夕之夜，姜夔在大雪之中乘舟从石湖返回苕溪之家，途中作有七绝十首，过苏州吴江垂虹桥之时，写下了"小红低唱我吹箫"的名句。

绍熙四年（1193），大约三十九岁的姜夔，在杭州结识了世家公子张鉴。张鉴是南宋大将张俊之孙，家境豪富，在杭州、无锡都有田宅。张鉴对姜夔的才华也很欣赏，因为姜夔屡试不第，曾经想出资为姜夔买官，但姜夔不想用这种让人羞愧的方式进入仕途，遂婉言谢绝。此后，姜夔经常出入张鉴家，相互作诗、填词、唱和。

庆元二年（1196），萧德藻被侄子萧时父迎归池阳，姜夔在湖州失去依傍，便干脆移家杭州，依附张鉴及其族兄张镃，后不再迁徙，在杭州居住终老。张鉴是姜夔晚年最好的知己，两人友谊极深，姜夔说："十年相处，情甚骨肉。"嘉泰二年（1202）张鉴死后，姜夔非常悲痛，作诗哀挽，可见其情意之深。

当时，南宋朝廷定都杭州已经七十多年，原来的乐典已散落。庆元三年（1197），四十三岁的姜夔曾向朝廷献《大乐议》《琴瑟考古图》，希望获得提拔，但朝廷没有重视。两年之后，姜夔再次向朝廷献上《圣宋铙歌鼓吹十二章》。这次朝廷下诏允许他破格到礼部参加进士考试，但仍旧落选。从此，他完全绝了

仕途之念，以布衣终老。

自张鉴死后，姜夔生活开始逐年走向困顿，嘉泰四年（1204）三月，杭州发生火灾，尚书省、中书省、枢密院等政府机构都被波及，两千零七十多家民房同时遭殃，姜夔的屋舍也在其列，家产、图书全都被烧光，这对于姜夔来说无疑又是一个打击。由于亲朋好友相继故去，姜夔投靠无着，难以为生，六十岁之后，还不得不为衣食奔走于金陵、扬州之间。

嘉定十四年（1221），姜夔去世，他死后靠朋友吴潜等人捐资，得以勉强葬于杭州钱塘门外的西马塍，这也是他晚年居住了十多年的地方。

姜夔少年孤贫，屡试不第，终生未仕，一生转徙江湖，靠卖字和朋友接济为生。他多才多艺，精通音律，能自度曲，其词格律严密。他的作品素以空灵含蓄著称，姜夔对诗词、散文、书法、音乐，无不精善，是继苏轼之后又一难得的艺术全才。姜夔之词题材广泛，有感时、抒怀、咏物、恋情、写景、记游、节序、交游、酬赠等。他在词中抒发了自己虽然流落江湖，但不忘君国的感时伤世的思想，描写了自己漂泊的羁旅生活，抒发了自己无法出仕和情场失意的苦闷心情，表现了超凡脱俗、飘逸不群，有如孤云野鹤般的个性。有《白石道人诗集》《白石道人歌曲》《续书谱》《绛帖平》等书传世。

姜夔在诗词、书法上成就显著，他是我国古代杰出的词曲作家，他的词调音乐，无论在艺术上还是在思想上，都达到了较高的水平，并具有独创性。姜夔的词调音乐创作继承了古代民间音乐的传统，对词调音乐的格律、曲式结构及音阶的使用有新的突破，并且形成了独特的风格。他能娴熟地运用七声音阶和半音，使曲调显得清越秀丽，这与他独具一格的典雅词风结合得天衣无缝。杨万里称其有"裁云缝雾之构思，敲金戛云之奇声"。

姜夔对于音乐史的主要贡献，就是留给后人一部有"旁谱"的《白石道人歌曲》六卷，包括他自己的自度曲、古曲及词乐曲调。其代表曲有《扬州慢·淮左名都》《杏花天影·绿丝低拂鸳鸯浦》《疏影》《暗香》等。他是南宋唯一词调曲谱传世的杰出音乐家。

《白石道人歌曲》是历史上注明作者的珍谱，也是流传至今的唯一一部带有曲谱的宋代歌集，被视作"音乐史上的稀世珍宝"。他写的《大乐议》，代表了宋代民间音乐艺术的最高成就,更为后人提供了一份了解当时音乐状况的宝贵资料。

姜夔是我国的著名诗人、词人、音乐家、书法家、鉴赏家、文学评论家。二十世纪八十年代初,国际天文学联合会以世界文化名人的姓名,对310多个水星环形山进行命名。我国有十五位文化名人获得了此次命名机会,而姜夔就是其中一位。

张履信、张辑：伯劳燕飞各风烟

南宋绍熙二年（1191）正月二十四日，自合肥东归湖州的姜夔，在今江苏镇江的京口，与同乡、诗人张履信再次相逢，久别邂逅，激动之情难以言表，于是作七律一首，题为《京口留别张思顺》："伯劳飞燕若为忙，还忆东斋夜共床。别后无书非弃我，春前会面却他乡。连宵为说经忧患，异日相逢各老苍。更欲少留天不许，晓风吹艇入垂杨。"这首叙旧忆昔，并为相逢而倍感欣喜的诗作，虽然只有56个字，却清楚地表达出了两人之间的友情。

张履信，字思顺，号游初，鄱阳人，生卒年不详。他祖父张南仲，官至侍郎。张履信是在此前五年当丹阳县令的，绍熙元年（1190），监江口镇并摄县事，于是才有了这次重逢。不久，张履信通判潭州（今湖南长沙），后官至连江（今福建）太守。

"雨歇桃繁，风微柳静，日淡湖湾。寒食清明，虽然过了，未觉春闲。行云掩映青山，真水墨、山阴道间，燕语侵愁，花飞撩恨，人在江南。"张履信这阕《柳梢青》，是他现存两阕词中的一阕。他写过一些诗词，但没有结成集。不过，收录他作品的集子却不少，《历代诗余》《宋诗纪事》《绝妙好词》《唐宋全词》《金宋词》等都选录了他的诗词作品。《词综》录有另一阕名作《谒金门》："春睡起，小阁明窗儿底。帘外雨声花积水，薄寒犹在里。欲起还慵未起，好是孤眠滋味。一曲广陵应忘记，起来调绿绮。"

张履信的儿子张辑，不但是个词人，而且词风一直追随乡人姜夔。他字宗瑞，号东泽，又号庐山道人、东泽诗仙，身世和姜夔一样，终身布衣，没有入过仕途。尤其要指出的是，姜夔的身世，多亏张辑为他立传。《白石道人年谱》说："番阳布衣姜夔尧章，出处备见张辑宗瑞所著《白石小传》矣。近得其一书，自述颇详，可与前传相表里。"可惜的是，张辑为姜夔撰的小传，如今已经失传。

张辑词作较多，著有《欸乃集》，今存词集有《东泽绮语债》《清江渔谱》各一卷。

"梧桐雨细，渐滴作秋声，被风惊碎。润逼衣箧，线袅蕙炉沉水。悠悠岁月天涯醉。一分秋，一分憔悴。紫箫吟断，素笺恨切,夜寒鸿起。又何苦、凄凉客里。负草堂春绿,竹溪空翠。落叶西风,吹老几翻尘世。从前谙尽江湖味。听商歌、归兴千里。露侵宿酒,疏帘淡月,照人无寐。"张辑这阕《桂枝香·秋旅》,承接了姜夔词字精妙,善于刻绘烘染、写景体情、意度高远的写作技巧。张辑无愧为姜词的得力追随者,历代词家将他与卢祖皋、史达祖、吴文英、蒋捷、王沂孙、张炎、周密、陈允平、张翥、杨基等人,归为南宋第二期词派,这一词派的先驱当然是姜夔。

张辑是个具有爱国情操的词人,他的爱国情怀可以从他的代表作《月上瓜洲·相见欢》中可以看出:"江头又见新秋,几多愁？塞草连天,何处是神州？英雄恨,古今泪,水东流。惟有渔竿、明月上瓜洲。"这首词借写月下之景,抒发词人报国无门、落魄抑郁的思想感情,同时也饱含爱国深情。

张辑早期是随他父亲宦游于江淮之间的,也正是这个机会,使他认识了大词人姜夔,并学习姜夔的词风。后来,他父亲去潭州任职,他们举家溯长江上行到九江。在九江,他南望神往已久的庐山:"迢递关山身历遍,烟霞胜处曾游,九江江畔系孤舟。匡庐如画里,南望插天浮。瀑布香炉齐五老,层层爽气陵秋。何须魂梦觅瀛洲,云松终可卜,我与谪仙俦。"一阕《临江仙·望庐山》,倾吐了多少生平事,他想到李白,想到自己和李白一样的命运,于是萌生了回故乡安居的念头。

张辑真的回到了故里——鄱阳。到了道家七十二福地的第五十二福地马迹山（一作马蹄山），也就是现在仍叫仙坛观的地方后,他有了隐修的念头。兴趣所至,一阕《满江红·题马蹄山壁》产生:"醉发吹凉,但拂剑、狂歌而已。倩谁问、九霄黄鹤,更曾来未。玉女窗深松昼静,研朱重点参同契。记前回,赤水得玄珠,骊龙睡。空扰扰,人世间。除学道,无真是。把洪崖肩拍,挹浮丘袂。朝驾长风沧岛上,夜骑明月青天际。更几时、回长旧山川,三千岁。"

失意文人从满怀期望到失望,最后大多选择出世,这是两千多年里的一条规律。"予读书晋王伯辽马蹄山居,雨中欲访道会稽,山空鹤寒,落叶自语,大书此句于碧崖丹壑间。"在马迹山,张辑联想到的是当年旅游过的越地——绍兴会稽,它与这里是何等相似,丹霞岩的地貌,泓清碧绿的道汊湖,加上名人们,包括范仲淹的题诗:"灵台拱上百神清,碧岛红霞相映明。曲径犹无青草合,乱峰时

有白云生。亭亭翠巘高山矗,隐隐狂雷落石轰。待得九霄鸾鹤驭,玉书应改地仙名。"张辑的心静了,于是结庐马迹山,并在所填的《沁园春》词中说:"予顷游庐山,爱之,归结屋马蹄山中,以庐山书堂为扁,包日庵作记,见称庐山道人。"如果不是他的朋友黄叔豹提议,叫他不要舍近求远,他就不会改名为东泽先生。"东泽先生,谁说能诗,兴到偶然。但平生心事,落花啼鸟,多年盟好,白石清泉。家近宫亭,眼中庐阜,九叠屏开云锦边。出门去,且掀髯大笑,有钓鱼船。一丝风里婵娟,爱月在沧波上下天。更丛书观遍,笔床静昼,篷窗睡起,茶灶疏烟。黄鹤来迟,丹砂成未,何日风流葛稚川。人间世,听江湖诗友,号我东仙。"这阕自叙体的《沁园春·东泽先生》,多少把张辑的矛盾心态表露出来了。其实,在封建社会里,文人的出世,或借山林隐遁,或寄寺观修炼,都是自欺欺人。张辑骨子里仍然期待有朝一日得到任用,读书为报国,否则读书干什么。

张辑和他父亲一样,在《鄱阳县志》里虽有小传,但生卒年无考。

彭大雅：名垂青史复尊荣

十三世纪三十年代，新崛起的北方蒙古族，在跃跃欲试中，开始了他们世界性的大规模征伐。此前蒙古族还与南宋联手消灭金国的"黑鞑"，转眼之间撕下"友情"的遮羞布，对长江上游的蜀地和荆湖一带发起了进攻。就在蒙军进行猛攻时，一位叫彭大雅的鄱阳人，受朝廷委派，来到重庆出任四川制置副使兼知府。大兵压境，兵力不足，到职不久的彭大雅，遭遇了守蜀失利的尴尬，因此受到"削三秩"的降薪处分。尽管如此，但为南宋王朝做"义务工"的他，还是发现了所任地的重大不足。他曾经出使过北方的守牧，亲眼见识过蒙古铁骑的风驰电掣，那时他便担心，南宋会是蒙古大军的下一个目标。面对守地易守难攻的地理优势和战略地位，彭大雅断然做出了一个"不适时宜"的重大决定——筑石城。

当时，重庆的古城也和其他地方一样，城墙都是用泥土堆砌而成的，非常脆弱而不堪一击。于是他下令趁战时的空档，令全城军民出动，以砖石砌墙加固，并扩大整个重庆城的规模，使城区延伸到了通远门、临江门一带，形成了今天所看到的"古代重庆城"。可是，当时的百姓和官员们，都十分不理解他的一片苦心，他们对在这个经济困难时期大兴土木工程非常不满，有的人甚至走到衙门里大声责骂他。然而铁了心的彭大雅，仍坚持着"不把钱做钱看，不把人做人看，无不可筑之理"的决心。那些反对他的人哪里知道，到这个时候了，皇帝和宫里的大臣们都不把钱当作钱看，不把人当作人看，难道还不能筑城护国？只是情况特殊，时间紧迫，他来不及向大家多做解释，只能固执地坚持带领部下，以每天保证万人的出工率，不分日夜地修筑城墙。经过短短两个月时间的苦战，虽耗钱费粮"不计其数"，他们总算把固若金汤的新城修筑完毕。正是他在关键时刻的"一意孤行"，后来使得十万蒙古铁骑多次在重庆这个地方遭遇败仗，而且使摇摇欲坠的南宋政权，苟延残喘了近四十年时光。

彭大雅是南宋光宗至理宗期间的人，生年不详，祖父汝执为彭汝砺的堂弟，他自己是南宋嘉定七年（1214）进士。在论资排辈的古代社会，彭大雅的官职只属于一般,况且又一度落入"有争议人士"之列。所以他在鄱阳,声名似乎不及同榜状元、鄱江书堂的创办者袁甫。以至在乡人中,念叨袁甫的人有,说他的却无,甚至包括他的族人。其实,彭大雅是个让鄱阳人骄傲的人物,不说他任职重庆时筑城的事迹,只凭他那本笔记体著作《黑鞑事略》,他就不比伯祖彭汝砺和同学袁甫逊色。

南宋绍定五年(1232),彭大雅由初官朝请郎,变为京湖制置使史嵩之的幕僚。其实幕僚这个职务并不怎么样,关键是看跟谁。彭大雅投靠的人叫史嵩之——当朝权臣史弥远的堂侄,他是嘉定十三年(1220)进士,胸有雄才大略,既有远谋又能干事。史嵩之在调任光化军司户参军不久,身为从叔的史弥远问他:"给你换一个新职位,你想去哪里?"史嵩之几乎不假思索地回答:"希望能到襄(阳)汉(水)一带去做官。"襄阳地处汉水中游的南岸,与北岸的樊城隔水呼应,是扼守长江的屏障,南宋时地位至关重要,完全可以用咽喉来做比喻。史弥远虽然身居相位很久,但是并不清楚襄、汉的情况。史嵩之对荆襄地区做过比较深入的研究,知道这个地方对南宋的重要性。所以当史弥远问他时,他能马上做出去襄、汉的肯定回答。堂叔史弥远听了,当然高兴地答应了。彭大雅能被史嵩之赏识,可见他是幸运的。不久机会真的来了,绍定五年(1232),蒙古窝阔台汗遣使臣王檝南下,商议联合攻金。南宋朝廷既求之不得又存有戒心,他们不让王檝深入,只让他待在京湖。南宋的京湖(京西南路与荆湖北路),大体上指今天的湖北省和湖南省的北部,更具体地说是今天的几乎整个湖北省(除了东边的黄石、黄冈和最西边的恩施),湖南省北部的岳阳、常德、湘西土家族苗族自治州和怀化,河南省的信阳西南部。经过讨价还价,蒙古和南宋商定协同攻金。蒙古还许下诺言,灭金之后将河南地区归宋廷所有。有了这份"承诺"(后来并未兑现),史嵩之很快奏报朝廷。朝廷认为,机不可失,便答应了蒙古的请求,打算借此机会以雪"靖康之耻"。于是宋理宗命史嵩之派员回复蒙使,史嵩之便派遣邹伸之为使者前往蒙古,彭大雅则以书状官的身份一同出使。

彭大雅出使蒙古时,无非是个无关轻重的"书记员"。可是骨子里受到鄱阳文化熏陶的他,接到任务后认识到,这是个深入了解蒙古的极好机会,不仅认真记录会谈的所有细节,而且抓紧时间观察这个崛起民族的一切。绍定八年(1235),彭大雅完成了出使任务,回到南宋后第一时间将自己的亲身见闻整理

成册，于是一本影响后世的《黑鞑事略》问世。

《黑鞑事略》是笔记体著作。黑鞑，是相对于漠南的白鞑靼而言的，这也是宋人对蒙古族的习惯称谓。《黑鞑事略》虽然字数不多，但涉及的内容广泛，包括蒙古立国、地理气候、生产生活、语言文字、风俗习惯、贸易贾贩、官制法令、行军作战等方面。此书成为后世研究十三世纪前期蒙古族历史和文化的珍贵资料，受到清代著名学者王国维的高度重视，并且在当时也受到同朝的一位权臣李鸣复的注意。李鸣复是一位四川籍的官员，一直对蒙古国存有戒心。他非常欣赏彭大雅的才华，通过交往，两人结下了较深的友谊。嘉熙三年（1239）八月，李鸣复举荐彭大雅出任四川制置副使兼重庆知府。然而，成也萧何败也萧何，南宋朝廷的激烈党争，使彭大雅因他成了牺牲品。就在彭大雅筑城工程竣工与敌人鏖战之时，奸人屡进谗言，加上朋党之争，受李鸣复牵连，昏庸的宋理宗将他革职查办，贬为庶民发配赣州。淳祐五年（1245），彭大雅带着忧愤与遗憾，辞世于赣州。淳祐十二年（1252），理宗皇帝终于为彭大雅平反，追录创城渝州之功，并官复承议郎，让他的儿子承官。重庆的百姓和官员们也后知后觉，感怀其恩，大表其功，为他立庙，追谥他为忠烈。

关于彭大雅的历史贡献，南宋学者王仲晖在其所著的《雪舟脞语》中说："彭大雅，知重庆，大兴城筑，僚属更谏不从。彭曰：'不把钱做钱看，不把人做人看，无不可筑之理。'既而城成，僚属乃请立碑从纪之。大雅以为不必，但立四大石于四门之上，书曰某年某月彭大雅筑此城以为西蜀根本。"南宋末另一爱国史学家胡三省，在他的《通鉴注》中称赞说："我朝自绍定（宋理宗）失蜀，彭大雅遂建渝为制府，支持西蜀且四十年，盖亦归功大雅也。"

周伯琦：玉雪坡下广流声

元仁宗孛儿只斤·爱育黎拔力八达执掌皇权期间（1311—1320），鄱阳游城一个叫板埠桥的乡间，竖起了一簇规模恢宏、屋宇轩敞、错落有致、室号雅致的建筑。这群别业，不仅为本地人瞩目，也吸引了不少当朝高官，并为此吟诗题记："蔼蔼江东雨后云，碧筠堂上注芳尊。眉山老去无宾客，番水春生有子孙。团扇晚凉留翠黛，疏林纤月到黄昏。问谁吹得参差玉，为厮苍苔向石根。"这首题为《赋碧筠堂》的七律，就是元代著名学者虞集，应屋主周应极所邀作的诗篇。

周应极（1276—1322），字南翁，元代书法家周伯琦的父亲、梅山先生周垕的幼子，以文学知名于京师。周应极出生时便有异质他父亲周垕说："大吾家者，是儿。"周应极年轻时精通经史，在行者姚燧的推荐下，当上了婺源学正，不久弃官归养。服满之后，经姚燧、王约、刘敏中、程钜夫这些汉族大臣的推荐，周应极受到元武宗孛儿只斤·海山的召见。至大元年（1308），周应极献《皇元颂》，得到元武宗的欣赏，授翰林待制。周应极人称兰屋先生，学识渊博，曾在至大元年（1308）为皇太子孛儿只斤·硕德八剌说书。后授奉训大夫，进集贤待制（正五品），曾代祀山东孔庙和济源天坛，后出为池州路（今安徽贵池）同知，颇有政绩。周应极的忠孝更是为人称道，他迎养老母于京师，并建堂奉母，时集贤大学士郭贯美其名曰"致乐"，先后有张养浩、赵孟頫、袁桷等十二位大家为"致乐堂"赋诗。至治二年（1322），周应极病逝，终年四十六岁。

周应极在元朝大都（今北京）任职集贤司直期间，先后邀请翰林直学士程钜夫、翰林直学士兼国子祭酒虞集、翰林国学院编修揭傒斯、枢密院编修官黄溍、翰林侍讲学士元明善、翰林学士承旨欧阳玄、翰林直学士吴当等人来到鄱阳板埠桥，做客于碧筠堂。这些元朝的显要或名士，或应周应极之邀，或受周伯琦之请，先后饶州茭城做客，有的甚至不止一次。那时板埠桥方圆十几里的空气中，到处弥漫着文人们诗的韵致和情感。丽辞华章，把这里的青山绿水渲染得光彩四射。南山北麓的双溪水，被激荡得兴奋不已，欢愉跳跃着相互拥抱，合成了一股水流。周氏祠堂里，族人后裔无不沉湎在节日般的欢乐中。北宋神宗时期周

泰公自九江迁徙至鄱阳后，即使是先祖们进士及第时的盛况，也无法与这次翰林们的板埠桥欢聚相比。毫不夸张地说，这不仅是板埠桥的第一次，也是鄱阳有史以来的第一次。"名邦富山水，高阁缅幽期"，"主人留京阙，翔鸾正差池"，那时何等风光：短短半个世纪的时光，一个家族居然有三代翰林，虽不同朝，但无比荣耀。

周应极的父亲周垕，字良载，号梅山，人称梅山先生。宋度宗咸淳十年（1274），周垕中进士，当时江万里十分赏识他，此外还有马廷鸾、李伯玉这些朝廷重臣也看好他，并与他交好。遗憾的是，周垕有命无运，南宋末期，就在他被授予江东提刑干办之职时，元兵进入了江南，南宋朝廷名存实亡。第二年，元军兵临鄱阳，家住县城的周垕，遵母亲之命参与守城。突然周母病故，众人推举他向元军写降表，周垕坚辞不受，连夜以母归葬为由，遁出县城，后结茅庐于母亲墓旁，拒绝与外人接触，过上隐者的生活。周垕生前没有当过官，但因孙子周伯琦获赠翰林待制，被追封为鄱阳郡侯。周垕除了忠义和文章被人称道外，还有他的孝心也受人称赞，"结庐母墓下，杜门隐居"。元朝至元二十三年（1286），程钜夫以侍御史身份到江南招揽人才，"搜访遗逸"时，曾举荐周垕为南剑治中、广州总管，但遭到周垕婉拒。

周伯琦（1298—1369），周应极的长儿，字伯温，自号玉雪坡，又号玉雪坡翁、玉雪坡真逸、坚白先生等，元代文士重臣。

周伯琦出身于鄱阳诗书世家，至大元年（1308）周伯琦十岁时，随父游燕京。皇庆元年（1312），十五岁那年补国学生，受吴澄、邓文原、虞集等指导。泰定二年（1325），受江浙行省中书省都事刘致推荐，到京以荫授将仕郎、广州路南海县主簿，次年上任。天统二年（1334）入太府，至元元年（1335）荐迁征事郎、翰林国史院编修官，修泰定帝、宁宗实录及后妃、功臣列传。

至元六年（1340），周伯琦经过三次考试后，转为翰林修撰、承务郎同知制诰、兼国史院编修官。元顺帝孛儿只斤·妥懽帖睦尔至正元年（1341），授其为宣文阁授经郎，改奎章阁为宣文阁、艺文监为崇文监，任其为宣文阁鉴书博士，兼经筵官，教皇戚大臣子弟，每次进讲都符合皇上的旨意，且每天"被顾问"。至正八年（1348），周伯琦当上了翰林待制预修后，很快升直学士。周伯琦的书法造诣很高，得到惠宗的欣赏，惠宗命他篆"宣文阁宝"，并题匾宣文阁；摹王羲之所书《兰亭序》、智永所书《千字文》，刻于石阁中。周伯琦从此越来越受到皇帝器重，同赵孟頫一样，也是皇帝"字而不名"的人物，皇帝常称呼其字"伯温"而不称名。在皇帝实施御史提出的"纠弹百官之职宜用近臣"时，周伯琦被任命为广东廉访佥事。至正八年（1348），周伯琦被召为翰林待制兼崇文少监，预修后妃、功臣列传，累升直学士，转兵部侍郎。至正十二年（1352），顺帝下诏："南人有才学者，依世祖旧制，中书省、枢密院、御史台皆用之。"于是吏部郎中宣城（今安徽宣城）贡师泰、翰林直学士饶州（今江西鄱阳）周伯琦，同升为监察御史，南人官居省台自此开始。至正十三年（1353），迁崇文太监，兼经筵官，代祀天妃。因母亲去世，周伯琦回饶州奔丧。至正十四年（1354），因战事需要，周伯琦被起复为江东肃政廉访使。长枪锁南班攻陷宁国，周伯琦与僚佐仓皇逃往杭州。周伯琦升任兵部尚书，未能到任，改浙西肃政廉访使。江南行台监察御史余观，提出要追究周伯琦使宁国失陷之罪。至正十七年（1357），江浙行省丞相达识帖睦尔，承制假周伯琦参知政事，招谕平江（今江苏苏州）张士诚。张士诚降元后，江南行台监察御史辩释周伯琦之罪，朝廷任命周伯琦为同知太常礼仪院事，但周伯琦被张士诚留下未行。于是拜资政大夫、江浙行省左丞，周伯琦一"留"便是十年。至正二十七年（1367）九月，平江城破，张士诚被灭。周伯琦才得以归到鄱阳。洪武二年（1369），七十一岁的周伯琦病逝于鄱阳游城板埠桥。

周伯琦品行端正，"博学工文章"，尤其精于书法，篆、隶、真、草各体闻名当时。他一生著述颇多，有《六书正讹》五卷、《说文字原》一卷、《近光集》三卷、《扈从集》一卷等。至今在青岛市博物馆，陈列有周伯琦所著的《六书正讹》（明崇祯七年胡正言十竹斋刻本）。

《六书正讹》是一部阐述《说文》、辩证俗字的字书。周伯琦对许慎书中的两千多个常用字做了补正研究，在很多文字的形义分析中提出了自己不同的见解，其中不乏真知灼见。虽然此书也颇有争议，但周伯琦试图探求文字的本义，敢于对旧说提出怀疑，纠正《说文》的误释，阐述字义演变的轨迹，对规范文字形体做出了一定的成绩。

赵友钦：粪土功名事天文

赵友钦，又名敬，字子恭，自号缘督，宋末元初道家学者，宋室汉王十二世子孙，籍贯江西鄱阳。宋朝灭亡后，为避免受到新王朝的迫害，他浪迹江湖，是我国古代卓越的科学家，在天文学、数学和光学等方面都有成就。他注《周易》数万言，著有《革象新书》《金丹正理》《盟天录》《推步立成》等书，可惜除《革象新书》外的其他著述，都已失散了。1979 年版《辞海》赵友钦条目，只含含糊糊地说他生活于"13 世纪中叶至 14 世纪初"，原籍江西鄱阳。

赵友钦"极聪敏，天文、经纬、地理、数术莫不精通"，今人只能从其仅存的《革象新书》中了解他的科学成就。《革象新书》是一部探究天地四时变化规律的著作，书中记录了他的几何光学实验活动及其成果。研究表明，照度随着光源强度的增强而增强，随着像距的增大而减小，即照度与距离平方成反比。这一定律的得出时间比德国科学家来博托得出该定律的时间早四百多年。而且他从客观实验出发，采用大规模的实验方法，探索自然规律的科学实践，在世界物理科学史上也是首创的，比世界著名物理学家意大利的伽利略早两个多世纪。

我国古代光学有着许多辉煌的成就，对光的直线传播、小孔成像等现象，很早就有研究。《墨经》《梦溪笔谈》在这方面都有记载。然而对光线直进、小孔成像与照明度最有研究，并最早进行大规模实验的当推赵友钦。他的这些实验在世界物理学史上是首创的，被记载在《革象新书》的"小罅光景"那一部分中。

《革象新书》是司天之书，是讲天地、日月、五星、四时变化规律的书。它继承发展了道教天地之学的成果。道教天地之学包括宇宙理论、历法、气象、地理等内容，在《革象新书》中均有所涉及。赵友钦采纳诸多专家的见解，概括各个流派的历法，并通过自己的实验纠正了过去的误差，辩证地阐明新的科学见解，对神秘的苍天做出科学的探秘。"小罅光景"中介绍了两个关于小孔成像的光学实验。第一个实验是利用壁间小孔成像。第二个实验则是一个在楼房中进行的、更为复杂的大型实验，分五步进行：光源、小孔、像屏三者距离保持不变；

改变光源的形状,做了"小景随日月亏食"的模拟实验;改变像距;改变物距;改变孔的大小和形状。

赵友钦在结束"小罅光景"篇时最后写道:"是故小景随光之形,大景随空之象,断乎无可疑者。"此外,他还研究了"月体半明"的问题。他将一个黑漆球挂在屋檐下,比作月球,反射太阳光。黑漆球总是半个球亮半个球暗。人从不同位置去看黑球,看到黑球反光部分的形状不一样。他通过这个模拟实验,形象地解释了月的盈亏现象。

赵友钦对视角问题也有自己的看法。他说:"远视物则微,近视物则大""近视物则虽小犹大,远视物则虽广犹窄。"

赵友钦是元代全真道的重要人物,上阳子陈致虚的老师。陈致虚在《上阳子金丹大要列仙志》中这样介绍自己的老师:"缘督真人姓赵讳友钦,字缘督,饶郡人也。为赵宗子。幼遭劫火,蚤有山林之趣,极聪敏,天文经纬、地理术数莫不精通。及得紫琼师授以金丹大道,乃搜群书经传,作三教一家之文。名之曰《仙佛同源》。又作《金丹难问》等书行于世。己巳之秋寓衡阳,以金丹妙道悉付上阳子。"张紫琼,为金丹南宗传人。从上述"得紫琼师授以金丹大道"一说,可以断定友钦的仙学属于南宗。又据毛凤飞先生《赵公仙子源流说》(民国《龙游县志》):"缘督先生在南宗为张紫阳之传,在北宗为王重阳之五传,南、北二宗尽萃于缘督先生而为一矣。"所谓"王重阳五传"系陈致虚说,指张紫琼的师父黄房公为北宗的宋披云。然而宋披云从未南过长江授徒,陈说无据。赵友钦的道派旧属在南宗,与北宗无关。其徒陈致虚始汇合南、北二宗。

在中国乃至世界文化史上,道教和科学的紧密联系,是一个引人注目的现象。历代道教徒中,颇多对科学技术有不同程度的贡献者,其中如葛洪、陶弘景、孙思邈诸人,足可在中国原始化学史、医学史等领域占一席之地。元代高道赵友钦,也是一位热衷于科学探索,并在天文学、数学尤其是光学领域有所建树的人物。

赵友钦有关道教的著作皆已散佚,仅存陈致虚《上阳子金丹大要》中的少量遗说。《上阳子金丹大要》:"缘督子间气聪明,博物精通,挹尽群书,或注或释。总三教为一家。作《仙佛同源》《金丹难问》等书。到此而丹经大备其意。悯怜修道之人,率多旁门,以伪乱真,故于卷中指出先天一气独是。谓若水银、朱砂、黑汞、白金、火候、抽添、安炉、立鼎，名之则是，用之则非……《金碧经》《参同经》分明指出金汞、火候、弦气、爻符，借《易》为准。其妙在于欲作服食仙，宜以同类者，取象于月，以验采铅。后之所述，无以易此。"陈致虚的这段话，虽然只有百来个字，非常简短。但"到此而金丹大备""卷中指出先天一气独是""后之所述，无以易此"数语，足以说明赵友钦仙学精深，不同一般。

　　赵友钦在鄱阳时，有段这样的传闻：有一天，他坐在临芝山的酒馆里，突然一个浓眉大眼的男子进来要了酒，并痛痛快快地喝着。赵友钦觉得此人非同寻常，便走上前与他攀谈，两人十分投机，相见恨晚。临别，那男子从口袋中拿出一本《七还七返丹书》送给他。赵友钦问他姓名，他说："我扶风石得之也。"石得之，即石泰，是道教内丹之祖张伯端的弟子。从此，赵友钦看淡世事，隐居山野，潜心治学。他还在东海上独居了十年，为《周易》作注数万言。当时有个叫傅立的人看了后，对他十分敬畏，认为他讲出了前人从未说过的道理。

　　赵友钦后来居住在福建龙游鸡鸣山麓范家村，过世后被安葬在鸡鸣山下。他在鸡鸣山靠近灵山江的地方，筑了一个观星台。他还经常在金华、衢州一带东奔西走。赵友钦在龙游收了一个弟子，名叫朱晖。赵友钦在教朱晖天文历法推步算法的同时，也将《革象新书》交给了弟子。朱晖将此书续传给了同里门人章浚。章浚怕《革象新书》年久泯灭，于是请大学者宋濂作序并自行整理刊行。该书主要讨论天文问题，也涉及数学和光学。明人王祎对原书做了删改润色，将其编为两卷。清代乾隆年间，四库馆臣从《永乐大典》中录出原本《革象新书》，连同王祎的删改本一道收入《四库全书》。

　　赵友钦在探求宇宙奥秘的时空时，还绘制了大型的星图，并勒石为碑。他在自然奥秘面前积极进取，大有作为，上观天文，下察地理，中究人情，在探索自然的过程中，认真钻研各种相关成果，充分表现出一个古代科学家的大无畏精神和探索精神。他在天文、数学、物理等方面做出了杰出的贡献，宋濂说他"隐遁自晦"，而后人则称他是"天文奇才"。

费震：仁智勇谋集一身

在中国长达五千多年的历史中，总有不少功勋卓著而史家着墨不多的人物，明王朝洪武初的鄱阳人费震，就是其中的一个。

关于费震的记载，在《明史》中只有寥寥一百余字："费震，鄱阳人。洪武初，以贤良征，为吉水知州，宽惠得民，擢知汉中。岁凶盗起，发仓粟十余万斛贷民，俾秋成还仓。盗闻，皆来归。令占宅自为保伍，得数千家。帝闻而嘉之。后坐事被逮，以有善政，特释为宝钞提举。十一年，帝谓吏部曰：'资格为常流设耳，有才能者当不次用之。'超擢者九十五人。而拜震户部侍郎，寻进尚书。奉命定丞相、御史大夫以下负禄之制。出为湖广布政使，以老致仕。"然而，就是这样的费震，在明初经济恢复中，不仅受到当朝人的拥戴，即使在今天也有着同样的楷模作用。

洪武初年，足足持续了二十年的元末农民战争，使登基时的朱明王朝，形势凶险异常，朱明王朝的日子很不好过。盘踞在西南和西北的残元、小明王旧部等军事势力很不服气，随时准备掀翻龙椅取而代之。社会动乱，百业萧条，匪盗横行，人民毫无安全感。最要命的是，人口剧降对农业造成了毁灭性打击，财政收入主要来源枯竭。据史籍描述，农业大省山东、河南"多是无人之地"，瑞金人口减半，扬州城只剩十八户人家。为此，中央多次大规模调整行政区划，仅河南、四川一次就合并了六十个县，十二个州改为县。

生在农村的费震，原是个熟读儒家经典的农民，博学多才，乐善好施，热心公益，以贤良征授为吉水县知县。费震在《明史》中字号不可考，生卒年不可考，唯独籍贯列了出来——江西鄱阳人。这位能臣在元朝时期籍籍无名，既未考取过任何功名，又未担任过任何要职。直到洪武元年，他才在旁人的荐举下入朝为官。他得到的第一个职务，是江西吉水知州。此时的吉水几经战乱，乡民大量逃亡，在册的人口，仅为元朝时期的四分之一；在册的土地，荒芜达四分之三。恢复民力，发展生产，谈何容易！但费震迎难而上，土地荒芜，就出台告示，广招流民耕种；人丁逃亡，就下乡走访，挨家挨户地劝说，甚至派衙差四处寻访，招纳

外逃的乡民回乡。春耕时,钱粮捉襟见肘,他把上面拨付修缮衙门的钱尽数拿出,发给乡民做安家之用。与此同时,他还颁布命令,严查玩忽职守的官吏。到任仅三个月,他就参劾罢免渎职官吏七名。此后,他又规定辖区各地府衙的衙差要定期轮班,下乡给孤寡乡民做义工。历经三年,吉水地区经济终于恢复,生产得以发展。到其任期满时,吉水当地土地全部复耕,产量更远超元时的水平。

　　卓越的政绩传到了南京,恰好陕西汉中发生变乱,在李善长的推荐下,朱元璋升费震为汉中参政。可到任后他才知道,这是一个更苦的差事。汉中当地,多年来一直是明、元战争的主战场,屡遭兵祸,民生遭受重创,赤地千里,白骨累累。这些还不是最严重的,最严重的是"盗匪"横行,且画地为牢,时常打家劫舍骚扰地方,甚至劫掠官仓,抢夺官粮,闹得怨声载道。明王朝曾派几任酷吏署理这一带,甚至屡派大军围剿,最终都劳而无功。

　　费震到任后,安抚地方,安葬战乱中死难的百姓,拨专银抚恤死者家属,挨家挨户地访问,请旨朝廷减免赋税,暂时安定了民心。可"盗匪"问题必须解决,不久后,盗匪果然又一次大起,肆虐州府不说,更大肆劫掠官粮。恰恰在这一年,朱元璋正为平定四川厉兵秣马,陕西作为四川腹地,自然要为统一之战提供兵源和后勤供应。汉中本是鱼米之乡,人民质朴勤劳,但长期的战乱,百年不遇的大旱肆虐全省,导致夏粮绝收。许多烟囱不冒烟,土地没人种,哀鸿遍野。其中,重灾区正是费震所辖二州十四县。如今盗贼四起、报警不断,百姓又饿又怕,度日如年。南京方很着急,责令费震从重从快打击犯罪,还一方平安,为统一全国做贡献。然而,盗贼越抓越多,费震发现自己简直是在割韭菜。面对如此棘手的麻烦,费震一不调兵镇压,二不撒网搜捕,却让人去勘察犯罪现场,暂缓抓贼。他从勘察结果中发现了案件的共同特点:苦主家里馍馍少了,金银财宝一个不少。这说明刁民其实都是饥民,犯罪动机不是贪财,而是活命。只要肚子空,盗贼就抓不完。于是费震另辟蹊径,第二天,大街上贴出了费震签署的政府公告,内容令人难以置信:即日起打开官仓,所剩两万多斗粮食,统统借给灾民救急,秋收之后还上即可,利息全免。只字未提社会治安问题。费震的怪招,把他的副手、汉中府同知"震"倒了。同知谙熟官场之道,奉劝道:粮食生长周期漫长,且丰歉难料,还是赶紧抓贼比较稳妥。官仓正在放粮,奇观出现了,许多盗贼流着泪投案自首,有的还带来了不舍得吃的东西。听说这边有饭吃,还不要钱,汉中府周边地区的灾民,像乌云一样迅速压了过来。同僚们吓坏了!违抗上级指示该当何罪?秋粮继续歉收咋办?老百姓不还仓咋办?外地人凭什么来占便宜?将来找谁要债去?南边随时打起来,你怎么向皇上解释?费震淡定地说:"上面如果追究下来,我负全责,没你们什么事。"

费震一条道走到黑,规定不论户籍在何处、是否当过贼,一视同仁。他别出心裁地将空置房、撂荒地无偿分配给外地人,按人头分配救济粮。开出的条件是:吃饱饭必须下地干活,没收成就收回土地房屋;青壮年组成护卫队,确保自家和街坊安全。难民们不但有饭吃,还有了家园。几万外地人喜极而泣。费震却没有这样轻松,他卷好铺盖随时准备走人。不过朱元璋的耳朵很长,"帝闻而嘉之",对费震的举动不怒反喜,给予嘉奖提拔。

由于人口魔术般地得到补充,加上天降喜雨,汉中地区获得了秋粮大丰收,产量超过战前。空了的官仓满了,盗贼也无影无踪。库里有粮,费震便趁热打铁,在宋代旧城的基础上,认真进行城市规划,一座崭新而美观的汉中城拔地而起。新城不但固若金汤,而且风水极佳。六百多年后的今天,汉中城的美丽身姿,仍然隐含着费震的大手笔。

就在这个节点上,费震出了事。治理汉中时,治下一官吏违法,其后台恰是对费震有保举之恩的李善长,费震不徇私情,终令其遭到严惩。铁面无私的结果,当然就是"恩公"李善长的报复。不久,中书省右丞杨宪犯罪被诛,本与杨宪无瓜葛的费震,却莫名其妙地成为"杨宪一党"。费震被押到南京,幸好朱元璋以其之前的善政,允许他出钱赎罪。费震因此躲过了牢狱之灾,但官职由正四品直接降到正八品。朱元璋派他去中书省,负责大明宝钞的印制发行,并主持洪武朝定制官吏俸禄的工作。这两项工作,其实都是难啃的骨头,费震举重若轻。票子发行顺利,工资待遇方案通过。

洪武十一年(1378)三月,朱皇帝酝酿着把费震再往上升迁。有人认为费震资历太浅。朱元璋一锤定音:"朝廷悬爵禄以待天下之士,资格者为常流设耳。若有贤才,岂拘常例?今后庶官若有才能而居下位者,当不次用之。"于是,费震由宝钞提举擢拔为正三品户部侍郎,连升五品九级。其余九十五人,亦量才擢任为郎中、知府、知州等官。三个月后,久历地方的费震出任户部尚书。而后,胡惟庸案发,株连官员无数,其中包括某位曾得李善长授意诬陷他的"仇敌"。

费震不计前嫌,倾力营救,终使这位"仇敌"从宽发落。之后湖广发生水灾,他受命出任参知政事,在完成了安抚地方、恢复生产任务后,终因年老请求退休,善终于鄱阳老家。

费震之所以成为费震,是中华优秀文化和传统价值观熏陶的结果。孔子认为,"仁智勇"是君子的三个显著品性,所谓"仁者不忧,智者不惑,勇者不惧"。朱元璋时代屡兴大狱,时常株连官员无数,沉浮其间的费震却能全身而退,能说容易?纵观他一生的执政履历,可用四个字归纳:以德服人。做知州,以德服百姓;做参政,以德服盗匪;做尚书,以德服仇敌。宦海一生,他几乎善良地对待身边的每一个人。在大案频生、杀戮频频的朱元璋时代,甚至在整个中国两千年封建社会黑白交织的官场上,这样的人物,能说不是少数?

章复：种得青松夹路长

章复（约1301—1387），字彦复，鄱阳团林牌楼章人，既有学问品行又好，善写文章，尤其精通书画。元朝时，章复曾入朝做官，担任过行省检校。洪武元年（1368）湘粤平定后，朝廷在挑选州守时，章复才当上全州同知。

行省检校官职不大，掌管查核公文书信之职，是散官。散官是古代表示官员等级的称号，有官名而无实职，没有品级，仅存名号，在元明清三朝，检校都是低级官员。汉人一般被认为擅长文书，所以汉人入仕后大多从文吏干起，很少人超出这个系统，章复也是如此。

洪武初，明王朝建立不久，官员缺额很多，对于那些没有劣迹、有才华、品行端正的低级官员，明王朝一般就地使用。在这种背景下，章复经过多次审慎挑选，成了全州的地方官。

全州又名全县、湘源县、桂北县，全州（今全州、灌阳、资源），位于广西壮族自治区东北部。全州原为湖南辖地，自洪武二十七年（1394），湖广永州府改属广西后，成了广西壮族自治区桂林市的辖县。

章复来到全州后发现，这里的老百姓不太喜欢从事农业生产。作为来自以农桑为富的鄱阳人，章复很是震惊，并决定以身相劝。章复自幼爱好书画，于是在公事之余，凭借自己的书画功底，着手编写了一本图文并茂的《农圃通谕》，教民习农。这本书结合全州当时的具体情况，就如何针对性地开展农事活动，即因地制宜、因时制宜，根据地貌、地形、土地贫瘠程度，或移植栽种，或收拢聚集，蓄备水和肥料，甚至包括治理各种不同的作物病虫灾害等方法，详细具体地给予了描述，并发送至本州的每家农户。考虑到有些人生性懒惰，章复又结合湖南民谣，编撰十首歌广为传播。章复呕心沥血地工作，使广大群众受到了鼓舞，当地很快出现了欣欣向荣的景象。与此同时，章复还在全州兴办学校，选拔有志有为的青少年，择师分教，进行重点培养。

洪武五年（1372），全州遭遇历史罕见的干旱和蝗虫灾害。在这个特殊的年景里，章复"徒跣诣覆釜山叩祷辄应"，就是赤着脚前往当地的"圣地"——覆釜

山去求神。覆釜山今名宝鼎岭,海拔1930米,距州城40多公里,跨湖广新宁县界,有大、小覆釜山之分。覆釜山峰顶皆有石如覆釜,峭险峻绝,凌逼霄汉,另有七十二峰,岩壑泉石层叠环绕。章复为了祈求老天降雨,居然同所有善男信女一样,虔诚地前行。据载,老天也被这位一心为民的州守感动,章复一行行"至小顶,神光烛天,二龙现影,雷雨随至,州城甘霖三日"。过了五天,他奉圣水还山,又逢大雨。这年七月,全州遭遇蝗灾,章复祷求得更加尽心。"雨应如前,千里具足,螟螣浸没。"老百姓为此欢欣鼓舞,为他勒石颂功。

章复在全州任官六年,实施了很多惠政及民的举措,因此升任本府知府。升任后他继续课农兴学。对于教育,他事必躬亲,先后三次阅考。每有空暇,他便带领诸儒饮射读法,人人都知道府台文武双全。

洪武六年(1373),章复率县民从全州黄沙河至界首的百里官道两旁,种植松树以憩行人。至是荫可覆路,行者呼"章公松"。为此,《四库全书》总编解缙在《过全州》诗中写道:"国朝太守章君复,种得青松夹路长。夏日行人多驻马,全州一万树甘棠。"诗中说他"树松亘百里,以憩行人,人呼章公松,以比甘棠"。甘棠专指地方官吏对当地老百姓的惠政。他的副手李习,也同章复植松,人称"引路松"。后来的明朝诗人王偁,也写有《全州道中(夹道松柏千株前守章复所植)》诗赞道:"全南走百里,碧涧缘幽岑。跻险屡得胜,旷望清烦襟。道傍菀菀松,谁氏甘棠阴。闻有章大夫,昔年兹抚临,政循俗云变,世远泽尚深。顾兹千植繁,荟沃犹至今。天长日色薄,风静云满林。我行念徒侣,苦被名迹侵。畏影且息荫,避喧聊洗心。据床久兀傲,思奏丘中琴。知音何寥哉,猿鹤空哀吟。"可惜这条千年古道上的古松,在清朝末年,被沿途的乡民砍来当柴火卖,民国年间修建湘桂铁路时,大部分古松被砍,用作铁轨枕木。国民革命军第五军进驻全州,又把剩余的古松尽数砍下修工事。

全州由府复改为州后,章复升任保宁知府。一年之后,乞致政。章复约在洪武二十年(1387)前后辞世,卒年八十六。

章复器宇轩昂,学问广博,尤工篆隶。性孝友,居官清介,在后人心中,很有地位。全州"十贤"中,民间有两种说法,一是将南巡全州的舜帝、"人中杰"柳开、"才子知州"顾璘、宰相蒋冕、"小包公"谢济世、"铁面御史"赵炳璘、"万世师表"王佐、曹横舟、知府章复、普度众生的湘山寺古刹始祖全真和尚列为全州"十贤";二是将蜀国丞相蒋琬(全州蒋姓始祖,当时他是否属于全州人仍有待考证,其妻毛氏夫人墓在全州文桥镇)、"人中杰"柳开、"才子知州"顾璘、宰相蒋冕、"小包公"谢济世、"铁面御史"赵炳璘、"万世师表"王佐、曹横舟、知府章复、普度众生的湘山寺古刹始祖全真和尚列为全州"十贤"。从以上可以看出,无论哪一种全州"十贤"的说法,章复都名列其中。至今,在全州文化公园的古代名人中,章复的塑像,仍赫然在列,这也算是全州后人对这位先贤恩德的惦记。

章复工书画,其画虽未见传世,却有同时代名流对他画作的题诗:"忆昔瑶池侍宴时,碧桃花下酒盈卮。今朝醉里看图画,羞对东风两鬓丝。"这首《题章复画碧桃》诗的作者叫席应珍。

席应珍年未冠即辞亲出家,于乡中道院习道,后获法号"通玄明素弘道法师"。他勤奋好学,洞究道家之真经秘籍、离、章丹法,又兼贯儒、释,在多个方面都有出色的表现,成为博通三教、多才多艺的道教高士。姚广孝以席应珍为师,并尽得其秘学。席应珍博通三教的治学修为,对姚广孝产生过积极的影响,由此也对中国历史进程与文化传承,做出了自己的独特贡献。就是这么个人物,居然为章复画题诗,不难看出章复在丹青方面的造诣,更体现了章复在当时社会的影响力。

此外,在元末明初鄱阳文人圈子中,章复也是个活跃人物,他和周伯琦、吴存、徐瑞、叶兰等有不少诗歌唱和,可惜没有诗歌传世。

章复为官一生,清正廉洁。他死后,儿子洪贫穷得几乎无法生活。当时的鄱阳郡守、南京人周易,看章洪生活实在困难,居无住处,便为他盖了一间木屋供他居住。其实,章洪也是一个画家,他的一幅《白描九歌图》手卷,为画中珍品,一直流传至今。这幅画卷,有章洪的自题,自屈原像至国殇凡十一段,每段图后以篆书录九歌原文。画心未落作者本款。拖尾存章复及端木孝思、潘观宝三家跋。

童轩：才富品端精历法

童轩（1425—1498），字士昂，鄱阳三庙前人，明朝科学家、文学家、民间艺术家。他晚年在木制工艺品上的研究，对明代木工制品的发展产生了巨大的影响。永乐初，童轩因精天官学而被召入南京钦天监。

明代宗景泰二年（1451），童轩考取进士，授南京给事中。任职期间，他上疏建议淘汰冗员，考察官员，选择优秀教谕，关心人民疾苦等。这些良谋都被代宗采纳。明英宗朱祁镇恢复皇位后，盗匪作乱。童轩上疏皇帝，建言平息盗匪，安定社会，得到英宗嘉许。不久，童轩由科给事中改任户部给事中。其间，童轩曾主持一次全国会试，审慎地选拔了倪公岳等十几位有真才实学的人才，被时人誉为"得士"。

成化元年（1465），宪宗继位，童轩上疏，提出治国之本在隆圣德、用贤才、纳忠谏、爱小民、平盗匪、安平疆。不久，四川匪盗作乱，宪宗根据朝臣推荐，认为童轩才识足任，命其去四川平定乱事。童轩到四川后，轻装简从，深入作乱地区宣传朝廷恩义，使贼"罗拜以降"，乱事得以平息。因平盗有功，童轩升都给事中。

入川之历，使童轩认识到，治理内乱需从治吏抚民入手，即一是革除贪官；二是平均徭役；三是免除边欠；四是撤销总督；五是减少边运。不久，四川又出现混乱局面，朝廷认为这是童轩的过错，明宪宗将他谪调浙江寿昌（今建德南）知县。

成化六年（1470），童轩调任云南按察司佥事，提督云贵学政。任上，他大力提供教品笃学，树立良好的士风。成化十年（1474），童轩被召为太常寺少卿，掌钦天监事。

钦天监是明代的天文历法机构，执掌天文占卜、制定历法、推算节气、择日堪舆、报时等事务。在崇信皇权神授、天人感应的时代，古代帝王十分重视天象的变化及其预示的意义。明太祖朱元璋曾说："吾自起兵以来，凡有所为，意向始萌，天必垂象示之，其兆先见，故常加儆省，不敢逸豫。"将政治活动与天象联

系起来,是历代帝王强调统治合法性的重要手段。帝王对"天垂象,现吉凶"的深信,体现在天文历法机构的设立,和对天文历法工作的重视。钦天监是一个技术性较强的部门,又承担"洞察天机"的特殊任务,因此格外受明朝政府的重视。明朝钦天监的前身是太史监。太史监设立于元至正十六年(1356)。次年,监改为院。明朝建立后,继承元朝的机构设置,于洪武元年(1368)改太史院为司天监,后改名钦天监,形成钦天监下辖天文、漏刻、大统历、回回历四科的格局,"掌天文、定历数、占候、推步之事"。

童轩的父亲童玉壶,曾任钦天监天文生。天文生原则上来源于世业子弟。明朝规定天文生年六十以上者,可以申请由嫡男顶补。如果遇到户绝或嫡男艺业生疏,才准许将通过考试后的习业族丁收充应役。如果监内缺役过多,户下其他习业子弟也可以入监。一户之下无论多少人充役,只能以祖户一丁为户首,其他人员都要附于祖户之下。这个户籍成为官府勾补差役的依据,而户籍的背后就是一个世业的家族。应役的天文生不仅有月粮,本人免除民差,还可以免家内一丁的民差。无论是阴阳人还是天文生,只有世业子弟应承户役之后才有优免差役的资格,其他不是应役之人不能享受此待遇。优免差役是对世籍世业子弟的一种优待政策,确保有足够的人员能够继承家业。

成化十九年(1483),童轩致仕,弘治元年(1488)复起为太常寺卿,仍掌天钦监事。升右副都御史提督西川(今四川与云南各一部)松潘军务,兼理巡抚,到任后,童轩体会到:边陲地区防守,要调集足够兵力,设"卫"以防,并在要道处设立仓库,便于转运粮食。他把这些观点写成奏章,将其利害条分缕析地一一列举。

弘治四年(1491),童轩迁南京吏部右侍郎,弘治七年(1494)升礼部尚书,弘治十年(1497)致仕,弘治十一年(1498)二月十九日卒,年七十四。

童轩精通天文、历学。成化十七年(1481),直隶真定教谕俞正己上奏朝廷,言当今历法气期争差之误,乞部精加考订。成化帝谕示钦天监勘议,童轩检阅俞正己所奏,向成化帝写了《历日疏》,强调对星象进行观测、验证,主张"以自然之数求自然之运"。他说:"自古帝王之有天下,必须正朔,以新天下耳目诚为政之先务,经国之重典。"因此,历法必须正确,不能有差错,如有差错,会造成"寒暑反易","农桑庶务皆失其时"。为使历法正确,童轩提出要对星象进行观测、

验证。"唐尧之历,从致于皆中之星;近代之历,必检测于日月之食。"他对俞正己疏中所说,戊戌年当置闰十月,而不置闰冬至,以至连差十二天进行了认真测算,并对俞所言进行了否定。他认为俞所推算经不起检验,若依其推算,钦天监所计算日、月食所划定的星宿度数必有差错。推溯上去,至唐至汉,历家所置之闰全都要改;所算日食、月食,"必皆当食不食,不当食而食之矣"。

童轩针对俞教谕奏章中"天地间有自然的月首和月中(初一、十五),有自然的闰月,十九年七次闰月,皆是自然的月头、月中,这是无法依人的智慧所能增减"的观点,予以了批驳。他综合自己多年对历法的研究实验,在肯定天体运行有自己的规律的同时,指出了这种规律是可以认识和掌握的:"天有自然之运,而人有自然之数,以自然之数求自然之天,则虽千载之日至,可坐而致也。"

童轩不仅对天文历法有一定的造诣,为文渊博雄丽,书法遒劲。传世的诗词同样不俗。"乡里交游辈,情深喜见君。一缄劳寄意,两地惜离群。白马人传疏,雕龙世爱文。几回驰恋切,春树暗江云。"(《怀刘绣衣廷高》)"鄱江西上是吾家,帘卷青山寂不哗。杨柳晚烟迷燕垒,蘼芜春雨涨鸥沙。牙签插架堆书帙,竹筒悬流泊钓槎。今日长安看图画,不胜归兴绕天涯。"(《题鄱江小隐图》)不难看出,他的诗清润典雅,感情真挚,难怪得到同时代人的赞许和传播。

童轩病逝后,由于掌军和天文计算有功,被朝廷追赠为"太子少保"。此外,他还著有《清风亭稿》《枕肱集》《纪梦要览》《海岳涓埃》《筹边录》等,其中《纪梦要览》三卷编入《四库全书》。

附:童轩《治溷生传》原文片段及翻译

原文片段:

治溷生①,不知何许人。始来京师,僦屋以居其妻子。尝谋诸妇曰:"京师甲第连甍,高者翚飞,低者鳞次,皆有圂舍其中,吾顾无他能,将求治溷以为业,不识可乎?"妇曰:"唯唯。"

生乃置溲器二、畚一,恒冠帻曳履,负器荷畚,日往富贵者之门为之治溷。治溷一辄取钱数文。人见其巾帻类儒生也,因呼为"治溷生"。生闻而喜曰:"甚善名我。"乃益勤其业,日治数溷,得钱数十文,虽身防淄污、颜面渳涊、须眉秽浊,亦不少惜也。莫则以钱市酒肉,施施从外归,相与妇子醉饱酣歌以为乐。旦则复出,莫归复如之。

如是者累年,将以为起家之业,子孙可世守而弗易也。有见而哀之者曰:"汝何至为是也!汝冠儒,必且知书,要必博古今,潜道德,抗浮云之志,砺清风之节,以与古之贤人哲士照耀后先,斯于儒服为称。审不能焉,则必吐奇出策,树立功名,以与时之忠臣义士争雄并驰,斯亦无愧于儒也。又不能焉,则求老农老圃而往师之,亦足给以自活。汝何至为是耶!且古之君子敦廉洁之行,明取舍之分,虽以朝夕不食,饥饿不能出门户,苟非道义,其视千驷万钟若将浼已而不顾视,况汝之防不洁,触秽臭困愦中颡如是!使其人见之,必将掩鼻而疾走矣。汝何至为是耶!"

生闻而笑曰:"吾业非汝所知也!且子谓博古今、潜道德、吐奇出策、树功立名,非劳心者不能也。农圃之事,暑雨祈寒,终岁勤动,非劳力者不能也。且劳心者道德之传,必系乎天;功业之建,必因乎时。彼欲强而行之,人皆骂为迂茧者耳。至若劳力农圃,苟或水旱不时,则饥馑相仍,卒至穷困转徙。是则道之不行,不免招尤而速谤,农之不获,不免啼饥而号寒。孰与吾之治溷:内不劳于心,外不劳于力,负吾器,荷吾臿,窥瓮小大浅深从而锹锘焉,从而陶宄②焉。少用其勤则剩获其利,归而持酒肉,而吾妇子又醉饱。嘻嘻,视彼劳心力而无成者真所谓迂茧者耳!子何足以知吾业乎!今夫骈拇枝指、悬疣附赘,固出性而成于形也,子又何以能使吾改其业乎!"

注释:①治溷生:淘粪人。溷,厕所。②宄:同"冗",多余。

译文:

治溷生,不知是什么地方的人。刚来京城时,他租房子让妻子和孩子居住。他曾经与妻子商议说:"京师豪华的府第相连,富贵人家宫室壮丽,穷人家房屋像鱼鳞那样密集有次序地排列着,那里全都有厕所,我看自己没有其他的能力,想要把淘粪的工作作为自己的职业,不知道你是否同意?"妻子说:"好的。"

治溷生于是就准备好盛粪便的两个器皿、一把铁锹,戴上头巾穿上鞋,背上器物拿上铁锹,每天去富贵人家的门口为他们淘粪。每淘一次就获取几文钱。人们看到他戴的头巾像读书人一样,于是称呼他为治溷生。治溷生听了欢喜地说:"这样称呼我很好。"于是他更加勤奋地做好淘粪工作,每天清理许多厕所,得到几十文钱,即使身上沾染了黑色的污泥,脸上污浊,须眉污浊,也没有略微

可惜。到了晚上他就用钱买上酒肉,喜悦地从外面回家,把与妻子、孩子酒足饭饱和唱歌作为自己的快乐。第二天早上他再次出门淘粪,晚上回家,如此循环往复。

　　像这样的淘粪工作存在很多年了,将它作为兴家立业的职业,让他的子孙世代传承却不容易呀。有人见了哀叹他说:"你何至于做淘粪工作呢!你是儒生,一定有知识、通事理,一定要博览古今,修炼道德,抵抗虚幻的志向,磨炼意志,以此来与古代的贤人哲士照耀后代,这样才符合儒生的身份。实在不行,那么一定要出奇谋良策,树立功名,以此来与忠臣义士争雄并驰,这样也无愧于儒生的称号了。实在不行的话,那么可以向老农老圃学习种田种菜,也可以养活自己。你何至于做淘粪的工作呢!况且古代的君子推崇廉洁的行为,明白取舍的区别,即使因为从早到晚不吃饭,饥饿得不能出门户,如果是不讲道义的事,那么即使有四千匹马和优厚的俸禄,也像污染自己一样而不屑一顾,更何况你的衣裳不清洁,这样让自己身上沾染污秽臭粪!假使别人看见了,一定会捂着鼻子快速跑开。你何至于做淘粪的工作呢!"

　　治溷生听了后笑着说:"我的职业不是你所了解的!况且你说的博览古今、修炼道德、出奇谋良策、树立功名,不是劳心者是不能做到的。种田种菜之事,暑天下雨冬天寒冷,终年辛勤劳动,不是劳力者是不能做到的。而且劳心者传经解道,一定受天时束缚;建功立业,一定依靠好的时机。你要是强迫去做这些事,人们都会骂你是迂腐痴呆的人。至于像劳力者种田种菜的事情,如果有时赶上水旱之年没有收获,那么饥饿灾荒就会来到,最终会穷困潦倒迁移他方。这就是(走读书做官的)路不通,不免招致过错和毁谤,农田不收获,不免因饥寒交迫而啼哭哀号。与我淘粪相比来看:我内不劳于心,外不劳于力,背着我的器皿,拿上铁锹,窥探粪坑的大小深浅,用器皿盛装满出来的粪便。不用很辛苦就可以获得利益,回到家手里拿着酒肉,而我的妻子、孩子可以酒足饭饱。嘻嘻,我看那劳心力却一事无成的人真是所说的迂腐痴呆的人!你凭什么了解我的职业呢!现在人体上有天生多余的东西,原本出于本性而且成形了,你又凭什么能使我改变自己的职业呢!"

刘应麒：来去行装见清廉

明万历二十年（1592）隆冬，因"回籍养亲"辞去应天巡抚一职的刘应麒，在即将结束二十余年官宦生涯时，抬眼看了看自己在官廨的题诗："来时行李去时装，午夜青天一炷香。描得海图留幕府，不将山水带还乡。"之后，他欣然告别了这方土地和自己的官宦生涯。

刘应麒（1539—?），字道征，明穆宗朱载垕隆庆二年（1568）进士，选庶吉士，授礼部主事。他是明世宗嘉靖末年的举子。明世宗朱厚熜自嘉靖元年（1522）登基，前后做了四十五年皇帝。在这段时间里，政治黑暗，财政危机，外寇入侵，民怨沸腾。著名谏臣海瑞，在上疏世宗的奏章中，借用了民间流传的一首歌谣："嘉靖嘉靖，家家逼得一干二净。"当时人民的生活状况可想而知。尤其是大奸相严嵩当朝后，误国荒政，当时考场恶习累累，从政的或"虚声窃誉"，或"巧宦取卷"，或"爱恶交攻"，使很多真正的饱学卓识之士，无法取得功名。刘应麒处在这种年代，功名也一误再误。直到严嵩犯案，世宗误服丹药死去之后，他才有了施展才能的机会。于是这位嘉靖举人，在穆宗朱载垕隆庆二年（1568），实现了进士及第的心愿，并被选作庶常官。庶常官又叫庶吉士，当选者为新进士中优于文学、书法的人。这些在入翰林院常馆学习三年后的考试中（也有提前的），成绩优良者，再授翰林院编修或检讨等官。刘应麒不到三年就提前被授予礼部主事。

明穆宗是个短命皇帝，在位仅仅六年便一命呜呼。他在位时，由高拱、张居正辅佐。高、张二人后来不和，下属难免受累，刘应麒无形中也成了他们之间斗争的牺牲品，被调出了京城，担任广东督学。等到刘应麒走马上任时，张居正不但成了首辅，而且全面推行他的考试新法。

嘉靖以来，府、州、县学中，常常混有不务实学、为非作歹的生员。这些人在地方上形成了一种势力，当时被称作"学霸"。接位明穆宗的是年幼的朱翊钧，这位立号神宗的小皇帝，完全仰仗自己的老师张居正。张居正是改革家，他针对嘉靖时的办学弊端，提出新制：凡入学生员，必须经过三场考试才能入学。不仅如此,他还限制了名额:大府不超过二十人,大州县不超过十五人,如果地方上缺少人才,四五名也可以。一句话,宁缺毋滥,当时人们叫它"沙汰例"。新法推行,地方阻力很大。天高皇帝远,新法往往被地方势力所篡改。刘应麒本来就是嘉靖时期的考试受害者,他对考试弊端深恶痛绝,但面对眼前的混乱局面,他又无能为力,于是便称病辞退了官职,回到了鄱阳(约在万历四至五年,即1576—1577间)。

万历十五年至二十年(1587—1592)间,刘应麒再次被任用,先是出任广东督学,接着提升为四川参政。当时,川北正闹荒乱,自然灾害加上官僚腐败引起民众反抗,使当地的社会秩序非常混乱,官民对立情绪严重。刘应麒走马上任后,从安抚民众入手,开始了全面治理,先解决老百姓的温饱问题,想方设法地安排赈济;对鱼肉百姓的贪官酷吏,严加惩处。他体恤民情、深得人心的举措,使荒乱的局面很快改变,生产、生活、社会秩序恢复正常。

不久,刘应麒调任湖广按察使,担任主管地方司法工作的官员。明朝中叶,各种政治势力互相倾轧,冤假错案比比皆是,司法工作者首当其冲。刘应麒在任上,认真圈阅案卷,发现问题即深入调查,使不少冤假错案得到平反。万历二十年至万历二十五年(1592—1597)间,刘应麒升任为浙江左、右布政司,应天(今南京市)巡抚,地位十分显赫。在明成祖朱棣于永乐十八年(1420)迁都北京后,京师应天便改为南京(因朱元璋建都于此,原南京的中央行政机构按旧制保存,与京城北京同等设置,也设有吏、户、礼、兵、刑、工六部)。刘应麒任南京巡抚,无疑也是京都官员,而这个职务,鼎鼎大名的海青天海瑞也担任过。海瑞在南京的政绩有口皆碑,刘应麒当然不敢亵渎自己的职责。当时,吴地豪富之家众多,他们不仅大量兼并农民的土地,隐瞒自己的田产,逃避应纳的税赋,还与官府勾结(有的本身就是官宦),形成一种势力。农民失去了土地,还得缴纳本不属于自己的那些税赋,于是怨声鼎沸,农民反抗情绪加重,社会矛盾激化。刘应麒从减轻农民的负担入手,加大对官吏豪绅互相勾结的限制,严惩营私舞弊的官员,维护了农民大众的利益,豪门富户对他恨之入骨。然而,日益腐败的明王朝,即使有刘应麒这般廉洁奉公的官员在,也无法有更多的改变。世风日下,社会矛盾加剧,刘应麒冷静地思考了环境与局势,毅然决然地辞去了官职,再次以一个平民百姓的身份,回到了阔别的故乡奉养双亲。后来朝廷又要他出任湖广巡抚,他以双亲年迈为托词,谢绝了朝廷的任命。不久他父亲病故,于是他名正言顺地居丧在家,过了三年的清闲生活。等他父丧服满,朝廷起用他为南(南京)大理卿,随之又诏他为兵部侍郎。就在诏令下达的前十天,这位以清廉著称的前应天巡抚,在鄱阳溘然病逝。

刘应麒是位耐得住寂寞的人。早在辞掉广东督学官职时,他就谢绝无谓的应酬,潜心编纂《鄱阳县志》。万历十三年(1585),他重编的《鄱阳县志》以崭新的面貌问世。这部县志扩大了自宋撰志以来的视野,补充了以往志书的不足,纠正失实,以丰厚的史料、详尽的记载,让本地历史熠熠生辉,使后任县志编纂者不得不赞叹:"万历乙丑年修邑志,实出其手,吾邑所称刘司空者是也,精核无匹。"

刘应麒为人光明磊落,清白廉洁,不畏权势,很有气节。他所到的地方,都留下了卓著的官箴,人们称赞他"海瑞风范犹存,于谦美德不减"。

刘应麒辞官赋闲的时候,处处关心民众疾苦。他和黎民百姓打成一片,接触底层社会,留心经济,每当有新的见解,总要条陈神宗皇帝,敬献利国利民的计策,表示自己忠君爱国的心迹。刘应麒饱学诗书,尤其善于作诗,编著有《芝阳集》数卷,多为赞美家乡山水胜貌、风土人情之作,也有述怀明志之咏。他的《得请归养志喜》诗,很好地表达了那种既厌倦官场生活,情愿去国还乡,甘当平民百姓,又不忘忧国忧民的心境:"陈情暂许返初衣,正好寻春作伴归。但使庭闱长鹤发,敢辞岁月收渔矶。供甘何必千金橐,容膝还依白板扉。愁负主恩无以报,聊将寸草报春晖。"

刘应麒祖父刘文桂,受封为通议大夫,父亲刘济众则累官中宪大夫、广东按察司副使,官府曾为他祖孙三代竖"三世九卿"牌坊,以彰显三人遵循刘氏"敦孝悌、端士品、务忠诚、戒奸险"家训的清正廉明气节。

陈嘉训：正气厚义垂青史

1998年6月，一场百年不遇的洪水，使一座体现鄱阳湖风韵的古塔，轰然倒塌。据说这座古塔与本地双港人陈嘉训有密切的关系，一时间人们在痛惜古塔倾圮的同时，也对陈嘉训议论纷纷。

陈嘉训（约1567—1618），字彝仲，小名思岗，明万历十五年（1587），以乡试第二名的成绩中举，两年后中进士。

陈嘉训年幼时天资聪颖，很有大志，但家境清贫，几乎因为无力资送深造而险些辍学。当时，他受业于本县的贤达史桂芳。史先生慧眼独具，慷慨解囊，帮助他完成了学业。陈嘉训不负老师的厚望，终于进士及第，并授职行人。行人是掌传圣旨、册封的官员，品位不高，职务重要。在京城，他与吉水人邹元标、无锡人顾宪成（东林党创始者，当时与邹元标、赵南星并号"三君"）、刘日宁等人意气相投，谈论融洽，往来较多，相交甚密。

神宗万历二十五年（1597）前后，陈嘉训主持粤东（今广东东部一带）考试。当时，明神宗深居拒谏，不问朝政，天灾人患相逼而来，财政拮据，贪污成风。素有匡正时弊志向的陈嘉训，借这个机会，注意选拔人才，报效朝廷，并深入调查，留意民间的隐情，以便条陈献策。由于他清正廉洁，因此受到同僚忌恨，不久调任吏部，担任给事中的职务。这次迁官虽属调任，不是升职，却属于受到重用。从此陈嘉训更加兢兢业业，逐笔核定供给皇帝的钱粮，弄清所有的开支，从中发现了不少问题，弹劾了不称职的闽、越两地的巡抚和一些违法乱纪的主管官员。对于无辜的受害者，如刘元珍、庞时雍，他大胆上疏援救，为他们正名。陈嘉训的秉公执法、不徇私情，赢得了朝野的好评。

神宗三十二年（1604），陈嘉训调出北京，担任南京吏科给事中。到南京后，他认真履行职责，四处察访民情，查到了首辅沈一贯纳贿乱政的劣迹。

沈一贯，字肩吾，鄞（今浙江鄞州区）人，隆庆二年（1568）进士，是神宗的宠臣。沈一贯自万历二十二年（1594），由南京吏部尚书升任首辅，经过前后十年的苦心经营，网织帮派，势力牢固。尤其是他对皇帝唯唯之举的做官之道，深得神宗朱翊钧恩宠。万历三十四年（1606）七月，"给事中陈嘉训、御史孙居相复连章劾其奸"。在封建时代，越级弹劾上司是要付出代价的，轻则丢俸禄，重则招来杀身之祸。沈是皇帝的红人，又担任宰相。一个低级官员去弹劾一个高级要人，这是一般人不愿意做的。陈嘉训不管，他以国家社稷为重，置自身安危不顾。他认定自己的做法，大义凛然地写了《劾首辅沈一贯疏》，不但历数沈一贯贪赃枉法的事实，还严正指出了朝纲的荒疏，"政令一清，则无不效而为清；政令一浊，则无不效而为浊。""数年以来，政治因循，人工钻刺，贪号黩货者尊崇，执法操持者摈弃"，以致造成"天下岌岌可危之势"。他迫切要求皇帝严厉处置这个"受贿乱常，殆误朝政者"。陈嘉训这种"守绝纤尘气，坚百折风裁"的正义之举，无疑是以卵击石，不但得不到皇帝的支持，神宗反而要加害他。幸亏沈一贯自己识趣，深知自己的"劣迹"，再三向皇帝请辞，自愿回归故里。但是皇帝仍然不放过陈嘉训，取消他的俸禄，将其谪贬回乡，陈嘉训成了一名"带罪"的平头百姓。

陈嘉训回到鄱阳后，杜门读书，不思交往，只与兴趣相投者相近，或谈经讲学，或论争见解，偶尔灌园种菜，以求清净。陈嘉训黜职后，家境一直很差，以至于病死时都捉襟见肘，窘迫异常，连安葬的所有开支，都全部来自至交好友的捐资。

明天启元年（1621），熹宗朱由校即位，陈嘉训的好友邹元标受到起用。邹元标多次向皇帝上疏，并竭力为陈嘉训受谪进行辩白，熹宗才钦定了《褒陈嘉训谕》，追认他为奉议大夫光禄寺少卿。

陈嘉训为人正直敢言，在鄱阳留下了不少传说。

十八坊的故事。鄱阳县城西南的十八坊，是月波门通灵芝门的大道。有一年，在这条长约两里的大道上，居然有十八名举子经殿试同榜高中进士。于是好事者借机大肆庆祝，十八名新进士也都默许，于是告示被四处张贴：兹定于某月某日，举行欢庆吉典，家家要张灯，户户要结彩，即使是家中死了人也不例外。此外，凡祝贺者，礼不拘多少，一律盛情相待，但不得有一星半点冲淡喜庆的举止，有辱盛典的言行，否则加以严惩。告谕一贴，全城注目，黎民百姓不敢说个不字。陈嘉训回乡省亲，途经县城的这天正逢喜日，他微服私访，谁也不知道他是朝廷要员。陈嘉训见盛典非凡，便暗暗打听，等明白了究竟，便弄来孝服，大闹庆典。接他的家亲竭力劝阻，陈嘉训说："国家财艰民穷，苛捐杂税沉重，为官者强民所难，有伤伦理纲常，此举有辱斯文，老夫岂能不管？"于是，陈嘉训披麻

戴孝，直闯庆典现场，等到人们弄清他是吏部要员时，他身上已遍体是伤。后来他回到京城，呈写疏状，弹劾了这十八位进士。

长生牌的传说。陈嘉训最恨恃强凌弱。有一次，他趁回家过年的机会微服出访，途经城外孙家村时，发现大年临近，这里却没有一丝年节的气氛，全村一片沉寂。陈嘉训觉得奇怪，这两年本地收成不错，便向路边老人打听。老人说，孙家村子不小，人口也多，只因孙家村一直与某地有隙，前不久对方设计害死不少乡亲。照理说那只是个小村，但他们有亲戚在县衙做官，我们不但不能为死人收尸，村中的青壮年也被尽数捉去，说是要追查为首者，给对方赔偿。村里遭此不幸，谁有心思过年迎春？陈嘉训半信半疑，一连走访数家，只见人人愁肠百结，户户冷冷清清。于是陈嘉训快马加鞭赶到县城，找到县、府两级地方官，叫来徇私枉法的主事人，放回无辜被拘捕的孙家村人。这一年，孙家村由悲转喜，好不舒心，男女老少想到陈嘉训，无不称颂他的恩德，家家连夜制作长生牌顶礼膜拜，感谢这位正直善良的大恩人。

双港塔逸事。循着饶河下行，距鄱阳县城十多里的地方，有座峭壁山岗，山顶有座无顶宝塔傲然屹立，本地人称它为双港塔。据说双港塔是陈嘉训为镇自家风水建的。有风水先生说，马墩是陈嘉训出生的村子，能出这样的"大官"，完全是因为风水好。陈嘉训受黜回乡后，认真读书，闭门自省，认识到自己虽有治国平天下的志向，对自己很严格，品行端正，性格恬淡，为人严肃，处事认真，刻苦自励，不附权势。但因爱穷追学理，见识不苟别人，待人耿直、爽快，接物质朴率直，拙于心计，不宜为官。尤其在他所处的朝代，不说王室之间的自相残杀，就是官场争斗也叫人心寒。嘉靖三十二年（1553），兵部员外郎杨继盛因直谏下狱，终遭杀害，此后又有沈炼、海瑞因直谏而遭受迫害。至于推行新法的张居正，遭遇更惨。从陈氏宗族人的性格看，他们都是有事在肚子里憋不住的。宦海浮沉，云诡波谲，你争我斗，风险迭生，稍不谨慎，或为阶下囚，或被株连九族，累己及人，险恶莫测，令人生畏。鉴于此，陈嘉训便请来工匠在风水发祥地龙头山，造起七级浮屠以此镇压，使世代子孙安心做黎民百姓，不再去宦海为官，以至民间流传了一句俚语："倒了双港塔，陈家才能发。"

三则传闻，孰真孰假？只因它们符合陈嘉训的为人和性格，反倒无人深究真伪了。

史彪古：临渊待月不畏迟

史彪古（1626—1680），字焕章，号褧庵，鄱阳人。顺治九年（1652）进士，曾被选入翰林，后升给事中。

顺治十三年（1656），史彪古以副职随江南张某（佚名）掌管浙江考试，有位当权者因儿子应试托他照顾，他没有答应，那位当权者又把自己的要求授意于张某。考试后，张某硬要录取那位当权者的儿子，史彪古坚决不同意。争论再三后，史彪古毅然对张某说："你一定要曲意顺从贵人的意见，我只有手执弹劾你的表章去奏闻皇上。"就这样，那份试卷落选了。当时掌管江南考试的人多因通关节、说人情而获罪，许多有真才实学的没有考上，唯独浙江榜上取中很多人才。

事后，那位当权者唯恐史彪古在回京复命时揭发这件事，便抢先自首，并且举荐史彪古，说他为人刚直，可以大用。因而在皇帝的敕书上，史彪古有了"服官敬慎，直节方刚"的褒语，一时被人们看作名副其实的"真给事"。

对于事关国家的大事，史彪古从来一丝不苟，以朝廷社稷为重，康熙三年（1664）在任职户部给事中期间，他就赋税征收限期，畅谈了自己的见解："至若州县专司钱谷，一岁之田地户口查案了然，由单刊发在州县无甚繁难，在抚臣无庸宽限者也。臣办事垣中，查康熙二年分由单，如广西省定限三月终，送到部科查验，乃该抚于三月间始行具题宽限，户部议复宽限两月。而该省诸司复迟之又久，有延至十月者、十二月方到者，有至今岁正月、三月方到者，且有州县尚未报到者。迟延至此，设使小民候单颁发，然后输纳，是误国课，抑先征纳钱粮，而后颁给，又是徒具虚文，保无贪吏蠹役希图私派，借此以朦洞耶？即今三年分由单，又违限未到，年复一年，积习相沿，臣恐各省效尤，将来不独广西为然也。伏乞天语敕部，嗣后各直省由单务令依限颁发，依限移报，不得任其托故宽限，如有征输后方行颁发者，该部即照例严加议处，庶贪官污吏不得借此以丛奸乎。"

史彪古恪尽职守，平时兢兢业业忙于公务，尽职尽力，无私无畏，因此无暇寄情山水。有一次，他被朝廷批准回乡探视父母，"奉归省之命"途经山东泰安。

泰山对每个文人来说,都是一个神圣和令人向往的地方。史彪古也不例外,他从小慕名泰山的雄伟壮丽和庄严伟岸的丰姿,觉得路过此地是个很好的机会,于是他决定登山一游。当时史彪古已经名震朝野,虽然职务不高,但受皇帝信任,算得上是一位重臣,地方官难免都想高攀,前来拜访的,接风洗尘的……络绎不绝。听说史彪古要登泰山,当地的官员都抢着"效劳",提供车马轿舆、随从向导,以便通过此示好取悦于他。史彪古一一婉拒,要求地方官员各司其职,做好自己的事。"减导从,携篮舆,爰令周佐孙君昌嗣导出偕行。"意思是他带着吃的和用品,带着州府一位叫孙冒嗣的人,轻车简从地登上岱岳了。

　　清朝定鼎北京后,面临的经济形势极其严峻。在谋求治国安邦的策略时,清统治者把恢复被战争破坏的经济放在首位。当时,城镇萧条,商旅废弛,而商业贸易与民众生活息息相关。沟通商贾,公平交易,便成了恢复发展商业的重头戏,因此,清廷主张:号召商人复业,公平交易,"军民商贾,各归其业","一应满汉人民,或商或贾,各听其便";禁止对商人额外征收,"凡故明末年一切加增税额,尽行豁免","前朝召买粮料诸弊,尽行蠲除,自时厥后,凡市籴皆因商民所便,时地所宜,度物货、平市价、劝商贾、敦节俭、抑豪强、禁科派";不许官员经商与民争利,"禁止诸王府商人及旗下官员家人外省贸易"与商民争利。

　　史彪古虽然职务不高,但忧国之心可鉴。他将自己在底层了解到的情况归纳后,上疏朝廷,《请禁职官兴贩疏》强调"凡文武职官,身任地方,或令亲戚,或令家丁,多造船只,恃势兴贩,其始也;发票牙行,贱价以强贩,其继也;遍派乡市,重价以勒售,商贾侧目而视,小民吞声无诉,以致货物腾踊,民生日蹙,不知愚民自耕凿而外,全持此土物贸易,下以资生,上以输课,若尽夺其利而不少留余地,无论民不堪命,即揆之身居职官,食朝廷之禄,莅有姓之上,而反与贩夫担夫争此锱铢,其可鄙孰甚",并要求朝廷"严议条例,通行概禁。凡现任大小文武职官,不许在本任地方恣情兴贩,如有前项,即以贪律治罪"。

　　顺治十五年(1658),工科给事中史彪古又针对当时"每有一项正供,即有一项加派"的实情,提出"将申饬私派之旨,刊入易知由单,俾民共晓"。

　　然而,就在将要大用的时刻,史彪古因病回到家乡,病愈后不久,任户科掌印。后来,史彪古因服父丧回家,服满后回部重新任职,在路过江宁时病故,终年54岁。

史彪古工诗善文,留下的著作有《裘庵文集》《梧垣奏义》《善恶明征》《正字通序》等。此外,史彪古还参与编纂康熙戊申《鄱阳县志》,他在其撰写的"序二"中写道:"鄱自秦汉以来,号称望邑,田治赋清,彬彬乎其士,熙熙乎其民,化纯俗厚,纪载犁然可考,何昔之鄱独臻盛欤!亦代有良司牧噢咻而董率之耳。后之君子,休养元元,厘剔夙弊,以主持风化为己任,则良父师澡德于上,士若民率俾于下,何风治之不古若也?志成而卢君适内擢计曹,其鄱志之幸欤?抑亦人逢其会,时遘其宜欤?"

史彪古虽然是天子朝臣,但一颗心始终情牵百姓,从他留下的不多的诗中也能窥见一二。"星淡暗沙溪,秋风动钓丝,船移隔岸收,竿拂落花泥。绝壑藏云湿,临渊待月迟。濠梁亦有兴,应与漆园期。"俗话说"世上什么苦,打鱼磨豆腐"。"绝壑藏云湿,临渊待月迟",在秋风中静心钓鱼者,除了孤寂之外,伴随的不正是寒湿吗?

胡克家：清臣良医两自如

胡克家(1756—1816)，字果泉，鄱阳琳碛里，也就是现在的高家岭镇章玲桥村人。乾隆四十五年(1780)进士，历官江苏布政使、按察使，安徽巡抚、江苏巡抚。他不仅是封建时代少见的关心民瘼的封疆大吏，也是治学谨严、致力文献校刊的知名学者。

胡克家是家中的季子，他父亲胡祚安中举后，曾任南昌县教谕。胡克家四岁时(1760)，十七岁的叔叔胡景安病故，胡祚安便将胡克家过继给叔叔家延续香火。从此，胡克家便与继母徐氏一起生活。徐氏无钱供他读书，只能让他与其他农村孩子一样放牛。他却在放牛时到学堂外偷听先生讲课。先生发现后，就出"对课"试他天资，结果令先生十分满意。当了解到胡克家是举人之子时，先生便多次做胡祚安的工作，让他读书。

胡克家自幼天资聪慧。时任饶州督学为江苏长洲人蒋时庵见到了他，阅读他的文章，与他讲论文义后，旋即推举他补博士弟子员第一。乾隆四十二年(1777)，时年二十一岁的胡克家乡试中举，三年后殿试中进士，先入刑部，随即补缺浙江司主事之职，不久升任贵州司员外郎，总办贵州被处以死刑的囚犯的复审。

胡克家任职刑部时，办事敏捷干练，清廉自守，执法谨慎，经手审查判断的案件中肯恰切。乾隆五十九年(1794)，胡克家担任广东乡试主考，主持广东考选，因能公正、公平地为国家选拔真才，受到好评而升为郎中。乾隆六十年(1795)，胡克家再次担任会试同考官，参与进士的评选工作，时任修撰的大学问家钱大昕，反被任命为副职。不久，他被提拔为广东惠州、潮州、嘉州三州的道台。

惠州郡(今广东惠州)枕山抱海，民风剽悍。当地百姓不崇法度，喜用暴力。一些豪强大姓好勇擅斗、强直刚戾，恃势聚众械斗，相互仇杀。胡克家了解到情况后，拟定切实可行的乡规民约，通告张贴到本郡各县，要求各地官员引导民众讲礼法道义，晓以聚众仇杀的祸害，同时将顽固不化分子绳之以法，绝不轻饶。

从此，惠州各县民风为之一变。

　　潮州南澳，素有"潮汕屏障、闽粤咽喉"之称，是出海下洋的门户；惠州的碣石镇（今属陆丰），为边境重镇，这两个地方向来是海外盗寇滋扰的所在，烧杀劫掠的事件经常发生。胡克家实地勘察地形后，进行了周密的部署，在险要的塞口增设炮台、兵营，又以鸡笼山为依托储兵筑城，相机而动。嘉庆六年（1801），有福建盗匪乘几十艘大船，进入潮州境内进行大肆抢劫。胡克家火速分派水师，布防到各险要的隘口，亲自统率精锐部队赶到澄海，指挥官兵督剿海盗，用大炮击沉贼舰数艘。战事平静后，船舶往来悉数依旧，民心安定。随后，胡克家又施计擒获潮阳巨盗郑亚明。

　　嘉庆六年（1801），博罗县的陈烂屐，凭借依山环海的据险地势作乱，发动上万人参加"天地会"起义。胡克家调兵遣将，迅速平定了叛乱。是年秋天，他协同广东右翼镇总兵杨芳，围剿盘踞永安山的盗贼。惯匪李崇玉，身形健壮，力大过人，与东南沿海反清的武装首领蔡牵互相勾结，还与本地的盗匪有盟约，经常为害地方。胡克家用计将他拿下，将其押赴省城大牢，转押到京师问斩。

　　嘉庆八年（1803），胡克家改授为河南开封府、归德府、陈州府和许州的道员，负责黄河的河道修防。胡克家走马上任，恰遇黄河的衡家楼河处决堤，金门镶堤坝亦出现决口险情。胡克家亲率属下官兵、工役上圩，连续三个月，日夜奋战在驻防的河堤上。不仅如此，他对抢险物资的审核及人员的进出调配殚尽心计，不让钱财物资出现损耗浪费。

　　嘉庆九年（1804），衡家楼河堤坝与金门镶堤坝决口适时合龙。因黄河堵口抢险有功，胡克家升任按察使，同年五月，被调往湖北任按察使。

　　嘉庆十一年（1806），胡克家调任江苏布政使，主政江苏财政、赋税。他认为江苏赋税重于天下，因此以江苏连年出现旱涝之灾，民力难以承受为据，便力求江苏巡抚汪日章减免增加的赋税。嘉庆十四年（1809）春，胡克家擢升为刑部右侍郎，不久授为漕运总督（正二品）。当时，清廷漕运总督衙门驻淮安，管辖山东、河南、江苏、安徽、江西、浙江、湖北、湖南八省的漕政事务。胡克家升职不久，山阳知县侵占救灾款事件曝光，此案被后人称为清朝四大奇案之一。当时，此案震动朝野，嘉庆帝着令严查。而此案盘根错节，涉及范围较广，自总督铁保以下都受牵连。案件审理到最后，多个封疆大吏被严肃处理，时任江宁按察使的胡克家,同样受到革职处分,"留河工效力"以观后效,其罪名是任江苏布政使兼署按察使时疏于督察。同年十二月,胡克家再次被朝廷起用,任淮安知府。

嘉庆十六年(1811),胡克家升任淮安府和扬州府道员,不久被提为江宁布政使。这一年,长江李家楼段河堤决口,江宁巡抚向皇上提议由胡克家督修。胡克家立即奔赴灾区。是时,李家楼雨水不断,水势过猛,决口合而复决,情况十分危急。他在堤坝指挥抢险五昼夜,尽心竭力抢险,以致头发枯槁,面色发黄,见者无不感动落泪。

嘉庆十七年(1812),胡克家擢升为安徽巡抚。安徽境域跨长江南北,纵横千余里。治安是辖地顽疾,令过往商旅苦不堪言。胡克家为还老百姓出行平安,与布政使、按察使兵分六路,派号船巡视长江水路,并亲自出行巡察。他见长江水面辽阔,支流纵横交错,便改租民用小船继续巡视,对各支流河港逐一摸底排查。为了不加重百姓的负担,他奏请朝廷拨国库预算外资金白银五万两,贷借给商人做本金生息,再收取商人的利税,用以补充官兵巡逻的开支。

嘉庆十九年(1814),安徽出现大饥荒,胡克家为民请命,奏请朝廷免除百姓赋税,赈济灾民;宿州泗县和亳州等地发洪水,他足丈阡陌,访贫问苦,安抚体恤灾民。

嘉庆二十一年(1816),胡克家调任江苏巡抚,上任伊始,决定把漕政中有关漕粮的征收、监兑、挽运、督押、领运等当作最重要的政务来抓,并颁布两项禁令:一是禁止各州县向老百姓勒索旗丁帮费;二是禁止漕运兵丁向地方政府索要财物。吴中(今江苏苏州)水利年久失修,三江之水只能将吴淞江作为排泄通道。吴淞江因多年淤积而废,汛期则泛滥成灾,干旱时又无水灌溉。胡克家不以工程浩大繁杂为累,发动全省军民疏浚吴淞江,以利航运和农田灌溉。不仅如此,他还奏请朝廷免除老百姓的赋税。吴中老百姓感激涕零,摆酒设宴,翔实地起草实行办法,拥护胡克家的德政。可惜未等到圣旨回复准允,胡克家一病不起,于当年九月十三日殁于任上,时年六十岁。嘉靖帝听闻胡克家病殁于任上,很是惋惜,免除了当年修筑玉营与建坝亏损的全部款银二万六千四百余两。

胡克家热心校刻图书,曾经亲自校订《资治通鉴》等善本书,考证异同。他有幸得到宋淳熙本《文选》,《文选》即《昭明文选》,由梁太子萧统编辑,成书于公元六世纪二十年代。该书收录了先秦至南朝梁代诗文辞赋七百余篇,是我国最早的一部诗文选集。《昭明文选》刊行后，人们争相购阅，且不断有人为之注释、重印，因此不免出现一些差错。延至清代，胡克家注意到《昭明文选》历经一千二百余年辗转相传，"伪舛日滋"，难以卒读。为避免因校刻不善造成的贻误，他决心对它修订重印。嘉庆十三年(1808)，在知名学者顾千里、彭兆荪的参与支持下，重刊工作正式开始。经反复寻觅，他们得到一部珍本——宋尤延之刻本(唐李善注)，遂以此为依据，进行精心校对。翌年，书成，太仓彭兆荪校定重刊。此外胡克家还与人撰写《文选考异》十卷。《文选考异》对版本流传过程中造成的《昭明文选》异文，及李善注与五臣注的相互淆乱，做了一次全面的清理，使后人得以窥见李善注的原貌。他纠正讹误，考信存真，功不可没。

嘉庆十七年(1812)春，胡克家觅得元初兴文署刊官刻本《资治通鉴》，便以此为依据，在一些官员和亲友的资助下，设局重刻。他虽然公务繁忙，但仍经常挤出时间，夜以继日地逐篇进行核对。嘉庆二十一年(1816)，胡刻本《资治通鉴》问世，很快就受到学术界的重视和赞誉。现鄱阳县图书馆有胡刻《资治通鉴》两套，一套刻于清光绪十七年(1891)，共113册，每册长26.7厘米，宽18.5厘米，其中刊有胡克家为重刊《资治通鉴》所作的后序。刻本纸质白净，装订精美。另一套为商务印书馆印制，因第一本缺失，印制年份不明。

胡克家素爱文学，吴越地区有道而博闻的名士多与他有交往。他多才多艺，善于模仿名人墨迹，对收藏也颇有心得。

张鸿翥：灌园捕鱼我独醒

张鸿翥（1868—1931），字长河，号高腾，鄱阳东湖里（今江西鄱阳）人，清末武状元，军事将领。

张鸿翥出身农民，小时候跟着父亲务农放牛。他天生力大，但是饭量也大，常被邻里戏称为"饭桶子"。十岁后，他先后跟随戴武师、郑志鸿师傅练功习武，练得一副好身板，体格魁梧，臂力过人。

张鸿翥在师傅们的教导和社会的历练下，逐渐明白了很多道理，明白了练功习武的真正意义：武者技也，侠才是道。能力小时，行侠仗义，济人困厄；如能入仕，领兵出将，当"为国为民"。

光绪十四年（1888），张鸿翥参加戊子科乡试，中第四名武举人。光绪二十年（1894），张鸿翥准备入京参加会试，却没有路费。师傅志鸿资助他白银一锭，银圆二百块，张鸿翥才得以进京参加甲午科会试。

到了京城后的张鸿翥，有一次在一个演武场练武，一位亲王的儿子贝勒［贝勒属于皇室爵位，皇室爵位有时候也会授予蒙古人。清朝皇室爵位是这样的：和硕亲王、多罗郡王、多罗贝勒、多罗贝子、镇国公、辅国公、不入八分镇国公、不入八分辅国公、镇国将军、辅国将军、奉国将军、奉恩将军，世袭罔替的王爷有礼、睿、豫、肃、郑、庄、怡、恭、醇、庆这十位亲王和顺承、克勤二位郡王。顺治六年（1649）规定，亲王一子封亲王，余子封郡王。郡王一子封郡王，余子封贝勒。贝勒之子封贝子，贝子之子封镇国公，镇国公之子封辅国公，辅国公之子授三等镇国将军。其后又有修改。皇太极第五子硕塞便因系皇子而封郡王，后又以军功晋亲王。这些因系"天潢近支"而封世爵的皇子王孙，称为"恩封诸王"］，见张鸿翥臂力了得，手举三百斤大刀连砍三十次，手拉三百多斤铁弓四十余下；又见他骑马射箭，弓不虚发，十分欣赏，便将他收为徒弟，并将殿试中应注意的事项一一指点明白。

到了会试这一天，张鸿翥来到了御箭厅。他精神抖擞，临场发挥得非常出色。第一场射箭，五发五中；第二场演刀，三百斤重大刀挥舞自如，各路套数，件

件到位;第三场搏虎,往返纵横,跳跃敏捷,一百六十斤的老虎在他拳拳击中要害的情况下,俯首就擒;第四场抛链,百余斤重的铁链,被他向上一抛,如铁柱般直立。二十六岁的张鸿翥经过射箭、演刀、搏虎、抛链共四场比武,在殿试中发挥出色,技惊四座。光绪皇帝钦点为甲午恩科状元及第,赏花翎顶戴头,授御前头等带刀侍卫加三级,奉旨乾清门行走。他父亲为诰命头品顶戴武里将军,他母亲为诰命夫人(清帝诰封文书,藏鄱阳县博物馆)。

在我国一千三百多年的古代科考中,江西总共出了五名武状元,清朝占了两个:一是嘉庆己巳科武状元乐平人汪道诚,二是清末的张鸿翥。

就在张鸿翥高中状元后不久,清朝政府在中日甲午海战中一败涂地,并于次年四月,签订了丧权辱国的《马关条约》。听到这则消息,张鸿翥心寒如霜。为了开阔视野,接受新的思想,他主动向在京的鄱阳老乡,翰林院国史馆协修、侍郎周承光求教文化知识,练习文檄。他勤奋好学,硬是一笔一画地从头开始学,几年后居然能勉强起草文书,粗通翰墨。当时在京城的江西官员喜与他交往,他恭谦执礼、文质彬彬。后来,本县孝廉张尚贤称赞他说:"上马能武,下马能文,为不可多得武将。"

光绪二十四年(1898),以康有为、梁启超为代表的维新派人士,通过光绪帝进行倡导学习西方,提倡科学文化,改革政治、教育制度,发展农、工、商业等的戊戌变法。而立之年的张鸿翥,积极投身于这次资产阶级改良运动中,毅然与比自己大十五岁的同科文状元张謇,联名上疏,支持康、梁等变法维新。九月,慈禧太后等发动政变,光绪帝被囚,谭嗣同等戊戌六君子被杀害,历时仅一百零三天的变法彻底失败,张鸿翥握着自己刻有"忠义""报国"字迹的大刀,只能眼睁睁着自己"为国为民"的理想又一次破碎。

宣统元年(1909),溥仪即位,次年下旨起用张鸿翥,调任湖北参将,官秩三品,统领绿营新军德安营兵六百余人。虽然此时的张鸿翥,看不清这个国家的未来,也不知道皇帝只能做三年,但他却想抓住这样一个机遇,通过发挥自己的专长,继续为国效力。任职湖北期间,张鸿翥不但清廉自守,与士卒同甘共苦,坚持军事训练之外,尤重文化教育。在汉阳兵械厂兼职监造时,他虚心学习枪械制造原理和使用要领,熟练掌握了中外军事知识与技能。有一次为了制造新式武器,一位日本商人用巨款贿赂他,他坚决拒绝。

1911年,武昌起义爆发,张鸿焘顺应历史潮流,高举义旗,使义军未费一枪一弹便夺取了兵械厂,张鸿焘则由湖北军政府留任原职,后见袁世凯窃国,觉得"方图报国"之志难遂,于是愤然辞官返乡,以灌园捕鱼为生,着布衣草鞋,荷担入市,安贫如昔,保持勤劳朴实的作风。他曾题联自勉说:"花香莫若书香好,食味无如道味高。"御史周承光赠诗于他:"人醉我独醒,隐居绝人境。深念国事重,佳湖聊息影。"有一段时光,他自己也常作诗自娱。

民国二十年(1931),"九一八"事变爆发,日寇入侵,山河破碎,张鸿焘与人谈及国事,总是无比感叹地说:"覆巢之下,焉有完卵?"他对东北的沦陷,深感痛恨。是年十月,他忧郁而死,终年六十三岁。

李守诚：矢志不渝仰孙文

清光绪十年（1884），鄱阳县城土井巷的一家李姓书香门第，这年新添了一个虎儿。这个小孩，从小勤奋好学，博览群书，"通经史，识时务"，才思敏捷，以至在青年时就被国民党著名元老之一的李烈钧，称赞为"江西才子"，他就是李守诚。

光绪二十四年（1898），李守诚以县试第一名入县学。光绪二十七年（1901），李守诚又以"超等"成绩，享受公费读书的待遇；光绪三十年（1904），中副榜举人。

李守诚青少年时，正处在清朝最为腐败、各种民族矛盾空前尖锐的时期。在光绪癸卯（1904）乡试时，他完全可以考中正榜举人，但在答卷中不拘束于孔孟学说，引用了老子和庄子的观点，结果被退列为副举。为此考官深表惋惜，并在他的试卷中写下批语："直可上追两汉，下匹曹刘……惜乎二、三场文字，杂有异端，抑置副车，可惜！可惜！"意思说，他的文字功底和文章构思可与古人媲美，只是试卷上不该引用儒家之外的观点。李守诚却不以为然，认为这是他对封建主义抗争的一次小试牛刀。

光绪三十一年（1905），我国沿袭了一千多年的科举考试废止了，李守诚开始到省城求学，就读于江西高等学校。省城的高校不是鄱阳湖滨的县学，没有了沉闷和闭塞，李守诚的视野更加开阔。他和志同道合的同学开始了革命探索，一个叫"易知社"的组织，在省城南昌诞生。这个看似以"诗文会友"的文学组织，实际上是传播革命的沙龙。1906年，震惊中外的"南昌教案"发生，"易知社"串联组织南昌全市学生罢课，散发传单，动员和组织各界人士，聚集在百花洲举行特别会议，申讨帝国主义罪行。作为易知社的创始人和组织者之一，李守诚一马当先，积极投身于这次活动，书写了不少宣传品，"易知社"的影响随之不断扩大。后来这个社的不少成员都成了同盟会会员，有的还成了同盟会的骨干，李守诚就是其中的一员。

1907年,同盟会的外围组织共进会在日本成立,并在四川、湖北、湖南、江西等地发展会员。李守诚与在赣的部分同盟会会员,加入了这个组织,积极为策划1911年的武昌起义开展活动。当时亲友们很关心李守诚的安危,不少人规劝他放弃。李守诚说:"救国还怕丢头颅,鲜血誓为革命流。"

　　辛亥革命推翻了清朝。李守诚当选为江西省议员,同时担任同盟会江西支部文书科副主任。1913年,李守诚又当上了国民党江西支部评议部副部长。这年三月,袁世凯指使赵秉钧,在上海暗杀了国民党代理理事长宋教仁。李守诚闻讯后,联合江西大部分议员,对袁世凯进行弹劾,并参与拟写《向袁责问六条书》。袁世凯被李守诚的凛然正气震慑,便派人用金钱和高位来拉拢他。李守诚慨然拒绝:"想用这些来利诱我那是枉然。"他不但没有被拉拢,而且反袁的决心更加坚定。在议会上,他多次公开指责袁世凯倒行逆施、妄图复辟的野心,受到议员和革命党人的交口称赞。当时的议员、湖口人杨赓笙,在李守诚病逝后,写诗追忆这段经历:"薄命耻膺铜臭味,肥躯却贮铁心肝。"随着袁世凯反动嘴脸的充分暴露,李守诚在当时的江西省都督李烈钧主持召开的同盟会支部会上慷慨陈词:"头可断,赣人附袁殆不得。"他竭力敦促李烈钧下定决心反袁,并协助李烈钧在湖口组织讨袁军。1913年7月12日,中华民国史上有名的湖口起义发动了。在这次起义中,李烈钧任总司令,李守诚为参赞。

　　湖口起义失败后,李守诚遭到袁世凯通缉,于是东渡日本,参与孙中山的建党活动。1914年7月,孙中山在东京"精养轩"召集在日本的革命党人,成立中华革命党。孙中山吸取同盟会改组为国民党的教训,摒弃旧官僚,淘汰假革命,入党要按手模、立誓约,服从孙中山。他还把党员按入党先后时间,分为首义、协助、普通三种。当时,许多革命党人觉得这样做宗教色彩太浓,不愿照办。李守诚认为革命是第一重要的,不但按手模、立誓约,而且一连按五个手模,以表示自己的革命决心。在场的无不感动,纷纷争先效仿。

　　不久,孙中山派李守诚到南洋群岛办报。李守诚便在马来西亚的槟榔屿,主编《光华日报》。在这段时间里,他生活极为艰苦,处境十分险恶。报纸因抨击帝国主义,招致英殖民统治者忌恨,李守诚收到驱逐出境的通牒。但他追随孙中山革命的决心毫不动摇,以"苦李""如更""茹梗""慎思""赣愚"等笔名,发表了几百篇社论和政治杂文,对窃国大盗袁世凯的卖国罪行及各种错误思潮,进行了鞭挞和批评。《袁氏将自食其果》《发告进步党人》《世界各国之大觉悟》《名论导言》《辟梁》(梁指梁启超)等文章都出自李守诚之手,在当时也都有较大的影响。后来,李守诚在为老友杨赓笙诗集《呻吟集》作跋时,回忆过这段经历:"当亡命海外时,饥寒旅泊不能为旬月谋,即病每不得药。""苦李"之名因此而生,意思就是革命党人应以苦为乐。

护国军兴起后,李守诚奉命回国,担任护国军右翼司令部秘书长,参与讨袁护国运动,接着担任驻粤赣军总司令秘书长,随后又被派到缅甸仰光,任国民党《国民日报》主任编辑。1923年,孙中山在广州就任海陆军大元帅,李守诚成为大元帅府秘书,之后又相继担任国民党中央宣传部干事、北伐军总司令部政治宣传处主任、国民政府外交部秘书等职。

李守诚始终觉得蒋介石所为,与孙中山"天下为公"的遗嘱相去较远。他常常直言不讳地批评当局,导致受到疑忌,当局不给他安排要职,李守诚于是拂袖回乡。后来,国民党当局拟任他为福州监察使秘书和行政专员,他拒不接受。

汪精卫密谋拼凑卖国政府,派亲信徐约群(后为汪伪政府的文官处长)携带巨款潜来鄱阳,请李守诚出山为他效劳,并许以伪行政院秘书长之职为诱饵。汪精卫夫妇与李守诚在槟榔屿一度交往密切,加上徐约群与李守诚又有亲戚关系,他们满以为李守诚会答应自己的邀请。没想到李守诚竟勃然大怒,当面痛斥汪、徐的卑劣行径,拒不与卖国贼为伍,把徐约群骂得无颜坐立,悻悻而去。南昌沦陷后,李守诚的连襟周贯虹,担任汪伪江西省政府主席,又来游说李守诚,要他出任要职。李守诚对他嗤之以鼻,不予理睬。

日寇入侵后,李守诚辞去了一切职务回到鄱阳。虽然这时候他已经贫病交迫,却依然不忘抗日,主动当任本县抗敌后援会总干事。就在生命垂危时,他还要亲人在病榻前为他读报,了解抗战情况。

对于日本发动的侵略战争,李守诚有过精辟的见解。他说:"日本人侵略中国是极大的历史悲剧,也是极大的历史错误。我已知天命之年,据余估计,日本目前虽貌似强大,然而先天不足,久战必败。二十年后,日本仍将与中国合作……"

李守诚一生追求民主革命,毕生从事文字宣传,主编报纸多年,著述很多,

诗词、政论、杂文累计上千篇。晚年,他潜心研究钱币制度问题,著有《纸币余论》《总理遗教钱币革命的研究》《关于钱币问题》等。

李守诚生前除崇拜孙中山外,还非常喜爱民族英雄岳飞,尤其喜爱书写岳飞的名句:"武将不怕死,文官不爱钱,则天下太平矣。"1939年,日寇侵占南昌,9月16日,李守诚终因贫病交迫、义愤填膺而溘然离世,终年五十六岁。李守诚逝世时连葬殓费都没有,亲友没有一个不惋叹。他的生前挚友、鄱阳名塾师谭椿寿,对老友的病逝非常悲痛,一口气作了三十副挽联以示悼念,其中有副挽联说:

霸朝流窜,茹苦含辛,赏薄功高,人间富贵浮云过;

佛国沉酣,朝经著论,悔来忏往,劫后文章旧雨知。

彭涛：开拓化工带头人

彭涛(1913—1961)，原名定乾，鄱阳镇人，1927年加入中国共产主义青年团，1932年转入中国共产党，同年参加左联。1933年，彭涛参加察哈尔抗日同盟军，后任共青团张家口市工委书记、中共北平临时市委学联党团书记，参加领导"一二·九"运动。自1937年起，彭涛先后担任了中共太行区冀西地委书记、太行区委宣传部部长、第二野战军纵队政委、中共皖西区委书记；建国后，历任中共川南区委第二书记、重庆市委第二书记兼工业部部长、国家计委副主任、化学工业部部长，他还是中共第八届中央候补委员。

彭涛从小就胸有大志，而且聪敏过人，1920年入私塾读书，能在较短的时间里背诵较长的文章，并且善于对对联。一次老师布置作文，题目是"惜阴"，他写道："吾侪青年学子，应下董生之帷，珍惜宝贵光阴，莫等闲，白了少年头，空悲切。如蹉跎岁月，无所用心，寄蜉蝣于天地，忘蟪蛄之春秋，生无益于世，死无闻于后，食息于天地间，实一蠢耳！"此文表达了他对胸无大志、碌碌无为者的鄙视。

1925年，十二岁的彭涛进入县立高等小学（现澹湖小学）四年级就读，由于学习成绩优秀，深得老师喜爱和同学的尊敬。第二年，共青团团员李新汉来到学校任教，并担任他的班主任。彭涛从李新汉老师那里读到了《新青年》《共产主义ABC》《阶级斗争》等马克思主义的理论书籍和革命刊物，思想发生了很大的变化，并开始信奉马克思主义，很快走上了革命道路。不久，他担任县儿童团总团长、学联会代表，并加入了中国共产主义青年团，就在这一年秋天，他以优异的成绩考入了江西省立十中（现鄱阳中学）。

大革命失败后，国民党反动派对共产党人和革命进步群众，实施白色恐怖活动。在十中就读的彭涛，没有被恶劣的环境吓倒，继续坚持秘密革命斗争，贴标语、散传单、染制红旗，组织学生运动，将"共产党万岁"等革命标语贴到国民党县政府内。彭涛因此受到中共鄱阳县委的赞扬，同时也遭到学校开除和国民党县政府的传讯。反动政府扬言要逮捕他，彭涛因此被迫离开鄱阳，转入南昌鸿声中学就读。在鸿声中学,彭涛仍然积极组织学生同封建军阀势力进行斗争,开展学生运动。此后,他相继在匡庐中学、九江教会学校——同文书院读书。

1931年初,彭涛只身离开江西,来到全国学生运动的中心——北京,考入北平大学附属中学高中。很快,他加入了北平爱国革命运动的行列。九一八事变后,抗日救亡运动风起云涌,彭涛当时虽然还没有找到共产党组织,但仍以无畏的革命精神,积极投入抗日救亡运动的洪流,参加了在中国共产党领导的、北平大中学校爱国学生组织的南下请愿团,奔赴南京向国民党示威。

1932年六七月间,彭涛经同学楚显、孟繁良介绍,加入了北方"左联",接着加入了共产主义共青团,很快又加入了中国共产党,担任北大附中共青团支部书记。由于他积极从事革命活动,受到反动当局的注意,因此他再次被学校开除,于是党组织派他担任共青团北平市南区区委委员,专门从事学生运动。从此,年纪轻轻的彭涛,开始了职业革命者的生涯。

1933年3月,二十九军在喜峰口抗击日本侵略军的消息传到北平,彭涛马上向党组织申请去抗日前线。在彭涛的再三要求下,党派他到二十九军宋哲元部从事兵运工作。喜峰口战役结束后,彭涛回到了北平。就在这年夏天,著名的抗日将领、共产党员吉鸿昌,与国民党爱国将领冯玉祥、方振武在张家口组成察哈尔抗日同盟军,彭涛遵照组织委派到同盟军工作,并担任共青团张家口市委书记。1934年,彭涛考入辅仁大学,以学生身份为掩护,积极为恢复共产党的组织开展工作。他一面设法联络失去关系的党员和团员,一面同与河北省委接上关系的王学明等人,研究恢复"中华民族武装自卫队""文总""左联"等党的外围组织和共青团组织。

1935年,中共河北省委建立了中共北平工作委员会(简称"工委"),彭涛担任宣传部部长。在这段时间,彭涛倡议创办了《抗日新闻》三日刊。同年7月6日丧权辱国的《何梅协定》签订后,彭涛立即组织发动了以教会学校中爱国学生为主力的请愿行动,起草了"反对出卖华北""开放言论集会自由"等六项要求的宣言。11月下旬,汉奸殷汝耕在通州成立了傀儡政权,打出了"冀东防共自治政府"的招牌,酝酿出笼适应日本帝国主义需要的"冀察政务委员会"。面对这一严峻的形势,学联在西城北京区辟才胡同彭涛住处,召开了秘密会议。在

会上，彭涛倡议组织一次爱国学生的请愿示威活动：反对成立华北防共自治委员会及其他类似组织；反对一切中日间的秘密交涉，立即公布应对目前危机的外交政策；保障人民的言论、集会、出版自由；停止内战，立即准备对外的自卫战争；不得任意逮捕人民；立即释放被捕学生。经过讨论，他的倡议得到了与会大多数人的赞成。12月9日，在彭涛、黄敬、姚依林、郭明等的直接组织和指挥下，震惊中外的"一二·九"爱国学生运动爆发。北平大中学校爱国学生数千人，满腔热血，不畏强暴，冲破军警的阻拦，涌向新华门请愿。何应钦避而不见，学生请愿随即转为示威游行，沿途高呼"打倒日本帝国主义！""打倒汉奸卖国贼！""武装保卫华北！"等口号，国民党政府出动军警实行镇压，爱国学生与之进行英勇搏斗。第二天，全市学生实行总罢课。12月16日，他们又组织了北平学生和市民的万人大游行。

北平学生的"一二·九""一二·一六"爱国行动，很快得到全国各地的热烈响应和声援，南京、上海、杭州、广州、武汉、开封、太原、天津等大中城市的学生和各界群众，纷纷举行声势浩大的抗日救国集会游行。

"一二·九"运动后，彭涛投身抗日第一线，先后担任晋冀豫等地方共产党组织的特委、特委书记等职。1943年春，彭涛奉调任三地委书记、三军分区政委期间，积极发展民兵组织，建立武工队、游击队等，开展窑洞战、地雷战、麻雀战、格子网等灵活机动的游击战，有效地打击了敌人，并领导了著名的蟠龙围困战。

1945年7月，太行纵队成立，彭涛任政治委员。

1947年6月，刘邓大军在鲁西南强渡黄河，开始千里跃进大别山的作战行动，彭涛为皖西区党委书记兼军区政治委员。1949年初，皖西全境基本解放。根据形势发展的需要，中共中央决定成立中共安徽省委，彭涛任省委委员。4月，彭涛随军渡江，调任南京市军事管制委员会办公室主任兼工委书记。12月，中共川南区党委成立，彭涛任第二书记。1950年1月，川南军分区成立，彭涛任政委。与此同时，中共川南财政经济委员会成立，彭涛兼任主任，具体负责财经工作。1952年8月，川南行署区撤销，彭涛调任中共重庆市委第二书记。

1954年10月，彭涛调任国家计划委员会副主任，为抓好全国156项重点工程的建设计划，协助李富春主任工作。

1956年5月，中华人民共和国化学工业部成立，彭涛受命担任第一任部长。

当时，我国的化学工业很落后。经济建设，尤其是急剧增长的人口面对的吃饭问题，都要求化学工业迈大步子，紧追直上。而以美国为首的帝国主义的封锁，使我国化学工业发展面临重重困难。在这种情况下，彭涛以开拓者的姿态，抓科研、抓队伍、从无到有、从小到大，为我国化学工业发展奠定了坚实的基础。

1958年5月，中共第八届全国代表大会第二次会议在北京召开。彭涛当选为中国共产党第八届中央委员会候补委员。

彭涛主持化工部工作期间，十分注重技术人才的培养，创办了北京化工学院等大专院校，为我国的化工建设培养了一大批人才。

1960年，国务院为加强资源综合利用，决定在国家计划委员会成立综合利用局，彭涛兼任局长。

1961年11月14日，正当彭涛为我国的化学工业贡献才智的时候，他因患肺癌在北京病逝。中共中央在北京中山纪念堂为彭涛举行了追悼会，追悼会由周恩来总理主持，邓小平、彭真、陈云、李富春、刘伯承、李先念、习仲勋等党和国家领导人参加，李雪峰代表中共中央和国务院致悼词，高度评价了彭涛光辉的一生。

姜达权：三峡锁江曾留痕

1997年夏天，当世界瞩目的水利枢纽工程——长江三峡大坝正式动工的时候，很少有人想到，三斗坪这个坝址曾经是鄱阳籍工程地质学家姜达权付出毕生心血之所在。

姜达权（1918—1987），别名赣生，鄱阳县磨刀石村人，姜伯彰的第二个儿子。

1943年，姜达权毕业于"南京中央大学"（今南京大学）地质系。毕业后，他先后在四川地质研究所、国民政府设立的地质调查所工作。在此期间，他多次深入四川岷江、嘉陵江、龙溪河及长江三峡、广东渝江等地，进行水力发电工程的地质勘查工作。1946年，他作为中方主要成员，参与了"YVA工程"。"YVA工程"实际上就是开发长江三峡工程。这个工程，曾经受到国际知名学者、美国内务部垦务局总设计工程师萨凡奇的赞誉，一度被学术界确立为当时中国地质勘查工作的一个里程碑。

1947年3月，姜达权奉命陪同美国水力发电工程总处总地质师琼斯，再次奔赴三峡。由于他组织能力强，业务工作经验丰富，加上英文好，因此被任命为中美合作工程地质队的中方负责人，成为琼斯和中方其他技术人员之间的桥梁和纽带。这次工程任务，是对拟议中的三峡坝基，开展更为深入的地质调查。通过艰苦的地质勘测，中国地质学家先后写出相关的地质报告和论文，对萨凡奇计划中拟定的三峡大坝坝址——宜昌上游南津关至石牌之间的宜昌峡（黄猫峡）——提出了自己的明确意见。姜达权执笔写了《扬子江三峡水力发电工程地质问题之检讨》一文。在对萨凡奇所拟的六个坝址进行综合分析和评估时，姜达权只对其中一条基础岩石较好的给予了肯定，其他的则做了立论有据的否定评价。在现在看来，这好像只是个学术性问题。然而，在落后的旧中国，姜达权面对的不只是学术权威，他还面对着强大的美国，否定萨凡奇的结论，不是一件简单的事。可见姜达权面对世界著名高坝权威时，不仅表现了可贵的科学探索精神和实事求是的态度，而且还表现出强烈的爱国主义热情。与此同时，他还明确提出了三峡筑坝需要研究石灰岩层面的漏水问题、石灰岩洞穴问题、地震和山崩问题以及水库地震问题,等等,这为后来实施水利大坝工程迈出了可喜的一步。

1949年南京解放前夕,在国民党地质调查所工作的姜达权,审时度势,在中共地下组织的领导下,积极组织并亲身投入护所运动,与所内的同人一道保护了人民的财产,保护了大批珍贵的技术资料。

中华人民共和国成立后,姜达权积极投身社会主义建设事业。1951年,他被调入地质部,先后任工程师、主任工程师、副总工程师等职,并主持指导了我国多个大型水利工程的地质勘查工作。1951年,他参与了河北官厅水库的地质勘查,对水库库坝选址的可靠性提出了意见。1954年,由他主持的黄河三门峡水利枢纽工程初步设计阶段的地质勘查报告中,他就水库浸泡、坍岸和淤积等问题的严重性,提出预见性意见,为后期勘察工作的进行打下了坚实的基础。

1958年初,他随地质矿产部领导,陪同周恩来总理视察长江三峡。在行进的江峡轮上,他根据三峡地质勘查队等单位已经取得的勘察资料,和他以前在三峡勘察工作中所获得的认识,以讲故事的形式,向周总理汇报三峡枢纽南津关石灰岩坝区等坝区的地质情况,从历次造山运动一直讲到三峡的形成,并分析对比了结晶质岩与石灰岩的工程地质条件,指出了结晶质岩坝区工程地质的优越性,完整地表述了地质部门对坝区坝段选择的意见。周恩来总理在听取汇报后,视察了两个坝区,在花岗岩坝三斗坪坝段,带走了一块新鲜岩心,向毛泽东主席汇报。这为把勘测设计的重点由南津关移至三斗坪的重要决策,提供了依据,为后来决定的三峡水利枢纽工程的兴建,提供了宝贵的地质资料。

1958年,姜达权参与了湖北丹江口水利枢纽工程的地质勘查。在二十世纪五六十年代,姜达权还先后主持并指导了淮河等大、中、小型200多个水利工程的地质勘查研究,并担任过这些工程地质队的工程师、队长等职。

20世纪60年代,姜达权撰写了多篇有关南水北调与黄淮海平原综合治理的论文,亲自参与了中线、选线的工程地质勘查工作。1978年,他在《黄河的工程地质特性和开发治理黄河的途径》一文中,从区域工程地质条件着眼,运用黄河的侵蚀、搬运和沉积等地质作用的发展规律,提出因地制宜地采取一系列减缓侵蚀速度、控制泥沙搬运和沉积的措施,以调整地质作用的关系,争取时间有效调节、保护和充分开发黄河流域的水土资源,达到根治黄河的目的。他的这一观点,得到国务院有关领导人和主管部门的重视。

姜达权在加强学术研究的同时,重视技术管理等方面的工作。他曾主持编写水利工程地质规范和规程,培养了一批水文地质工程专门人才。他在负责抗旱和组织安排铁路工程地质勘查任务等工作中,一直发挥并起到了重要的作用。他在筹建并分工负责过的《水文地质工程地质》期刊的编辑和复刊工作中,也做出了很大的努力并取得了很好的成绩。

1986年10月,就在国务院决定在水电部成立论证领导小组,并聘请21位特邀顾问、412位不同专业的一流专家,组成14个专家组,对长江三峡工程以往的研究成果进行全面复核、扩充和重新评估时,姜达权住进了北京京郊通县(今通州区)的传染病医院。就医期间,在征得医生同意后,他被允许在医疗过程中进行适当的工作。为此,他争分夺秒,抓紧时机,于当年11月,提出了对鄱阳湖的开发利用、治理、改造的设想,并把这一想法向组织进行了汇报。从姜达权关于鄱阳湖的治理中可以看出,这位自青少年起就离开故里在外求学,之后又一直在外地工作的游子,热爱故土的拳拳之心光彩照人。此后,身患重病的姜达权,自知病情不轻,却不为病所累,抓紧一切时间,将自己的知识献给祖国和人民。他念念不忘三峡论证,集中思考了三峡工程库岸稳定、水库淤积及工程以后的问题。1987年春节刚过不久,一封致李先念主席转中顾委主任、国务院领导的数千言长信,从他手中写出,信中就三峡工程、渤海控海工程、台湾海峡隧道和琼州海峡隧道工程,提出了建议。国家领导人和有关部门非常重视,并拟聘他担任顾问。然而,这时候他的病情急遽恶化。1987年7月,姜达权在北京猝然病逝,终年65岁。

石屏：敢教蓝天任翱翔

石屏（1934—2016），鄱阳县团林乡人，1956年南京航空学院毕业。中国著名飞机设计专家，中国全机可靠性维修性设计技术的开拓者，中国工程院院士，中航工业洪都首席专家、飞机总设计师，中国航空学会资深会员，中共党员。曾任K8教练机、JL8教练机总设计师，江西洪都航空工业集团飞机总设计师。

石屏出生在一个贫苦的农民家庭，年少时目睹家乡在日寇飞机的狂轰滥炸下变得满目疮痍的惨状，立下了长大后自己要造飞机、保卫祖国蓝天的志向。高考时，石屏毅然放弃了一直喜爱的文学，考进了南京航空学院。

1956年，石屏从南京航空航天大学毕业，之后一直在江西南昌的洪都航空工业集团飞机设计研究所，从事飞机设计工作。历任设计员、设计组组长、副所长、副总设计师，K8、K8J飞机型号总设计师，曾参加过初教六、强五、东风一〇三等十几个型号飞机的研制，为初教六飞机（1979年获国家质量金奖）、强五飞机（1985年获国家科技进步特等奖）的研制做出了突出的贡献。

1986年，52岁的石屏被任命为K8飞机总设计师。K8飞机是中国首次引进外资、技术研制的全新机种，填补了中国基础教练机的空白。石屏在K8、K8J两机设计中，勇于开拓、大胆创新，在总体方案、结构设计、座舱环境、系统设计等方面，突出了飞机的特点，并首次在我国飞机方案设计阶段进行可靠性、维修性设计，使两机在飞机性能、长航时、尾冲特技、操纵品质、长寿命和良好的座舱视界等方面，达到国际先进水平。K8、K8J两机后来多次在国际航展表演飞行中受到赞扬。K8飞机在国际竞标中获胜，我国因此与埃及先后签订了合作生产120架K8飞机的合同，开创了我国输出设计技术和整机生产线的先河。K8飞机后外销十个国家，取得了显著的经济效益，并扩大了我国航空工业的国际影响力。2000年，K8飞机荣获国家科技进步一等奖。K8J已大批交付，成为空军主要机种。

K8飞机问世之初，既没被列入国家立项计划，也没有研制经费。石屏等人决定走国际合作之路。1986年，国家同意与巴基斯坦合作研制新一代喷气式基础教练机。洪都集团抓住机遇,派石屏前往巴基斯坦进行洽谈。石屏等人刚到巴基斯坦,对方即通知他们第二天召开高层听证会。石屏深知此次听证会答辩方案是关键。为此,他不顾旅途疲劳,连夜整理材料,从傍晚连续工作到第二天凌晨五点,完成了答辩报告。听证会开了整整一天。在报告中,石屏凭着自己渊博的学识以及对新一代教练机深刻、全面的了解,详细阐述了我方新型教练机的设计思路和设计方案、基本性能及研制计划,特别强调我方教练机的综合性能优于世界同类教练机。巴方十分赞赏,当场拍板,同意出资合作,由我方负责设计研制。由此,教练机立项研制的序幕被揭开。

K8 飞机生产出来后,英国、美国、俄罗斯等二十多个国家的飞行员,凡飞过 K8 飞机的,一致反映 K8 的性能在国际同类教练机中处于领先水平。正因如此,K8 飞机成了国际教练机市场的"宠儿"。1999 年,我国向埃及输出了整机生产线和设计技术。

1999 年 12 月,中国与埃及签订了生产 80 架 K8 飞机的合同,合同总金额 3.45 亿美元。这是我国首次向国外输出飞机生产线和设计技术,开中国出口飞机整机生产线和对外输出飞机设计技术之先河。

石屏根据东欧、西欧、北美 20 世纪 70 年代以来,相继发展的十多种成功的教练机的使用经验和不同国家教练机的飞行情况,及飞行员的培养目标,提出了初教六、K8、歼教七的训练体制,提高了高级飞行驾驶员的训练效率,降低了训练费用,解决了十项技术关键问题,形成了六项创新。石屏因此荣获国务院颁发的 2001 年国家科学技术进步一等奖。

1994 年,石屏被聘为南京航空航天大学兼职教授。2003 年,石屏被聘为南昌航空工业学院双聘教授。2003 年,石屏当选中国工程院院士。2004 年,石屏被聘为江西理工大学兼职教授;同年 10 月,当选中国航空学会第七届理事会理事,被中国航空学会第七届理事会推选为学会首批资深会员。2016 年 5 月 10 日,石屏因病医治无效在江西南昌逝世,享年 83 岁。

石屏德高望重、学识渊博、矢志不渝,一生致力于我国航空事业的发展,长期从事飞机设计工作,成为我国全机各系统可靠性维修性设计技术的开拓者,为我国航空科技的发展做出了重大的贡献。石屏爱国爱党爱航空,是党培养的知识分子的杰出代表。五十余年来,他全身心投入工作,不计名利,朴实无华。

为了祖国的荣誉发展航空事业是他的终生追求。他的座右铭是"工作的胜利才是最大的快乐"。他先后撰写了《借助国外教练机发展经验发展我国新教练机》《世界军用教练机的发展状况及我国新一代喷气教练机的发展》等十多篇论文。

石屏五十余年来执着追求祖国的航空事业,飞机设计造诣颇深,是学科带头人。他淡泊名利,学风正派。他重视青年设计人员的培养,通过K8、K8J的研制,培养了一批技术骨干和领导人才。石屏享受国务院政府特殊津贴,获全国杰出专业技术人才、全国劳模、全国优秀科技工作者、航空金奖、航空部有突出贡献专家等十多项光荣称号和奖励。2002年4月,石屏出席"全国杰出专业技术人才表彰大会"并做了先进事迹报告;8月,中宣部确定石屏为"爱岗敬业,无私奉献"的全国公民道德建设先进典型之一;9月20日,中央企业工委在京隆重举行"石屏同志事迹报告会",会前,他受到时任副总理吴邦国的接见和表彰。

石屏幼年丧父,由姑妈、伯父拉扯大,读大学也是三伯父变卖家产资助的。石屏参加工作后,虽因工作太忙无法经常回去看望,但一直没忘每年寄钱回去孝敬老人。在K8飞机研制最紧张的时候,石屏接到大姑妈去世的噩耗,特别悲痛,可又不能请假回去参加葬礼,只能在工作之余,手捧大姑妈的照片,含泪久坐,不让别人打扰。石屏经常对女儿说:"羊知跪乳之恩,鸟有反哺之义。伯父和姑妈的恩情,我永远也报答不完。"

历 代 名 宦

唐蒙：开辟夜郎南丝路

唐蒙，生卒年不详，是鄱阳有史记载的第一位外派县令。从他出使夜郎国的时间看，他应该是汉武帝初期任番阳县令的。汉武帝于公元前140年即位，西汉王朝经过汉初约70年的休养生息后，府库充实，国力强盛。正如《西汉年纪》所说："汉兴七十余年之间，国家无事。非遇水旱之灾，民则人给家足；都鄙廪庾皆满，而府库余货财。京师之钱累巨万，贯朽而不可校；太仓之粟陈陈相因，充溢露积于外，至腐败不可食。"国家物质丰富，这就为西汉王朝的积极开拓准备了充实的物质条件。

汉武帝雄才大略，在北伐匈奴、西通西域的同时，还积极进行开发西南夷的准备工作。汉武帝建元六年（前139），东越王郢（东南地区少数原始部落，又称百越）击南越（今广东、广西全省，福建、湖南、贵州、越南部分）。当时南越武王赵佗已经病死，裔孙赵眜即位。赵眜雄才不及祖父，于是守天子之约，不敢擅自发兵，便派遣专使飞报西汉朝廷求援。汉武帝派大行令（后称大鸿胪，实为钦差大臣）王恢和大司农韩安国，兵分两路去讨东越。面对强敌的东越人为了自保，杀了自己的国王郢降汉。王恢又派豫章郡番阳令唐蒙出使南越，要其服从汉朝。

《史记》记载，唐蒙"风指晓南越"。到达目的地后，唐蒙受到南越王的盛宴款待。席间，见有食物如桑葚，其味甘美，唐蒙问道："此为何物？应该不是越国的物产吧？"越王答道："此物名枸酱，是蜀国所产。"唐蒙又问道："蜀途迢远，而此物尚且新鲜，王何以得之？"越王回道："蜀国西北有牂牁江，江广数里，从番禺城外入海,商贾以船输运,故此新鲜。"

唐蒙在南越了解到夜郎,位于西北的牂牁江上游。沿牂牁江水道,可直通南越统治中心番禺。在番禺又听蜀地商人说,夜郎有"精兵十万"。于是唐蒙回长安(陕西西安西北),向武帝提出通使夜郎,利用夜郎兵力,"浮船牂牁江,出其不意"地直取番禺的"制越"计划。

唐蒙回到长安,在集市闲逛,问蜀国商贩枸酱如何运到番禺。商贩道:"枸酱是蜀国特产,其他地方不出。蜀人常偷偷拿到夜郎国贩卖获利。夜郎国临近牂牁江,那条江宽数百步,足以行船。夜郎国只以财物进贡南越,然而并没有完全臣服。"唐蒙于是奉枸酱觐见汉武帝。武帝品尝,感其甘美,便问:"此物何处所出?"唐蒙说:"臣出使南越,南越食臣以此物,觉味美,询知乃蜀国独产,名为枸酱,窃市于夜郎。臣于是留意,探得夜郎有牂牁江,广数百步,商贩经水道输运,可直抵番禺城下。今南越王黄屋左纛,拥有土地从东至西万余里,名为外臣,实际却是独立的君王,乃国家之害,应该出师剿灭。如果从长沙、豫章前往,水道复杂不通达,而且难行。用兵贵奇,如果招募夜郎精兵,可得十万,浮船于牂牁江,发兵攻番禺,出其不意,定可制服南越。而且以我大汉之强、巴蜀之富饶,完全可以打通到夜郎的道路,在西南诸小国置吏就容易多了,统一天下指日可待也。今之计,可先通夜郎。"武帝点头嘉许,转而问及司马相如:"卿乃蜀人,知巴蜀事,于夜郎等地置吏可否?"司马相如答道:"西戎邛、筰,为蜀之后园,可置为郡。"武帝采纳这一计划,"令蜀通僰、青衣道",先开通从今四川乐山通往宜宾的道路,作为通使夜郎的前进基础。负责修道工程的僰道令日久"费功无成,百姓愁怨",及"使者唐蒙将南入,以道不通",遂被送成都斩首。接着,唐蒙乃督率人力"斩石通阁道",经过一番努力,终于将道路修到僰道,为经营夜郎等地准备了条件。

不久,唐蒙以郎中将的身份,带领随从者千人,运送粮食、辎重的人员万余人,自僰道来到夜郎首邑,"遂见夜郎侯多同","谕以威德,约为置吏,使其子为令"。在唐蒙的利诱下,"夜郎旁小邑皆贪汉缯帛,以为汉道险,终不能有也,乃且听蒙约"置县。汉武帝元光五年(前130),汉王朝在夜郎国"置犍为郡",夜郎国纳入汉王朝的版图。新设的犍为郡共有12个县,它们是:僰道、江阳、武阳、南安、资中、符、牛鞞、南广、汉阳、郁鄢、朱提、堂琅。

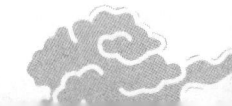

为防止夜郎地区可能出现的不测情况,设立犍为郡后,唐蒙又"发巴、蜀卒治道,自僰道指牂牁江",修通了从今四川宜宾入贵州赫章、可乐,云南宣威的"南夷道"。

据《华阳国志》南广县下记载:"自僰道、南广有八亭,道通平夷。"八亭沿唐蒙所开"南夷道"所设(而南夷道起自四川宜宾,经高县、筠连,入云南威信、镇雄,经今贵州赫章、威宁,再进入今云南宣威、曲靖)。"南夷道"的修筑,方便了夜郎地区各族与巴、蜀和中原的联系。内地对夜郎地区经济文化的影响,随着王朝政治统治的日渐加强,促使当地的社会日益发生变化。

夜郎等国的统治者们长期习惯于小国寡民的传统观念,一时难以接受统一的中央集权政权,因此双方不时发生摩擦。加上在修筑"南夷道"期间,大量被征用的巴、蜀青壮年从军修道,长期劳作于高山深谷之间。巴、蜀地方官吏为保证修路士卒的粮饷供给,又向民间进行征调,仅沿途运输转糟者就有万余人。一时之间"戍转相饷","士罢饿,离暑湿,死者甚众",以至"巴、蜀民大惊恐"。

元狩元年(前122),张骞通使西域回到长安,向武帝奏报,在西域大夏(今阿富汗北部)时,曾见到"蜀布、邛竹杖",经了解是通过身毒国(今印度)转贩而去的。为此,张骞向汉武帝建议,要探寻这条民间商道,以避免取道河西受匈奴势力的干扰,保证与西域(泛指今中国新疆及中亚一带)各国的联系。于是,汉武帝派王然于、柏始昌、吕越人等人,先后到达滇、夜郎等国,寻求这条通道。当王然于等滞留时,滇王尝羌曾向其询问"汉与我孰大",后夜郎统治者也有过类似问话,这就是"夜郎自大"一语的由来。首先提出这个问题的是滇王尝羌,而非夜郎统治者。所以"夜郎自大"一词,只不过是后人从另一个角度来理解这一史实,与事件原意未必吻合。

今天"丝绸之路经济带"和"21世纪海上丝绸之路"(简称"一带一路"),其实就是古代三条主要"丝绸之路"中的"西域丝绸之路""海上丝绸之路"和"西南丝绸之路"(又名"南方丝绸之路",简称"南丝路")的新世纪涅槃。

"南丝路"是一条集多种功能于一体的千年古道。它首先是一条经济通道,中国产于蜀地的蚕丝、茶叶,早在公元前四五世纪就经过此路,流传到了古代希腊和罗马。古代文献里的"Seres"一词,考古学家们认为就是"蜀"的音译。汉武帝元狩元年(前122),问张骞在大夏看见的蜀布、邛竹杖从何而来,回答是:

107

"从东南的身毒国来,离此大约数千里远,有蜀商人在那里交易。"于是一个走私的重大商业秘密被揭开了:南方有一条通往汉朝蜀地的重要通道,这就是赫赫有名的"南丝路"。其次,它又是一条文化之路,使古代交通不便的历史条件下的东西方文化得以交流,诸如中国内地最早的佛教,就是从这里传入的。目前中国最早的石刻佛像,就是位于乐山市麻浩崖墓的那尊佛像。

唐蒙因为一瓶枸酱,拉开了"西南夷"开发的伟大序幕。唐蒙就是开发大西南,尤其是开发犍为郡的千古功臣。所以《史记索隐述赞》称赞:"汉因大夏,乃命唐蒙。劳洸、靡莫,异俗殊风。夜郎最大,邛、筰称雄。及置郡县,万代推功。"张骞通西域完全是利用旧道,他是发现者、利用者,而非筑路者。唯有唐蒙,才是居功至伟的筑路者、奠基者。于是,司马迁据实记录,将此事收入了《史记》之中。

唐蒙在鄱阳的记载虽已散佚,但他在历史上做过的贡献依然有迹可稽,这也让我们再获一份殊荣。据《新唐书·宰相世系表》,唐氏出自祁姓。唐雎为魏大夫,孙唐厉,居沛国,汉封斥丘懿侯。唐厉生唐朝,唐朝生唐贤,唐贤生唐遵,唐遵生唐蒙,中郎将唐蒙生临邛令唐都。

步骘：鄱阳立郡为首任

步骘（zhì）（？—247），字子山，临淮淮阴人（今江苏淮阴西北）人。三国时期孙吴重臣，官至吴国丞相，被封临湘侯，鄱阳立郡后的第一任郡守。

步骘的祖先为周代晋国大夫杨食，因其采邑（即食邑，也称封地）于步这个地方，遂以步为氏。后步氏族人中有名步叔的人，是孔子七十二弟子之一。根据《史记》记载，此人为步叔乘，字子车。秦汉之际步氏族人有为将军者，以功封淮阴侯，步氏于是成为淮阴大族。步骘是淮阴士族步氏的后人，孙权的步夫人与其同族。

汉末天下大乱，步骘到江东避乱，孑然一身、孤苦伶仃，后来与同龄的广陵人卫旌（字子旗，官至吴国尚书）结识并成了好朋友，他俩白天种瓜养活自己，晚上刻苦学习，力求上进。当时的会稽人焦矫，是郡中的豪族，养了一帮门客，横行霸道，胡作非为。步骘与卫旌正是在焦矫的地盘上混饭吃。二人怕被焦矫的门客欺负，就带着名帖和瓜果礼品一起去拜见焦矫。到了府邸之后，正赶上焦矫在睡觉，二人只能在外面等候。过了一会儿，卫旌等得不耐烦了，想要走，步骘不同意，说道："我们来的目的，就是因为惧怕人家势力大，要拜访人家。没见到人就离开，只能表明自己清高，反而惹人反感，这样不好。"过了很长时间，焦矫睡醒了，打开窗户之后看到他们，就让人在外面铺上座席，让他俩在外面坐，自己在屋里的帷幄内端坐。卫旌又觉得这是耻辱，但步骘谈笑自若、悠然自得。焦矫安排他俩就餐，自己的面前摆满了美味佳肴，却只给步骘、卫旌一小盘饭菜。卫旌觉得很丢脸，吃不下去；步骘却大口吃饭，把饭菜吃得干干净净，然后才与卫旌辞别焦矫离去。事后，卫旌质问步骘："你怎么能受得了这种侮辱呢？"步骘却说："我们本身便是身份卑贱的人，主人以低贱的待遇招待我们，本来就很恰当，有什么可耻辱的呢？"

步骘与卫旌都是汉末时的人才，在拜见焦矫一事上，想法截然不同。不难看出，步骘是胜出一等的。此事不能说明步骘"不知羞耻"，反而能看出步骘有很深的自知之明。后来，步骘追随孙权，凭着务实、扎实的工作作风，政绩显著，

一路升迁。建安五年(200),孙权被曹操表为讨虏将军,步骘入仕孙权,被任命为主记。年余后,步骘辞官与诸葛瑾、严畯等游历吴中各地,三人逐渐声名显赫,被称为当时的英杰俊才。其后,步骘担任过海盐县县长。建安十四年(209),刘备表奏孙权代理车骑将军,领徐州牧,孙权辟命步骘为车骑将军、东曹掾兼任徐州治中从事,并举他为茂才。

建安十五年(210),鄱阳立郡,步骘被任命为首任太守,不久被孙权升迁为交州刺史。

自东汉末年以来,交州地处偏远难以管制,前交州刺史朱符、张津,都因为难以有效控制局势,而被迫逃亡和被杀。刘表治理荆州时,派赖恭担任交州刺史,吴巨担任苍梧太守。二人相怨,吴巨将赖恭驱逐到零陵郡。赖恭于是向孙权求援,步骘于是到交州任职。

东汉时岭南隶属交州管辖,州治设在广信(今广西梧州,一说封开)。汉献帝建安十五年(210),孙权任命步骘为交州刺史时,步骘曾经到达南海,纵览那个地区的形势,观看尉佗旧时的治所,见那地方依山面海,平旷开阔,一望无际。高处是桑园,下面是沃野,山麓林莽间的鸟兽应有尽有。还有海怪鱼鳖、鼋、鼍、鳄鱼、珍宝异物,千奇百怪,种类万千,不胜枚举。而尉佗凭倚山冈修建高台,高台朝北,面向汉土,圈出地基,方圆千步,陡峭高百丈,顶上面积约三亩,在四周建了回旋曲折的复道,每逢初一、十五,就登台遥拜,名为朝台。前后各任刺史、郡守,新来上任时,无不乘车而来,登台畅游。步骘登高远望,看到大海一片茫茫,俯视原野湖泽,殷富丰盛,认为"这里真是海岛上的肥沃之地,是宜于建立都城的地方",于是报请孙权批准,修筑城郭。后来,人们就把该地称为"步骘城",也就是东汉时重建的广州城,正式名称为"番禺城"。

延康元年(220),孙权任命吕岱接替步骘为交州刺史,步骘于是率领一万名交州义士进驻长沙。当时,正遇上刘备东征孙权,武陵郡的百越接受蜀汉的招降,蠢蠢欲动。于是,孙权任命步骘驻守益阳。后来,刘备在夷陵被陆逊击败,但零陵、桂阳等郡仍然不稳,步骘领兵平定。

黄龙元年(229),孙权在武昌称帝,任命步骘为骠骑将军、遥领冀州牧(冀州在魏国境内,此为虚职),同年都督西陵,代替陆逊镇抚吴蜀边境。步骘驻守西陵二十年,曹魏的边境将士都敬仰他。步骘性情宽宏,很得人心,喜怒不形于

色,无论对内还是对外,总是表现得十分恭敬。步骘教导门生时,手不释卷,衣饰、居处和一般儒生一样朴素,但妻妾的衣饰奢华,令他被当时人讥笑。孙权称帝登极,与蜀汉约定平分天下,以魏国的豫、青、徐、幽四州归吴国,兖、冀、并三州归蜀汉,于是冀州的归属划给了蜀汉,因此步骘遥领冀州牧的职衔被解除。后来,孙权迁都建业,留太子孙登和上大将军陆逊继续镇守武昌。孙登写信给步骘,请求教诲。步骘把当时在荆州界内担任重要职务的官员诸葛瑾、陆逊、朱然、程普、潘濬、裴玄、夏侯承、卫旌、李肃、周条、石干等十一人列出,对他们的品行才能进行逐一的介绍分析并上疏,希望孙登信任和重用这些杰出人才。

孙权信任酷吏、中书校事吕壹,让他负责监察百官、处理刑狱。吕壹经常对官员的公文进行审核,对许多具体事项吹毛求疵,稍微有问题的官员就会被诬陷以重罪。吕壹滥用严刑,弹劾处理了许多无辜的官员,甚至孙权的女婿、左将军朱据,丞相顾雍等也难免被诬陷而遭到软禁。步骘对此深为不满,多次上疏劝谏。后来典军吏刘助提供证据证明朱据无罪,揭发吕壹制造冤案的真相。在步骘、潘濬等人的压力下,孙权终于觉悟,诛杀吕壹,并派中书郎袁礼,前往安抚步骘等人。步骘先后上疏数十次,举荐屈居下位的贤能,为遭受无辜陷害的官员开脱。孙权虽然不是全部采纳,但还是多次通过他的劝谏,修正了错误的行为和意图。

赤乌九年(246),步骘代替去世的陆逊出任丞相,翌年逝世。

步骘有四篇重要的文章,即《表言塞江》《上疏请备蜀》《上疏论典校》《上疏奖劝太子登》。步骘作为一个丞相,善于发现人才并向主公推荐。有了他的大力治理,东吴集团逐步成长起来。步骘没有什么高深的策略,也没有什么奇特的内政建树,更没有经天纬地的功勋,他只是一个平凡的丞相,他努力做着自己的本职工作。

史书评价"步骘以德度著称"。最突出的是宽宏、德度两个词,集中体现了步骘一生的准则。在东吴,谋士和政客很多都中年离世,有的还被孙权冤杀,而步骘活了七十二岁,在古代是高寿了。这说明他谨慎、诚恳,最后得到了善终。

周鲂：治乱扩城有政声

三国东吴孙权分豫章郡立鄱阳郡不久，鄱阳宗人，就是同族的人起义频繁，先是彭虎，后有彭绮，接着又有彭旦……

彭绮是在东吴黄武四年（225）十月起义的。这次起义声势浩大，有数万人，很快攻陷郡、县。黄武六年（227），胡综、鄱阳太守周鲂的共同勠力攻讨，生擒彭绮，挫败了起义军。

周鲂（生卒年不详），字子鱼，吴郡阳羡（今江苏宜兴）人。

周鲂年少时好学，被推举为孝廉，任宁国县长、奋威长史，又转任怀安县长。钱塘盗寇大头领彭式等聚众作乱，周鲂被任命为钱塘侯相，一月之内，便斩杀彭式及其党羽，周鲂升任丹杨西部都尉。

章武元年（221）七月，刘备称帝三个月后，刘备以替名将关羽报仇为由，挥兵东征东吴孙权，气势强劲。孙权求和不成，决定一面向曹魏求和，避免两线作战，一面派陆逊率军应战。陆逊用以逸待劳的方法，阻挡了蜀汉军的攻势，章武二年（222）八月在夷陵一带打败蜀汉军（史称彝陵之战、猇亭之战）。夷陵之战结束之后，三足鼎立的局面在实质上已经成形。但在表面上，三国之中吴的领导人孙权称吴王，未加帝号。

黄初七年（226），魏文帝曹丕病逝，曹叡即位。孙权当然也想像曹丕、刘备那样称孤道寡，坐断东南。但称帝是一步险棋，若无十足把握贸然称帝，魏国必定大举南侵，蜀军也会顺江东下，江南半壁必将不保。所以多年来孙权一直隐忍不发，蛰伏待机。当时，最大的障碍当属魏大司马曹休。曹休在江淮地区拥兵十余万，时时刻刻威胁着吴国的北疆。孙权将他视为心腹大患，久欲除之而后快。

曹休是曹操的族子，曹操对他像对自己的亲儿子一样。曹休和曹纯、曹真一样，也是虎豹骑的统领。曹休一生经历了曹操、曹丕、曹叡三朝，立下赫赫战功。汉中之战时，曹休曾经打败过蜀将吴兰。

黄初元年（220），曹丕即位，曹休升为领军将军，参照前后功劳，封东阳亭

侯。同年,夏侯惇病逝,曹休升为镇南将军,假节都督各处军事,魏文帝曹丕亲自送行,下车与曹休握手告别。曹休一到任就击败了孙权屯守在历阳(今安徽省和县)的兵力。历阳是扬州九江郡下的一个县,从地图上可以看到,历阳在长江边上(北岸),芜湖在长江南岸,这次确实是魏国主动出击,攻打东吴。这一战魏国胜利了,而且规模还不小,光是渡江烧贼营就烧了数千家。历阳之战后,曹休被提拔为征东将军。迁征东将军,领扬州刺史,进封安阳乡侯,从曹休的升迁来看,此战曹休赢得很漂亮,而且是大破敌军。

黄初三年(222),曹丕征东吴,以曹休为征东大将军,"假黄钺,督张辽等及诸州郡二十余军",击破孙权大将吕范等于洞浦。洞浦之战后,曹休被迁为扬州牧。在魏明帝继位之后,曹休仍然身为东线总指挥,并且打败了吴将审德,继续建功立业。黄初五年(224)七月,曹丕再次东巡,准备讨伐与蜀结盟的孙权。九月,曹丕亲率大军到了广陵,东吴方面却将舰船全部收起,江面空无一物。当夜,徐盛用芦苇赶制无数的假兵,隐伏于江边城墙,"自石头至于江乘,联绵相接数百里",又将战船放于江面上。第二天,曹丕都看傻了眼,不禁叹道:"我们虽然有百战骑兵,现在却一点也用不上。"当时暴风漂荡,曹丕看到徐盛虚张声势,待在江北不敢贸然渡江。这样耗了几天,也不见孙权有什么动静,曹丕只好临江阅兵并写下《至广陵马上作》一诗,然后退兵。

黄初七年(226),曹丕过世,年仅二十二岁的魏明帝曹叡即位,曹休进封长平侯。吴将审德屯兵在皖,被曹休击破。曹休升为大司马,仍然都督扬州。因为曹休声势大振,吴国北方的防御压力空前增大,吕蒙、周泰的防线几乎崩溃。曹休统领的"虎豹骑"战斗力强悍,吴在北方平地作战难有胜算,孙权当然不能坐以待毙,于是暗中安排担任鄱阳太守的周鲂,向曹休假降,引诱曹休入吴作战。

还在彭绮起事时,消息传到了曹魏那边。当时魏明帝曹叡,曾与众臣商议,趁机联合宗人进攻东吴。曹叡问中书令孙资,孙资说:"鄱阳宗人起义有过多次,虽说这次规模较大,但众弱谋浅,难成大事。"于是明帝放弃了原先的打算。可是,曹营扬州都督曹休不死心,他想趁势而入,并在彭绮被擒后,兵临皖城(今安徽潜山)。

太和二年(228),孙权派遣鄱阳太守周鲂,秘密求助已为北方所知名的山越宗帅,想让他们去引诱魏扬州牧曹休。周鲂说:"山民宗帅地位低贱,不足以依赖信任,事情如有汇漏,不能使曹休上钩。请派亲信带着我的书信去引诱曹休,说我受到责难,害怕被杀,打算以郡归降北方,请求派兵接应。"吴王同意,便派遣亲信带着礼物与信笺诱骗曹休,内容七条,另又别为密表。

当时不断有尚书郎到周鲂处查究各种事情,周鲂因而来到鄱阳郡门之下,剪下头发谢罪。曹休听到后,率领步骑兵十万人,向皖城进发,接应周鲂。魏明帝又命司马懿向江陵方向,贾逵向东关方向,三路大军同时进发。

太和二年(228),曹休率领骑兵、步兵共计十万往皖县(今安徽省潜山县)去接应周鲂。魏明帝另外派遣贾逵督前将军满宠等四支军队,由西阳直攻东关,司马懿领兵进攻江陵。尚书蒋济向魏明帝表示,驻守上游的吴将朱然,可能会从曹休后方袭击,而吴军亦可能随时会东进,切断曹休的退路,建议派兵救援曹休。魏明帝诏司马懿停止进军,让贾逵东进与曹休合兵一处。琅琊太守孙礼也劝谏曹休不可孤军深入,但曹休立功心切,没有听从,遂进至石亭,在那里遭到陆逊、朱桓、全琮,共约九万人的突然袭击。曹休没有防备,交战不利后便慌忙退兵。曹休之前的行军路线背靠湖泊,旁依大江,在退却时行军受阻,行进得十分缓慢。吴军在其后紧追不舍,魏军无心应战,被斩杀万余,丢弃军械车马无数。曹休突围至夹石,但此处退路已被孙权阻断。曹军士卒前无退路、后有追兵,惶恐之下陆续叛逃,曹休的人马几乎溃不成军。这时,贾逵所率的援军,经过备道兼程的挺进后,及时出现在夹石。吴军以为魏国救援大军已经来到,于是迅速撤离战场。贾逵其后拿出粮食和军资供应曹休的军队,才使曹休免于全军覆没。由于战场在石亭(今安徽舒城),故此战被称为石亭之战。石亭之战中,魏国出动十余万大军,却损失惨重,江淮之兵死伤殆尽。经此一役,魏国二十余年不敢进犯吴国。石亭之战后一年,孙权称帝,三国鼎立之势至此真正形成。

战争结束后,孙权召集各位将领大摆酒宴。宴饮正酣,孙权对周鲂说:"您落发载义,成就孤家大事,您的功名一定记入史册。"孙权于是加授周鲂为裨将军,赐爵关内侯。后来,盗贼首领董嗣抢劫抄掠,豫章、临川等郡(临川郡此时未置)都受到他的危害。吾粲、唐咨曾用三千兵马攻打他的防地,一连几个月都未能攻破。周鲂上表请求停止进兵,以便寻找机会再行事。周鲂派出间谍,授给他们具体的计策,诱骗董嗣并将他杀死。董嗣的弟弟十分害怕,前往武昌向陆逊投降，乞求出山到平原地区生活，自我弃恶从善。自那以后，几个郡都不再忧惧担心了。

周鲂在鄱阳任职长达十三年之久，他是病死在鄱阳任上的。在鄱阳，他赏善罚恶，依律治理，恩威并行，深得民心。任职期间，为加强防御能力，他将吴芮当年修筑的古城，由七华里扩建到九华里三十步。在现在的人看来，这是微不足道的事，但在当时这不是简单的工程。周鲂在鄱阳后来的州守心目中地位很高，旧州宅有"九贤堂"，用以祭祀历代在鄱阳任职时有政绩的州官，周鲂名列其中。因为周鲂治鄱阳郡时，鄱阳不但"周旋数千里，山谷万重"，地大物博，而且"民多果劲"。经他几次平叛，这一带社会秩序逐渐稳定。

虞溥：大修庠序兴公学

虞溥，字允源，高平昌邑（今山东巨野南）人。西晋教育家，主张广立学校，广招学徒，强调学习与教育对人品形成的作用，认为学校是学子"大成之业，立德之基"，从而推动了鄱阳教育事业的发展。

虞溥的父亲虞秘，是偏将军，镇守陇西。虞溥跟随父亲到陇西，专心研读古代典籍。那时，操场上经常阅兵、比武，人们都争着去看，虞溥从不看一眼。虞溥后举孝廉，任郎中，补尚书都令史。尚书令卫罐、尚书褚智都很器重他。虞溥对卫罐说："从前金马开启符命，大晋顺应天意，应当恢复先王的五等封爵制度，以达到国运长久。不能承袭暴秦的法度，继续汉、魏的失误。"卫罐说："历代都感叹此事，可是最终也没有改正。"

虞溥后来迁任公车司马令，不久任鄱阳内史。当时，西晋的地方学校处于放任自流的状况。地方学校的盛衰，依赖于州、郡、县官吏自身的重视。虞溥不仅对教育十分重视，大修庠序，广招学徒，而且还形成了自己的教育思想和方法。他以行政手段推行教育，先是大建学校，接着广招学生。他在转发文书通告属县时说："学习是用来坚定情操、涵养性情、积累众多优良品质的途径。情操在心中确立了，就体现在行为上；优良品质形成了，名望就在教化中显露。所以中等人品的人，随着教化而转移；优良品质积累起来，好的习性也就形成了。唐、虞的时候，家家都可以封爵，等到衰落的时候，又家家都可以诛杀，这难道不是教化用来培养习俗，用来改变人的品性吗？自从汉氏失去控制以来，天下分崩离析，江表被寇乱隔绝，王者的教化长期废弛，学校教育被荒废而无法讲行。现在四海一统，万里统一，亿万民众都在太平的环境中休养生息，应当崇尚道德，广开学业，以帮助协调社会的和谐，光大发扬昌明的教化。"虞溥于是具体地制定了条例规定，来求学者有七百多人。

生员到学后，虞溥便作文勉励、训诫他们：你们这些来读书的学生都是绅士之流，年轻气盛，刚开始涉足学业，学习研究经典，这是有大作为的事，是树立道德的基础。然而,圣人的学问淡而少味,所以初学的人不喜欢。等到满了一年以后,阅读的书籍更加广博,学习的知识更多,天天听到未听说过的,天天看到未见到过的,潜移默化中,你们胸襟开朗,敬业乐群,不知不觉地意识到教化忽然使自己受到熏陶,至高无上的道理使自己达到神妙的境界。所以学习对人的熏染,超过了颜料。我见到颜料时间一长就会褪色,没有见过长时间的学习而退步的。

虞溥认为,工匠染布时,先把要染的布准备好,然后准备染料,布和染料都准备好了,染布的工作就可以完成了。学习也是这样,孝悌忠信就好像是白布。君子在内端正心志,在外修习自己的行为,如果有余力,就可以学文,然后有德行。学习的人不担心才能不够,而担心不能立志。所以说向往驰聘千里的马,就能成为千里马;仰慕颜渊的人,也就是颜渊之类的人。他还说:锲而舍之,朽木不可雕;锲而不舍,金石可镂。

在虞溥看来,学生诵读圣人的典籍,亲自接受学校的训导,三年之后,可以小有成效,从而美名流传。朋友敬而乐之,朝中大夫敬而赞之,于是州府交相聘任,学生挑选职位去做官,这不是很美好的事吗?积累一勺勺的水成为江河,积聚小土粒增高山峰,如果没有志气,不勤奋刻苦,当然不能成功。学生如果断绝人间的杂务,专心学习,日积月累,有什么困难不能克服,有什么远大的目标不能实现呢?

虞溥为学校制定规章制度,认为人必须内正其心,方可外修其行。求学者不患才不及,而患志不立,只要摈弃杂念(人间之务),专心做学问(心专亲学),循序渐进,锲而不舍,一以贯之,必定可取得成就。虞溥办学重在求实,不图形式。如一次祭酒要求起屋行礼,虞溥则认为君子行礼无常处,不同意另起门庭。在西晋的社会环境里,像虞溥这样不图虚华的人是难能可贵的。

虞溥的教育思想有以下几点:

一、强调学习与教育对人品形成的作用。他主张广立学校,认为学校乃是学子"大成之业,立德之基",于是兴学校,广招学徒。曾下文属县,令广开学业。"学所以定情理性而积众善者也。"凡中人之性皆可随教而移,"化以成俗,教移人心"。

二、指出造就人才，应"先修其质，后事其色"，即先"内正其心，外修其行"，形成其孝悌忠信之德和行，"行有余力，则以学文"。勉励学子坚持学习"圣人之道"。"圣人之道"对初学者来说是"淡而寡味"，但随着时间的推移，"所观弥博，所习弥多，日闻所不闻，日见所不见，然后心开意朗"。"学之染人，甚于丹青。"丹青染物，久而褪色，唯有学反之。

三、在学习与教育方法上，应重视立志，持之以恒。他曾说"不患才不及，而患志不立"，"希颜之徒，亦颜之伦也"，"锲而不舍，金石可镂"。

据说，虞溥处理政务威严而不凶暴，他的善政使鄱阳教化大行，以至出现白鸟停在郡府庭上的祥兆。虞溥还注解《春秋》《左传》，撰写《江表传》以及文章诗赋几十篇。虞溥在洛阳去世，享年六十二岁。

王廙：兴学重教身亦师

王廙（276—322），字世将，琅琊临沂（今山东临沂）人。东晋著名丞相王导、大将军王敦的从弟，晋元帝司马睿的姨弟，"书圣"王羲之的叔父，是东晋著名书法家、画家、文学家、音乐家。王廙的父亲王正，官至尚书郎。

王廙初仕晋惠帝为太傅掾，又转任参军。建武初年，擢升为辅国将军，封武陵县侯，历任尚书郎、散骑常侍、左卫将军等职。

永嘉元年（307），琅琊王司马睿（即晋元帝）听从王导的建议，渡江镇守建邺（后改建康）。王廙丢下濮阳太守之职而南渡，司马睿见到他后非常高兴，任命他为自己的司马。王廙连续担任庐江、鄱阳二郡太守，因参与讨伐周馥以及杜弢的功劳，屡次增加封邑，除任冠军将军，镇守石头城外，还兼领丞相军谘祭酒。

建兴三年（315），王敦的宠信吴兴人钱凤，嫉妒荆州刺史陶侃平定叛乱的功劳，便在王敦面前多次诋毁陶侃，致使王敦扣押陶侃，将陶侃降为广州刺史，而任命王廙为宁远将军、荆州刺史。

大兴元年（318），司马睿称帝即位后，当时任荆州刺史的王廙献上《中兴赋》。司马睿后征召王廙为辅国将军，加职散骑常侍。后来王廙因母亲去世而离职，服丧完毕后，被拜为征虏将军，又升任左卫将军。

永昌元年（322），王敦以讨刘隗等人为名，在武昌举兵，司马睿派王廙晓谕王敦，而王廙既没能谏止王敦，反而被王敦扣留任用，协助他反叛。不久，王敦攻入建邺，把持朝政，任命王廙为平南将军，兼领护南蛮校尉、荆州刺史。当时，湘州刺史、谯王司马承抵抗王敦，兵败，被王敦党羽魏乂押送至荆州，而王敦则派王廙在道上杀害司马承。后来，司马承之子司马无忌为报王廙杀父之仇，而想要手刃王廙之子王耆之。同年，王廙病逝，享年四十七岁。司马睿仍然因为他是自己的亲属，非常悲痛怜悯。王廙的棺椁运还建邺时，皇太子司马绍亲临拜棺，像对待家人一样。王廙被追赠侍中、骠骑将军，谥号康。后来，司马绍在给温峤的信中深深哀悼谢鲲与王廙，称二人"并盛年隽才，不遂其志"。

王廙任鄱阳内史时，也和虞溥一样重视地方教育，由于治鄱时颇有政绩，郡衙内枯死的樟树居然新枝焕发，绿叶重生。这件事轰动了江南，王廙也名声显赫，人们都恭称他为王鄱阳，意思是说他来鄱阳，鄱阳就出现了吉祥之兆，同时也预示了东晋王朝的兴盛。因此，他颇受历代鄱阳人看重，并入主"九贤祠"。

王廙少年时便能创作文章，广泛涉猎多种技艺，工于书画，擅长音乐、射御、博弈、杂技等技艺。他的书法艺术和绘画艺术，历来都受到赞誉。他博学多识，在艺术上造诣精深，号称江东"书画第一"。晋明帝司马绍和书圣王羲之幼年时皆从他为师学习绘画、书法。王廙是继蔡邕之后又一个将书、画等艺术相结合的人。他的绘画理论最重要的是提出了书、画创作要"行己之道"，即所谓不因袭前人，走出自己的路。他曾看着王羲之说："我没有什么特别的功绩可以让后世效仿学习，只有书画可以流传。"

王廙性格俊率，曾经顺长江南下，早晨自浔阳出发，"迅风飞帆"，晚上就到建邺，倚靠舫楼长啸，神情甚为安逸。王导对庾亮说："世将是在为时识伤感。"庾亮说："这是他在伸展超脱世俗的气概。"他为人倨傲，对与自己合不来的人都当面拒之不理，因此为时人忌恨。

王廙的书法，深为后世的书法家推崇。

张怀瓘在《书断》中称王廙工于"草、隶、飞白"。王廙工章、楷，传钟繇法，其飞白体气概高古。时人称"王廙飞白，右军(王羲之)之亚"，"飞白入妙，隶入能"。张怀瓘还在《书估》中称其书法为第三等，称其真书第三、草书第五，都被列为能品。他的飞白书则被列为妙品。庾肩吾在《书品》中将王廙的书法定为中中品，而李嗣真所著《书后品》则将其定为上下品。盛熙明在《法书考》中将其书法列为上品。《宣和书谱》亦称其"作草隶、飞白得张芝、卫瓘遗法"。

永嘉年间(307—312)，王廙曾将索靖《七月二十六日帖》，折成四叠缀衣中以渡江，爱之如命。《淳化阁帖》刻录有其楷书作品《两表帖》、草书《二月十六日帖》以及《嫂何如帖》等。《宣和书谱》有其草书《仲春帖》，章草《郑夫人帖》，行书《贺雪表》《嫂何如帖》。

王廙善画人物、鸟兽、鱼龙，张彦远在《历代名画记》中称其画为上品之上。据《历代名画记》记载：他曾画《孔子十弟子图》，给予王羲之并勉励他说："画乃吾自画，书乃吾自书，吾余事虽不足法，而书、画固可法，欲汝学书则知积学可以致远；学画可以知师弟子行己之道。"他的绘画作品《异兽图》《列女传仁智图》

《狮子图》著录于《梁太清目》；《吴楚放牧图》《鱼龙相戏图》《村社齐屏风》著录于《贞观公私画史》；《狮子击象图》《犀凹图》著录于《历代名画记》。《图画见闻志》称"高节则晋顾恺之有《祖二疏图》，王廙有《木雁图》"。

其绘画作品被收入《历代名画记》《能书人名》《国史异纂》《续画品录》《贞观公私画史》《图画见闻志》等书。

《隋书·经籍志》著录有王廙文集三十四卷，又有王廙所著《周易》三卷（南朝梁时有十卷），皆已散佚。今存为晋元帝歌功颂德的《中兴赋上疏》《白兔赋》，均载于《初学记》。另有残文《洛阳赋》《笙赋》等，散见于《艺文类聚》等书中。《全晋文》亦有收录。

王廙的一生非常矛盾。在政治上，他因为盲从使自己身败名裂，而在艺术才华方面得到后代人的肯定。尤其是在鄱阳任职期间，他不但注重教育，传承虞溥的办学风格，而且以自己的才艺影响着鄱阳人，以至后来者敬其为九贤良牧之一。

顾众：县邦受封第一人

顾众（274—346），字长始，吴郡吴县（今江苏省苏州市）人，东晋名臣。历官参军、从事郎中、义兴太守，封鄱阳县伯，拜丹杨尹，累迁尚书仆射。

顾众出身江南豪族，他是东吴偏将军顾悌的孙子，西晋安东军司顾荣的族弟。顾众的父亲顾秘，官至交州刺史。顾众小时候被过继给伯父，伯父早逝，他侍奉伯母以孝闻名。光禄大夫朱诞器重他，州府召他为主簿，举为秀才，又任命他为余杭、秣陵县令，他一概不就职。

顾秘去世后，交州人拥立顾众之兄顾寿为新任刺史。然而不久帐下督梁硕起兵杀死顾寿，专掌交州。顾众当时正往交州奔丧，但因杜弢之乱，整整用了六年才回到建康。经过吴兴郡时，当地故友可怜他长年流离于战祸，便给了他二百万钱，但顾众不接受。

永嘉五年（311），司马睿担任丞相后，顾众迁任丞相掾。建武元年（317），司马睿正式即位为帝，顾众任驸马都尉、奉朝请，转任尚书郎。

大将军王敦请顾众任大将军从事中郎（晋、南北朝有从事中郎，为将帅之幕僚），又上表补任他为南康郡太守。适逢诏令授顾众为鄱阳太守，加广武将军。他直奔鄱阳就职，不去拜访王敦，王敦颇感不满。永昌元年（322），王敦叛乱，命令顾众出兵接应，顾众迟疑徘徊不前。王敦大怒，以行军失期之名召回顾众，并加以责问指斥，声色十分严厉。顾众面不改色，王敦怒容渐消。其时，王敦怒斥宣城内史陆喈，顾众又为陆喈辩白。王敦的长史陆玩在座，深为顾众的危险处境担忧，出来对顾众说："卿真所谓刚亦不吐，柔亦不茹啊，即使是古人仲山甫也未必有如此的胆识。"王敦起兵获胜，打算以顾众为吴兴内史。顾众坚决辞谢，举荐吏部郎桓彝，桓彝也礼让顾众，结果二人都未接受此职。太宁元年（323），王敦停驻姑孰（今安徽当涂）时，又以顾众为从事中郎。次年，王敦之乱被平定，顾众任太子中庶子，后迁义兴太守，加扬威将军。

太宁三年（325），晋明帝司马绍去世，国政由丞相主持。

苏峻以讨伐庾亮为口号,谋划作乱。咸和三年(328),历阳内史苏峻率叛军攻陷建康,顾众返回吴郡,暗中准备起义兵。当时内史庾冰,因苏峻的军事压力而逃奔会稽(今浙江省绍兴市),苏峻调了蔡谟接任内史。而前陵江将军张恺,则在当地为苏峻召集士兵。顾众派人招揽张恺,又派郎中徐机告诉蔡谟,他已准备好起义兵,并招揽了张恺。当时会稽内史王舒举兵讨伐苏峻,蔡谟就响应王舒,授顾众为扬威将军、本国督护。在顾众的号召下,吴地人士纷纷响应义军。

当时苏峻见东方义军起兵,就派了管商、张健和弘徽领兵抵御。顾众率众在高荏(今江苏省无锡市一带)大败弘徽,获取其物资。蔡谟"以冰当还任,故便去郡"。顾众命堂弟顾飏屯兵无锡(今江苏省无锡市),因蔡谟让位的庾冰重返吴郡,镇御亭(今江苏省苏州市西六十里)。顾众则守海虞(今江苏省苏州市常熟市海虞镇),阻截苏峻军。但张健、马流等人却进攻无锡,顾飏大败,庾冰亦失守御亭,吴郡郡城(今江苏省苏州市)被张健所掠。顾众自海虞由娄县(今江苏省苏州市昆山市)东仓,击败敌军的别军,义军又集进屯乌苞。会稽内史王舒、吴兴内史虞潭,并檄顾众为五郡大督护,统诸义军讨健。虞潭遣将姚休为顾众前锋,"与贼战没,众还守紫壁"。其时叛军正强盛,义军败退,数县被掠,众人都劝顾众渡过浙江。顾众说:"不可如此。现在固守紫壁,可以保全钱塘以南五县。如果放弃紫壁去别处,便成为失去依靠的寄居军队,控制无所,这不是长久之计。"临平人范明也对顾众说:"此地险要,可以控制敌寇,不可放弃。"于是顾众以范明为参军,范明率宗党五百人加入义军,全部义军共四千人,又进讨张健。张健退至曲阿(今江苏省镇江市丹阳市),留钱弘为吴城令。义军驻扎路丘,与钱弘交战,斩其首级。顾众进驻吴城,派督护朱祈等九支义军,与兰陵太守李闳同守庱亭(今江苏省常州市西北);张健派马流、陶阳等率兵前往攻打庱亭,李闳与朱祈等率义军迎战,大败叛兵,斩首两千余级。

咸和四年(329),苏峻之乱被平定。朝廷论功封赏时,顾众认为蔡谟传檄兴兵讨贼,理应居首功;蔡谟则认为顾众首倡义举,并非自己之力。二人都上表朝廷,互相推让,成为一时美谈。此后,朝廷封顾众为鄱阳县伯,授职平南军司,又拜为丹杨尹、本国大中正,入朝任侍中,转为尚书。

咸康八年(342),朝廷封顾众为领军将军、扬州大中正。顾众坚辞不就,后因母丧离职守孝。

建元二年(344),晋康帝驾崩,穆帝继位,并由中书令何充辅政。何充任命顾众为领军将军,顾众在为母服丧后上任,缓解了何充与武陵王司马晞不和的矛盾。顾众力图阻止何充,因他崇信佛教而虚耗过多金钱,而何充因为顾众是扬州地望,对他很是优待。

顾众不久就以年老为由请求退休,但不被允许,后调任尚书仆射。永和二年(346),顾众去世,享年七十三岁。朝廷追赠他为光禄大夫,谥号"靖"。

虞丘进：东晋末期鄱郡守

虞丘进(363—422)，复姓虞丘，名进，字豫之，东海郯县(今山东郯城)人，东晋、南朝宋将领。虞丘进年轻时随谢玄讨伐苻坚有功，封关内侯。后随刘裕讨伐孙恩、卢循，攻打南燕，征讨司马休之，屡立战功。历任龙骧将军、宁蛮护军、浔阳太守、太尉行参军、辅国将军、山阳太守、太子右卫率等。

东晋安帝隆安年间(397—401)，虞丘进随从刘裕征讨孙恩。孙恩(？—402)，字灵秀，琅琊郡人，西晋中书令孙秀之后，世奉五斗米道。隆安三年(399)，孙恩起兵反晋，元兴元年(402)败死，余众由孙恩妹夫卢循领导，世称"孙恩、卢循之乱"。虞丘进戍守在句章城(今宁波)，被叛军围困几十天，没有一天不作战，全身受了很多伤，到余姚呵浦时，打败叛军张骠，一直追到海盐郡原先治所和娄县。虞丘进在蒲涛口与孙恩水战，又受了重伤。他追击孙恩追到郁州，又追到石鹿头，返回海盐大柱，连续作战，立下战功。

元兴元年(402)，虞丘进随从刘裕东征临海，在石步固与叛军首领卢循对峙二十多天。

元兴二年(403)，虞丘进随从刘裕到东阳，打败卢循的部将徐道覆。同年，虞丘进又到临松穴打败叛军，追到永嘉千江，又到安固，屡次作战立下战功。元兴三年(404)，虞丘进随从刘裕平定京城建康(今江苏南京)，授任燕国内史。

义熙二年(406)，虞丘进被任命为龙骧将军，封龙川县五等侯。他随从刘裕征伐南燕的广固，在临朐打败南燕军。卢循进逼京都时，孟昶、诸葛长民等人建议侍奉皇帝渡过长江，虞丘进在朝廷讨论时表示反对，当面驳斥折服孟昶等人，刘裕对他甚是嘉许。

刘裕是南朝的开国皇帝，字德舆，小名寄奴。祖籍彭城郡彭城县绥舆里，西汉楚元王刘交之后。东晋至南北朝时期杰出的政治家、改革家、军事家。晋安帝隆安三年(399)，孙恩在会稽(今浙江绍兴)起兵反晋，东南八郡纷纷响应，朝野震惊。晋廷忙派卫将军谢琰、前将军刘牢之前往镇压，刘裕担任参军。隆安

五年(401)八月,朝廷加封刘裕为建武将军、下邳太守。元兴元年(402),桓玄任命他为中兵参军。元兴三年(404)二月,刘裕以打猎为名,聚集北府兵残余兵将一千七百余人,在京口举兵起义,歼灭了桓楚在此的兵力,杀死桓修。接着,众人推刘裕为盟主,传檄四方,各地纷纷响应。三月,刘裕获王谧等人推举,出任使持节,都督扬州、徐州、兖州、豫州、青州、冀州、幽州、并州八州诸军事,镇军将军,徐州刺史。不久,刘裕奉武陵王司马遵承制总百官行事。其时,政治混乱,百官放纵,百业废弛,桓玄虽然也想整治,但众人都不听他的。刘裕以身示范,先以威严约束宫廷内外,百官皆认真供职,两三天时间内,风气大变。

义熙二年(406),刘裕因功受封为豫章郡公,食邑万户,获赏绢三万匹。义熙四年(408),刘裕获授侍中、车骑将军、开府仪同三司、扬州刺史、录尚书、徐州和兖州二州刺史,入掌朝政大权。义熙六年(410)六月,东晋朝廷任命刘裕为太尉、中书监,加黄钺。刘裕接受了黄钺,就等于可以像皇帝一样进行诛杀,所以,他对其余任命一概推辞。在两军相持阶段,为了打击卢循的后方,刘裕任命前豫州刺史庾准的儿子、车骑中军司马庾悦为江州刺史,都督江州(江西九江市),豫州(今安徽亳州)以西的西阳、新蔡、汝南、颍川,司州的弘农,扬州的松滋六郡诸军事。虞丘进献计砍伐树木,在石头营建栅栏,于是被升为鄱阳太守,龙骧将军如故。虞丘进率领十八队步骑兵,从东阳(浙江省金华市)率军前往豫章(江西省南昌市)。当时,卢循任命部将英纠为葛阳县令,他率领一千多人驻守在葛阳旧城,切断了五亩峤(今地不详),庾悦命令虞丘进对英纠所部发起进攻,一举将其击败,晋军这支奇兵从东门插入江西。为了保卫自己的后方,卢循又派遣童敏之任鄱阳太守,占领了鄱阳郡。虞丘进率军从余干(江西余干)步行进攻鄱阳,童敏之望风溃退。虞丘进随后追击,打败他们,斩杀数百人。虞丘进又随刘藩到始兴,讨伐徐道覆,将其斩首。江州刺史庾悦以鄱阳太守虞丘进为前锋,多次打败卢循,挺进到豫章(今江西南昌)据守,切断了卢循的运粮通道。到了九月,刘遵在巴陵(今湖南岳阳)杀了苟林。随着庾悦和鄱阳郡太守虞丘进在长江下流的参战,卢循处处被动,加上刘遵在岳阳杀了苟林,这标志着卢循走向彻底失败的开始。

义熙八年(412),虞丘进被任命为宁蛮护军、浔阳太守,率领文武二千人随从刘裕征讨刘毅。事情平定后，补任太尉行参军，不久又加任振威将军。义熙九年（413），虞丘进以前后所立战功被封为望蔡县男，食邑五百户。讨伐司马休之时，他又立下战功，回军后，担任辅国将军、山阳太守。他又被任命为秦郡太守，督陈留郡事，将军如故。元熙二年（420），他又被任命为刘裕第四子刘义康的右将军司马。

永初元年（420），刘裕受禅登基，建立南朝宋，是为宋武帝。永初二年（421），宋武帝升任虞丘进为太子右卫率。

永初三年（422），虞丘进死于任上，享年六十一岁。朝廷追认他讨伐司马休之的功劳，将他由男爵晋封为子爵，增加食邑三百户。

胡藩：南朝刘宋守鄱郡

胡藩（372—433），字道序，号永维，豫章南昌人，南北朝时南朝宋开国功臣、名将，散骑常侍胡随之孙，治书侍御史胡仲任之子。

胡藩为人重义气，性刚直，通武善射，足智多谋。他起初为郗恢、殷仲堪参军，转而投桓玄。桓玄败亡后，刘裕知道他忠义和富有才略，招降在自己麾下。胡藩后随刘裕南征北战，先后参与刘裕北伐南燕、南征卢循、征讨刘毅、征讨司马休之、北伐后秦等战役，屡立战功，并参与了刘裕的一系列政治、军事活动，才略超群，被誉为"江右俊杰"。历任吾平县五等子、除正员郎、宁远将军、鄱阳太守、宁朔将军、参太尉军事、参相国事。刘裕称帝后，胡藩进封阳山县男，食邑五百户。宋文帝元嘉四年（427），胡藩迁建武将军、江夏内史；元嘉七年（430），征为游击将军；后又出戍广陵，任广陵太守，晚年任太子左卫将军，封土豫章西，因爱赣西新吴（今奉新）华林山水之胜，从此就地而居。

胡藩小时候父母双亡，他在丧事期间非常悲痛，因此而著名。州府征调他，他没有应任。等到两个弟弟结婚后，他才担任郗恢的征房军事。

桓玄从夏口袭击殷仲堪，胡藩担任桓玄的参后军军事。殷仲堪担任荆州刺史，胡藩的表哥罗企生担任殷仲堪的参军。胡藩请假回家，经过江陵，探望罗企生。殷仲堪邀请胡藩相见，很隆重地接待他。胡藩便劝说殷仲堪："桓玄意气不凡，经常不满于他的职务，足下对他太好，恐怕不利于将来。"殷仲堪脸上顿时露出不愉快的神色。胡藩退回对罗企生说："依我看，此人一定会招致大祸。如果不早点打算避开，后悔就来不及。"后来果真如此。胡藩后来改任参太尉、大将军和相国军事。

刘裕起义时，桓玄被打败，准备出逃，胡藩在南掖门拉住桓玄的马缰绳说："今日羽林射箭能手还有八百人，他们都是桓家的老部下，又是西楚人氏，一旦不利用他们，想回去哪有可能啊。"桓玄只用马鞭指着天说天命而已，于是胡藩和桓玄逃散分开。胡藩在芜湖追赶上桓玄，桓玄看见胡藩，高兴地对张须无说：

"你们州本来很多义士,今日又见到王叔治。"桑落州战役中,胡藩的船被烧,他穿着一身铠甲潜入水中行走三十余步,才得以登岸。起义军逼近,胡藩不能向西走,于是回家。刘裕听说胡藩一向对殷仲堪讲真话,又为桓玄尽忠,于是召他为员外散骑侍郎、参镇军军事。胡藩随同刘裕征讨南燕,燕军屯驻临朐,胡藩对刘裕说:"燕军屯兵城外,留下的守兵必然很少,现在前往攻城,燕军看见城池陷落,必定一下子逃散,这也是韩信击败赵兵的法子。"刘裕于是派檀韶和胡藩暗中前进,军队一到,便攻下临朐城,燕军一时间逃回广固城。广固将攻拔的夜晚,军队将佐都在座,突然有一只像鹅一样的青黑色的大乌鸦,飞入刘裕的军帐。众人都非常惊骇,认为是不祥之兆。胡藩上前祝贺道:"青黑的颜色,正是胡人的颜色,胡人投降我们,这正是大吉的征兆。"第二天早晨,大军攻城,拔下广固。

在讨伐左里的卢循时,胡藩连续战斗,立下军功,受封爵位为吴平县五等子,担任正员郎,不久改任宁远将军、鄱阳太守。

接着胡藩随同刘裕讨伐刘毅。刘裕到倪塘会见刘毅。胡藩劝刘裕在会见中杀了刘毅,刘裕没同意。刘裕这时对胡藩说:"当年如果听从你在倪塘的计策,就不需要今日的行动。"

胡藩又随同刘裕征伐司马休之,再当参军,加号建武将军,在江津一带率领游军。徐逵之败亡,刘裕非常愤怒,当天便在马头岸渡长江,但江岸险峭,耸立几丈高。司马休之在岸边布阵,官军无法上岸。刘裕叫胡藩马上上岸,胡藩有些犹豫。刘裕更加愤怒,叫左右的人把胡藩捆来,想将他斩首。胡藩不接受砍头的军令,回过头来说:"胡藩宁愿上前战死!"他用刀头凿岸壁,稍微能容脚掌,于是登上了岸,随他上岸的人稍稍多起来。官军登岸之后,都拼死奋战。司马休之的部队挡不住,只好退却。官兵乘机追击,司马氏部队瞬间逃散。

刘裕北伐后秦,暂任胡藩为宁朔将军、参太尉军事,统率一支独立的部队。到河东时,大风把胡藩的船只吹到北岸,北魏军队牵住这些船只,拿取其中的器物。胡藩非常愤怒,带领身边十二人,乘小船直驶河北。魏军骑兵有五六百人,看见胡藩都笑他胆大。胡藩向来会射箭,登上河岸便射击魏军,魏军应声而倒的有十来人,其他的人便连忙奔逃,胡藩把失落的船只物品全部收回。刘裕又

派胡藩和朱超石等人,追击在半城的魏军,魏军骑兵层层包围他们。胡藩和朱超石带的都是刚分配的新兵,不满五百人,但仍率兵激战,大败魏军。接着,胡藩又和朱超石等人进击在蒲坂的姚业,朱超石败而退回。胡藩收集朱超石丢下的器械物资,慢慢地退回,姚业不敢追击。

刘裕回到彭城,胡藩担任参相国军事。刘裕因平定打败司马休之和攻打广固的功劳,封胡藩为阳山县男,食邑五百户。景平元年(423),胡藩因为防守东府,擅自打开边门,被革职免官,不久官复原职。

元嘉四年(427),胡藩调任建武将军、江夏内史。元嘉七年(430),胡藩调任游击将军。到彦之北伐时,南兖州刺史、长沙王刘义欣进据彭城。胡藩出外戍守广陵,代管州府事务,后改任太子左卫帅。元嘉十年(433),胡藩去世,享年六十一岁,谥号"壮侯"。

陈显达：非命世才威扬盛

陈显达(427—500)，南彭城(今江苏徐州)人，南北朝时期南齐名将。仕南齐官至太尉，封鄱阳郡公。

宋孝武帝年间(454—464)，陈显达为张永前军幢主。泰始元年(465)，以军主之职随徐州刺史刘怀珍北征，官至东海王板行参军、员外郎。泰始四年(468)，陈显达封彭泽县子，食邑三百户。历马头、义阳二郡太守，羽林监，濮阳太守。

元徽二年(474)，宋桂阳王刘休范举兵起事，十六日，率众两万、骑兵五百自浔阳(今江西九江)出发，昼夜兼程，直扑建康(今南京)。右卫将军萧道成率军迎战，陈显达与其他将领，率舟师与刘休范军交战。刘休范被杀后，萧道成欲还守宫城，有人对萧道成说："桂阳虽死，贼党犹炽，人情难固，不可轻动。"萧道成纳其言，派陈显达率司空参军高敬祖自查浦渡淮，沿石头城北道入承明门，屯东堂。时宫中恐动，得知陈显达至，众心乃安。于是陈显达引兵出战，大破杜黑骡于杜姥宅(宫城南掖门外)。作战中，飞矢贯穿陈显达左眼，陈显达拔箭而镞不出。当时战地黄村有一个姓潘的老妪，善于禁术，她在柱子上钉上一枚钉子，然后在周围徐徐走动，渐渐生出气，钉子便出来了。陈显达闻知，便请她把自己左眼中的箭头禁了出来。陈显达因功被封为丰城县侯，邑千户，又转为游击将军；不久，为使持节，督广、交、越三州，湘州之广兴军事、辅国将军、平越中郎将、广州刺史，进号冠军。

元徽五年(477)，萧道成杀后废帝，拥顺帝即位。十二月，车骑大将军沈攸之，以萧道成杀君另立为由，举兵反萧。陈显达派军增援萧道成。长史刘通、司马诸葛导劝陈显达说："沈攸之拥众百万，胜负之势未可知，不如保境蓄众，分遣信驿，密通彼此。"陈显达闻后，遂将二人杀死，并写信给萧道成，表示归附。萧道成以陈显达为使持节、左将军。陈显达进至巴丘时，沈攸之已被平定。陈显达又升为散骑常侍、左卫将军，又转前将军、太祖太尉左司马；后又为散骑常侍，左卫将军,领卫尉。

建元元年(479),萧道成称帝,是为齐高帝,国号齐,史称南齐。同月,陈显达被封为中护军,增邑一千六百户,不久又转护军将军。

建元二年(480),北魏进攻寿阳,淮南骚动。齐高帝以陈显达为使持节、散骑常侍、平北将军、南兖州刺史,都督南兖、兖、徐、青、冀五州诸军事。不久,北魏退军。后陈显达迁都督益宁二州军事、安西将军、益州刺史,领宋宁太守,持节、常侍如故。时益州大度(今四川西部大渡河支流)民屡被官府贬称为"獠",他们恃险起事,历任益州刺史均无可奈何。陈显达出任益州刺史后,于永明二年(484),遣使责令大度民以租粮财物赎罪。大度民首领拒绝,并口出不逊地说:"两眼刺史尚不敢调我,况一眼乎。"并杀其来使。陈显达得知后,分遣将吏,声言出猎,于夜间偷袭大度,获胜。此后,益州山夷都被镇服,无人再敢作乱。是年,陈显达被征为侍中、护军将军。

永明五年(487),齐"荒人"桓天生,自称是篡晋称帝的桓玄的宗族,与雍、司(今湖北、河南交界一带)二州蛮族联合起事,占据南阳(今属河南)故城,请魏发兵南攻。齐武帝萧赜命代理护军将军陈显达,率征虏将军戴僧静等水军,开赴宛、叶(今河南西南部),雍、司诸军均受陈显达节度,共同讨伐桓天生等。桓天生引魏兵万余人至泌阳(今河南泌阳),陈显达遣戴僧静等与他战于深桥(今属河南泌阳),大破魏军,"杀获以万计"。

陈显达为人谦厚有智计,自知出身寒门而位重,易招灾祸,所以每次升迁都表现出愧惧之色,陈显达告诫他的儿子们:"我本志不及此,汝等勿以富贵凌人。"陈显达诸子和王敬则诸子都服饰华丽,车牛精壮。当时的快牛被公认为有四头:陈显达世子的青牛,王敬则三公子的乌牛,吕文显的折角牛,江瞿云的白鼻牛。这些牛都集中在陈家宅院,陈显达知道后十分生气。他的儿子陈休尚为郢府主簿,有一次经过此地与他拜别,陈显达看见儿子手持麈尾,便说:"麈尾蝇拂是王、谢家物,汝不须捉此。"陈显达当即在他跟前烧掉了那些东西。

延兴元年(494)正月,南齐雍州刺史晋安王萧子懋,欲举兵推翻在朝中专权势力日盛的萧鸾,遂拉拢驻防襄阳的征南大将军陈显达。陈显达即将其谋密报萧鸾,萧鸾以陈显达为车骑大将军,调萧子懋为江州刺史。陈显达路过襄阳时,萧子懋对他说:"朝廷令身单身而返,身是天王,岂可过尔轻率。今犹欲将二三千人自随,公意何如?"陈显达回答:"殿下若不留部曲,便是大违敕旨,其事不轻。且此间人亦难可收用。"萧子懋闻后,默然无语。

永元元年(499),陈显达率领平北将军崔慧景等部四万人,进攻北魏,企图收复先前被北魏攻占的雍州(治今湖北襄樊)五郡。魏孝文帝元宏,派前将军元英领兵抵御。元英为北魏名将,陈显达曾在二月间领兵与他交战,并且屡次将他打败。有一次围马圈城(今河南镇平南),竟然历时四十天才入城。三月,魏帝自洛阳(今河南洛阳东北)出发,领兵征伐陈显达。当时,齐将崔慧景领兵攻魏顺阳(今河南淅川南),顺阳太守张烈"固守不下"。魏帝派振威将军慕容平城,率骑兵五千增援顺阳。是月,魏帝抵达马圈城,即命广阳王元嘉领兵切断均口(今湖北均县丹江入汉江之口)交通,堵住齐军退路。陈显达领部众抵达均水(今湖北均县附近丹江入汉水段)西岸,占领鹰子山,构筑工事。但是齐军已"震恐沮丧",跟魏军接战,屡战屡败。魏武卫将军元嵩奋勇冲杀,陈显达军大败,张千战死,陈显达逃回建康(今江苏南京),士卒死亡三万多人。

陈显达素有威名,为魏军所惧,此次出兵,大败而归。御史中丞范岫便乘机上奏,请求免去陈显达的官职。陈显达早想辞去官职,也上表请求免职,但齐帝不许,并说:"昔卫、霍出塞,往往无功,冯、邓入关,有时亏丧。况公规谟肃举,期寄兼深、见可知难,无损威略,方振远图,廓清朔土,虽执宪有常,非所得议。"陈显达又请求降职,齐帝还是不许。陈显达为前两任帝王之大臣,自第五任帝萧鸾即位后,他便自觉恐惧,害怕遭诛,外出总是乘坐朽破的车子,随从也只选十几个老弱病残的人。一次赴宴喝完酒后,陈显达请求明帝给他一个枕头,明帝令人给他拿来枕头,让他躺下休息。他抚摸着枕头说:"臣年已老,富贵已足,唯少枕枕死,特就陛下乞之。"明帝听了吃惊地说:"公醉矣。"陈显达再三以年老请求告退,明帝最终没有答应。至六任帝萧宝卷继位后,陈显达不愿留在京师建康(今江苏南京)。不久调任江州刺史,陈显达得此官职甚喜。但当他听说新帝屡诛大臣,并将派兵袭击江州,且徐孝嗣等皆死,遂在浔阳起兵,并列数齐帝罪恶,声言要拥立建安王萧宝寅为帝。齐帝即诏护军将军崔慧景为平南将军,率各路军西上征讨,后军将军胡松、骁骑将军李叔献,共领水军据守梁山(今安徽和县南长江西岸),左卫将军左兴盛督率前锋军驻扎杜姥宅。十二月,陈显达领军自浔阳出发,于采石(今安徽当涂)击败胡松部,尔后向建康进攻,京师震恐。十三日,陈显达到达新林(今江苏南京西南),左兴盛率诸军抵御陈显达军。当晚,陈显达一面沿秦淮河布置灯火,同时暗中遣军渡秦淮河北上,袭击宫城。十四日,陈显达率军数千人登上落星冈(南京长江南岸),齐廷军纷纷逃窜,宫城人心大震,闭门设守。陈显达乘势领兵数百进击,战于西州(今江苏南京西),先胜后败,退走时被骑官赵潭刺中,落马被杀,时年七十二岁。

  陈显达作为中国历史名将,其出色的军事统帅能力、善于权变的处世哲学和政治才华,历来为人称道。

柳恽：良质美手广才艺

柳恽(465—517)，字文畅，祖籍河东解州(今山西运城)，南朝梁著名诗人、音乐家、棋手，南齐司空柳世隆的儿子。天监元年(502)，萧衍建立梁朝，柳恽为侍中，之后在朝中历任散骑常侍、左民尚书、持节、都督、仁武将军、平越中郎将、广州(今广东广州)刺史，又"征为秘书监、领左军将军"，曾两次出任吴兴(今浙江吴兴县)太守。

柳恽之父柳世隆，南齐尚书令，左光禄大夫、侍中。兄柳惔，梁尚书左仆射。柳恽性格坚贞朴实，深受父、兄影响，才华出众，勤奋好学，自幼就立有志向，凭着贵公子的身份远近闻名。齐朝的竟陵王萧子良，听说他的名识后，请他在朝中当法曹行参军，并极为赏识。齐武帝时，柳恽官至太子洗马，后因父亲去世离职守丧，写了《述先颂》，表达自己的无尽哀思，文辞悲伤婉丽。

南齐时，柳恽在鄱阳任代理内史之职。到鄱阳后，他听说下属守丧三年间得停薪保编，便安排他们从事文章教化之类的工作，故有"百姓称焉"之誉。一个人为官能得到"百姓称焉"，远比得到"上司称焉"更有价值，更让人尊敬。

从齐武帝开始，萧齐宗室内部倾轧、残杀不断。齐和帝中兴元年(501)，梁武帝萧衍带兵进攻建康(今江苏南京)，"候谒石头(今南京)"，柳恽主动投诚，被封为冠军将军、征东府司马。当时齐东昏侯还未投降，士兵还在苦战。柳恽陈书请求攻下石头时，先收图书典籍，宽大为怀，抚恤百姓。萧衍点头同意，让柳恽西上荆州(今湖北江陵县)迎接齐和帝萧宝融，并任命他为相国。

梁天监元年(502)，萧衍建立梁朝，柳恽为侍中兼仆射，梁武帝后任命他为相国右司马，柳恽开始效忠梁朝。他与仆射、著名史学家沈约等共定新律。新律就是当时的刑法，也称律学。今天从《隋书》中看他和沈约等人共定的新律，可知柳恽对律学是颇有研究的。

柳恽从小有志行，好学，善尺牍，又有音乐天赋。他小时候便向顶级高手学琴，琴艺达到了"特穷其妙"的程度。柳恽少时学琴是因为受了父亲的影响，他父亲是闻名于世的弹琴高手。以后他又拜著名琴手嵇元荣、羊盖为师。柳恽天资聪颖,琴技精湛,天下闻名。有一次,萧子良在院内摆酒设宴,将晋代宰相谢安曾用过的鸣琴摆在一侧,请柳恽弹奏。他以娴熟的技艺奏出悦耳动听的琴声,使在场的人都陶醉了。萧子良赞叹道:"卿巧越嵇心,妙臻羊体,良质美手,信在今辰。岂止当世称奇,足可追踪古烈。"本来他父亲柳世隆的弹琴技法在文士中就名列第一,因此柳恽经常弹奏他父亲当年爱弹的曲子,常常借此感念追思。后来,他改写了各种古曲。他曾经写诗未完,便用笔敲打着琴思考。因为有客人前来拜访,他便改用筷子敲击。柳恽发现筷子击琴时发出的音韵哀惋,便把它改写成雅曲。据说,击琴就是从这时开始的。柳恽常常"以今声转手古法",并著《清调论》详细地加以解说。

柳恽从小就写得一手好文章,曾写诗句:"亭皋木叶下,垄首秋云飞。"琅琊王融看见倍加欣赏,并将这首诗书写在壁上和所执的白团扇上。梁武帝举行宴会,必诏柳恽赋诗。他曾在与梁武帝《登景阳楼篇》的唱和中写道:"太液沧波起,长杨高树秋,翠华承汉远,雕辇逐风游。""深为高祖所美",当时人们都共同传诵。

柳恽还是一位围棋高手。梁武帝好围棋,使柳恽品定棋谱,登格(入围)者二百七十八人,按棋艺高下,写成《棋品》三卷。除此之外,柳恽还爱好医术,深得其中精妙。此外,柳恽还特别擅长投壶(投壶是古代士大夫宴饮时做的一种投掷游戏,是一种讲究礼节的活动)这种体育活动,《南史》载:"齐竟陵王常宿宴,明旦将朝,见柳恽投壶,骁不绝停舆。久之,进见遂晚。齐武帝迟之,王以实对。武帝复使为之,赐绢二十匹。"与此同时,柳恽还擅长博射。据《南史·柳恽传》载:"恽尝与琅琊王瞻博射,嫌其皮阔,乃摘梅帖乌珠之上,发必命中,观者惊骇。"

作为文人,柳恽著有《柳恽集》十二卷。梁武帝曾对人说:"吾闻君子不可求备,至如柳恽可谓具美。分其才艺,足了十人。"意思是说柳恽的才艺分给十个人,足以让十个人成名或安身立命。柳恽是齐梁时有成就的诗人之一,年轻时以擅长赋诗闻名,晚年在吴兴做官时也作了许多诗篇。名篇《江南曲》,是他在汉乐府诗的影响下,创作的有代表性的五言诗。诗中描绘了妻子见到久别的丈夫时半喜半忧的复杂心理:"汀洲采白蘋,日暮江南春。洞庭有归客,潇湘逢故人。故人久不返,春华复应晚。不道新知乐,空言行路远。"最为可贵的是,柳恽在鄱阳任地方官时,为政清静,从不瞎折腾。除金陵外,他两次出任吴兴太守,显示了难得的治理才能,以至民吏怀念他。由于在吴兴太守这个位子上生病,他便自行上表请求解职,结果有父老千余人拜表陈请挽留。未等这件事落实,柳恽即于梁天监十六年(516)病逝,时年五十三岁,赠侍中、中护军。

萧恢：永福弘法赖显明

萧恢（476—526），字弘达，南齐丹阳尹萧顺之的第九子（一说第十子），梁武帝萧衍的异母弟。

萧恢从小就很聪明，七岁时通晓《孝经》《论语》的含义。不但如此，他还喜欢谈笑，爱斯斯文文地喝酒。他读书的兴趣广泛，涉猎史籍，轻财好施，很有士大夫风范。还在南齐时，萧恢已经是北中郎外兵参军、前军主簿。南朝梁天监元年（502），萧恢获封鄱阳王、侍中、前将军，领石头戍军事；后累迁南徐州刺史、郢州刺史、荆州刺史、益州刺史等职。普通七年（526）九月，萧恢卒于荆州刺史任上，时年五十岁，获赠侍中、司徒，谥号"忠烈"，次年葬于建康（今南京）。

永元年间（499—501），宣武王萧懿和弟弟萧融遭到毒杀，萧恢逃出京师。梁武帝萧衍在雍州起兵造反，义兵至，萧恢于新林（今南京西）奉迎，以为辅国将军。当时三吴（指吴郡、吴兴、丹阳，或指吴郡、吴兴、会稽）多乱，高祖命他立即出兵至破岗这个地方。等到建康平静后，萧恢仍然为冠军将军、右卫将军；天监元年（502），为侍中、前将军，领石头戍军事，封鄱阳郡王，食邑两千户；天监二年（503），授使持节、都督南徐州诸军事、征虏将军、南徐州刺史；天监四年（505），改授都督郢、司二州诸军事，后将军，郢州刺史，持节如故。萧梁的义兵初至郢城（湖北荆州古城东北）时，城里因疾疫而死者甚多，不及藏殡。萧恢看见后下车，命手下埋掩，又遣四使巡行州部，境内大治。天监七年（508），进号云麾将军，进督霍州；天监八年（509），复进号平西将军；天监十年（511），征为侍中、护军将军、石头（今属南京）戍军事，领宗正卿；天监十一年（512），出为使持节，都督荆、湘、雍、益、宁、南梁、北梁、南秦、北秦九州诸军事，平西将军，荆州刺中，赐予仪仗队鼓吹；天监十三年（514），迁散骑常侍，都督益、宁、南、北秦、沙七州诸军事，镇西将军、益州刺史，使持节如故。

成都距新城五百里。政府官员上任、卸任时出京返乡的费用，大多由政府出面，百姓出资。梁代"郡县吏有书僮，有武吏，有医，有迎新、送故等员。亦各因其大小而置焉"，"郡县官之任代下，有迎接送故之法。饷馈皆百姓出，并以定

令"。南朝州郡支出中有"送迎钱"一项,专为支付此项费用。魏晋南北朝时期交通不便,社会动荡,旅途往往凶险重重。陆路往来,都雇用私人的马匹,老百姓的负担很重,而且一直得不到改善。萧恢买来千匹马,付给所订之家,资助他们骑乘,用时则以次数交付。公家的大量投入,使之前的情况有所改善,萧恢因此受到老百姓的信赖。天监十七年(518),萧恢被征为侍中、安前将军、领军将军;翌年,出为使持节、散骑常侍,都督荆、湘、雍、梁、益、宁、南、北秦八州诸军事,征西将军,开府仪同三司,荆州刺史;普通五年,进号骠骑大将军。普通七年九月,萧恢于荆州去世,时年五十一岁。

萧恢有孝顺的品性,起初镇守蜀地,生母费太妃还住在京都,后来在京都患病,萧恢不知道。一天夜间,他忽然梦见自己回家侍候生病的母亲,醒来后忧虑不安,不思饮食。过了些日子,家中信到,太妃果然生病了。后费太妃失明,萧恢祈祷于佛。"有北渡道人慧龙得治眼术",萧恢便请他诊治。慧龙一到,忽然看见空中有圣僧。等到慧龙下针后,费后眼睛豁然开朗,人们说这是精诚所至。萧恢于是捐出王宅建寺,取名为"显明寺"。

萧恢生性豁达宽厚,轻财好施,凡是他任职的地区,他都将所得俸禄随而散之。在荆州时,他常从容地问宾僚:"中山好酒,赵王好吏,二者孰愈?"当时大家没有人回答。他对长史萧琛说:"汉代的王侯,不过是维护国家安全的藩篱屏障而已,管理事务,治理民众,自然有专门职位。中山借听音乐,任意诉说藩王的遭遇;刘彭祖无视国家法律,干预相国的任职。而今天的王侯,如果不守藩国,帮助天子关爱百姓,能比那些藩王更好吗?"在座的宾客,听了萧恢的话无不佩服。

萧恢有子女一百余人,子封侯者三十八人,女封郡主者三十九人。

陆襄：蔬食布衣广德政

陆襄（生卒年不详），本名衰，字赵卿，原居吴郡吴县（今苏州），南朝梁时在朝廷做官。有奏事者误将"衰"字写为"襄"，梁武帝便赐他改名为襄，字师卿。

陆襄父亲陆闲，是齐代始安王遥光的扬州治中。治中是官名，全称治中从事史，或称治中从事，为州刺史的高级佐官之一，主众曹文书，位仅次于别驾，相当于副州长。永元三年（501），遥光凭借着东宫的势力，起兵反叛皇上。有人劝陆闲离开遥光，陆闲说："我为人家当官，怎能逃避死呢？"后来大军攻陷守城，陆闲被俘。陆闲将被处死时，他的第二子陆降请求替父死，未获准，便用自己的身体挡着刀刃，执刑的人把他俩都杀了。陆襄深为父兄受刑之酷而悲痛，极尽孝道，服丧期满后还像居丧一样。

陆襄年轻时胸有大志，与乡里落落不合。越州刺史赵政曾问他为何如此，陆襄答："世降道衰，人多趋利，是以索居。"赵政听后，感觉这位少年很不简单，很欣赏他。

南朝是东晋灭亡之后隋朝统一之前，存在于中国南方以建康（今南京）为都城的四个朝代的总称。东晋灭亡后，宋武帝刘裕建立宋朝取代东晋，从此在中国南方地区，相继出现了宋、齐、梁、陈四个汉人政权，史称"南朝"。南朝与鲜卑人在中国北方地区建立的北魏、东魏（北齐）、西魏（北周）等北朝政权对峙，合称南北朝。梁朝是南北朝时期的第三个朝代。

天监三年（504），都官尚书范岫上疏推举陆襄，陆襄受诏任职为著作佐郎，授官为永宁县令。任期满后，陆襄迁为司空临川王法曹、外兵参军、轻车庐陵王记室参军。昭明太子听说陆襄的学业品行后，启奏梁武帝诏引陆襄到皇室任职。于是陆襄被召任为太子洗马，迁中舍人，且掌管记。后来陆襄出任扬州治中，因为父亲在此任上卒，他坚决要求辞职。梁武帝不允许，但听任他与府司马调换办事的地方。

昭明太子敬耆老。陆襄的母亲快八十岁了，昭明太子便和萧琛、傅昭、陆杲

一样,每月派人去慰问,并让人赐给美食和衣服。陆襄的母亲曾突然患心痛病,药方须配三升粟浆,当时正值冬天,天又快黑了,没地方去找这种东西。忽然有一个老人到他家门口卖粟浆,数量正好就是药方上需要的,襄母刚要给他钱,老人却不知道到哪里去了。人们说,这是陆襄的孝心感动了老人的缘故。后来陆襄又升迁为国子博士、太子家令,又掌管记。母亲去世后,陆襄服丧。当时陆襄已五十岁,悲伤异常,太子很担心他,天天派人去劝他。陆襄服丧期满后回宫任职,担任太子中庶子,又执掌管记。

中大通三年(531),昭明太子死,"官属罢",妃子蔡氏另居金华宫,用陆襄为中散大夫,领步兵校尉、金华宫家令,主持金华宫事务。

中大通六年(534),陆襄出任鄱阳内史。起先,有郡内居民鲜于琛,服饰、饮食都效仿道法的一套,曾经进山采药,拾到五色幡眊,又在地里得石玺,自己暗暗惊奇。鲜于琛先前与他的妻子分开居住,他向住所望去,常见有异样之气,便认为自己有神威。大同元年(535),鲜于琛纠结门徒杀死广晋(今鄱阳石门街镇一带)县令王筠,建号上愿元年,设置官属。他的党徒到处欺骗迷惑百姓,跟随他的人增至一万多。鲜于琛要出兵攻郡府,陆襄事先率民众修好城壕,准备御敌。等到鲜于琛带叛军来攻时,陆襄生擒鲜于琛,其余叛众全都逃散。

陆襄向来以仁孝著称于世,当时相邻的豫章郡、安成郡(今江西新余以西的袁水流域和永新、安福等地)等郡守,办案时结党营私,为取贿赂,都不真心诚意为百姓办事。有的好人全家都遭灾祸,唯有陆襄主政的鄱阳,没有颠倒黑白,没有冤假错案。老百姓作歌赞颂道:"鲜于平后善恶分,民无枉死,赖有陆君。"在鄱阳,彭、李两家起先因有纷争,互相诬告对方。陆襄召他们到内室,不加指责,只是好言劝解、开导他们,二人感激他的恩德,深觉愧疚。于是陆襄为他们设酒食,让他们尽情欢聚,吃过酒后同车回家,两家从此和好,百姓因此歌颂陆襄:"陆君政,无怨家,斗既罢,仇共车。"

陆襄在鄱阳任职六年,郡中得到很好的治理。百姓李睍等四百二十人,到金陵向朝廷呈交奏文,陈述陆襄的恩德仁政,请求在那里为他立碑。梁武帝萧衍下诏令许可。百姓又奏文乞求陆襄留任鄱阳郡,但陆襄坚决请求调任,于是被召为吏部郎,迁任秘书监,兼扬州大中正。太清元年(547),陆襄迁任度支尚

141

书,中正之职依然担任。

太清二年(548),侯景发兵围宫城,陆襄为直侍中省。太清三年(549)三月,城被攻陷,陆襄逃回吴地。贼兵连续不断地掠夺东境,吞并了吴郡。侯景的将领宋子仙进攻钱塘,恰逢海盐人陆黯起义,有随众数千人,夜里出兵袭郡城,杀死伪太守苏单于,推举陆襄掌管郡事。此时,淮南太守文成侯萧宁,逃避反贼的追杀跑到吴地。陆襄派人迎萧宁为盟主,派陆黯和哥哥的儿子陆映公,率兵抵抗宋子仙。宋子仙听说对方起兵,便退了回去,与黯等在松江交战。黯战败逃走,余下的军队听到这个消息,也各自逃散。陆襄藏身墓下,一夜之间忧愤而死,时年七十岁。

陆襄二十岁遭家祸,终身过着粗茶淡饭、衣着简单的日子,五十来年不听音乐,口不言杀害之语。侯景反叛被平定后,世祖追赠陆襄为侍中、云麾将军;因建义功,追封他为余干县侯,食邑五百户。

柳庄：襄阳贤士饶州牧

柳庄（约534—596），字思敏，隋河东解（今山西运城）人。祖父季远，仕梁，官至司徒从事中郎。父亲也仕梁，官至霍州（治今安徽霍山县东）刺史。

柳庄少怀远志，博览典籍，兼善辞令。当时济阳（今属于山东省济南）蔡大宝，在江左有显赫的名声，是岳阳王萧詧的参谋。他看到柳庄便感叹道："襄阳的贤士，就在这里了。"蔡大宝于是把女儿嫁给他。

柳庄曾在后梁任中书舍人，后梁又称作西梁（555—587），为中国在南北朝时期出现的国家。承圣三年（554），西魏攻陷江陵，杀梁元帝、立萧詧为梁朝皇帝，史称西梁或后梁。西梁共传中宗宣帝萧詧、世宗明帝萧岿、惠宗靖帝萧琮三世。公元587年，隋文帝废除西梁，西梁因此灭亡，存在共33年。之后，柳庄还任过西梁黄门侍郎、吏部郎中、鸿胪卿等职。

后梁明帝天保十八年（579），北周孝静帝继位，明帝派柳庄入北周祝贺。等到杨坚辅政时，萧岿让柳庄入关献书。这时正是三足鼎立时，杨坚害怕萧岿有异心，等到柳庄回来，就对他说："承蒙梁国君主特别的关怀，如今君主年幼，时局艰难，我受先皇临终托付，半夜自我反省，内心实在感到羞愧恐惧。您回到本国，希望您把我的想法告诉梁主。"杨坚于是握着柳庄的手送别。当时，后梁将帅都想乘机与北周反杨坚势力相结，和尉迥等人连横，向杨坚发难。他们认为，这样进可以尽节于北周朝廷，退可以夺北周山南之地（后梁与北接壤的一些土地）。但因事情重大，后梁明帝萧岿不敢轻易决断。正在这时，柳庄从北周长安还朝归来，详细地说明了杨坚的结盟之意。他对萧岿说："昔日袁绍、刘表之类，也是一时的英雄豪杰，等到占据了要害的地方，有了像猛虎一样的士兵，但是没有建功立业，反而祸患接连不断。现在尉迥虽是旧将，又混乱糊涂得厉害，何况山东周氏的恩德没有广施。朝廷的文武官员，多为自己打算。以我的预料，尉迥这些人最终要败亡，不如保全自己的土地，让百姓得以休养来看变化。"柳庄于是向萧岿转达了杨坚愿结好之意。柳庄又以近史为例，分析了当时的形势，认为杨坚已深得北周朝臣之心，不久将夺北周而代之，反杨坚者不过螳臂当车，

143

自不量力,所以不如按兵不动,保境安民,以观其变。明帝萧岿深以为然。当时梁的将帅,都暗地里请求起兵,只有萧岿认为不可以。恰逢柳庄与萧岿非常认同,即按柳庄所说行事,从此朝议也稳定下来,其他的说法议论就停止了。没过多久,尉迥等人接连被杀。萧岿对柳庄说,之前如果按照众人的言论,国家已经灭亡了。不久,杨坚诛除异己,代北周称帝。在这场政治风波中,后梁始终安然无恙,因此后梁明帝对柳庄非常感激。

杨坚代北周以后,改国号为隋,杨坚即隋文帝。值此之际,柳庄又受后梁明帝派遣,入隋朝贺。这一次,隋文帝对他大加勉励。随后,隋文帝为他儿子晋王杨广在后梁纳妃,委托柳庄办理。柳庄便奔波于后梁与隋之间,来往四五次,前后所得赏赐彩帛共几千缎。萧琮继为梁主后,柳庄迁任太府卿。隋开皇七年(587),隋文帝废梁国,柳庄入隋被授开府仪同三司、黄门侍郎等职,并被赐予田地和住宅。

柳庄熟悉旧的典章,通晓政事,他所批驳纠正的事情,皇帝没有不说好的。苏威是纳言官,看重柳庄的器量和见识。他对柳庄非常赏识,常给皇帝上奏说:"江南人有学识的大多不通世事,熟悉世务的人又没有学识,能两者都有的,就是柳庄了。"柳庄与陈茂同朝做官,陈茂不能完全使柳庄顺从自己的意见。他看到朝臣大多认同柳庄,常常认为柳庄轻视自己。尚书省曾经上奏犯了罪的人要按照法律流放,而皇帝却判处他们死刑。柳庄上奏说:"臣听说张释之说过,法律是天子和天下人共有的。现在法律是这样的,皇上却改变,加重处罚,这是让法律失去民心。现在天下太平,正是向百姓显示信用的时候,希望陛下想一想张释之的话,那就是天下百姓的福气了。"皇帝没有听从他的意见,因为这违背了自己的意思。不久,柳庄所辖上管合药的官员,向隋文帝进奏药丸,又不称旨,引起隋文帝的不悦。值此,陈茂又乘机密奏隋文帝,说柳庄对进奉之药不亲临监视。这样一激,使隋文帝迁怒于柳庄,柳庄因此失去了升迁的机会。

隋文帝秉性猜忌多疑,又不喜欢读书学习。他是完全凭借智谋而获得君主之位的,他因熟悉法律制度而自负,以明察秋毫而驾驭朝臣,经常派遣左右近臣,窥视刺探朝廷内外百官大臣,发现某人犯有过失就治以重罪。他又担心负责掌管各种具体事务的令史贪污腐败,于是暗地里派人拿着钱财布帛去贿赂试探,发现某人收受财物则立即处死。杨坚还经常在朝堂上杖打官吏,有时一天

之内,被杖打者多达三四人。有一次,他恼怒于行刑之人杖打时下手不重,于是立即下令将行刑之人斩首。尚书左仆射高颎、治书侍御史柳庄等人上言规劝,认为"朝堂不是杀人的处所,殿廷也不是行刑的地方"。

开皇十一年(591),江南发生反叛。江南地区自东晋以来,刑法宽大,执行不严,世家大族凌驾于寒门庶族之上。平定陈以后,隋朝地方官吏完全改变了这种情况。尚书右仆射苏威,又撰写了《五教》,令江南百姓不分男女老少都得熟读,因此士民抱怨。当时江南民间传言,隋朝将要把百姓都迁徙到关内去,于是远近惊骇。婺州人汪文崐进、越州人高智慧、苏州人沈玄都起兵造反,各自称天子,设置百官。又有乐安人蔡道人、蒋山人李凌、饶州人吴世华、温州人沈孝彻、泉州人王国庆、杭州人杨宝英、交州人李春等都自称大都督,起兵攻陷隋朝州县。在陈原来管辖的境内,几乎都发生了反叛,势力大的有数万人,小的有几千人。他们互相声援,抓获隋朝县令后,或者抽出他的肠子,或者割下他的肌肉作为食物,气愤地发泄道:"看你还能让我们诵读《五教》不能!"隋文帝下诏任命杨素为行军总管,率军前去讨伐;命柳庄以行军总管长史的身份,随军讨伐徐登等人的叛乱。叛乱平定之后,柳庄迁授饶州(江西鄱阳)刺史。在刺史任上,柳庄颇有政绩,几年后死于鄱阳,终年六十二岁,后入选为鄱阳良牧,并成为九贤祠祠主之一。

李大亮：志怀贞确声绩远

在唐朝建立之初的武德年间，有一位给鄱阳后来带来极大影响的官员——宣慰江南的安抚使李大亮。他在派驻江南期间，先后从鄱阳的广袤地区，划出东北部设置浮梁，划出西北部设置都昌两个县。

李大亮（586—644），京兆泾阳（今陕西咸阳）人，唐朝开国功臣。原为隋将庞玉部下行军兵曹，与瓦岗军作战被俘，随即获释。李渊兵进长安时，李大亮投归辅助李渊开国有功，被封为金州（今辽宁大连）总管司马，旋擢迁安州（今广西钦州）刺史。贞观年间（627—649），历任交州（唐初时辖今越南等地）都督、凉州都督（今甘肃武威）、西北道安抚大使、剑南道（今四川省成都等地）巡省大使、左卫大将军、工部尚书，晋封武阳县公。贞观八年（634），李大亮领兵击败吐谷浑，贞观十五年（641）击败薛延陀番将，受封行军总管。

李大亮从小受过良好的教育，一边读书一边习武，具有文武才略。隋朝末年，李大亮在庞玉的行营任兵曹。大业十三年（617），瓦岗军李密进攻东都时，庞玉的军队被李密军打败，包括李大亮在内许多人被俘虏。李密的大将张弼，把一起俘获的一百多人全部就地斩杀，见李大亮奇异，唯独留下他不杀。张弼与李大亮长谈之后，两人成为至交，李大亮因此留在张弼幕下。

李渊起兵进占长安，建立唐朝以后，李大亮投奔了唐朝。

武德元年（618），唐高祖授李大亮为土门（今属陕西商洛）县令。当时正赶上当地闹饥荒，县境内出现许多盗贼。作为县令的李大亮，对逃荒的老百姓，招亡散，抚贫瘠，甚至卖了自己乘坐的马，帮助百姓，劝大家垦田。当年该县粮食果然丰收，他又出击平息了盗贼。秦王李世民到北境巡视时，下书奖劳，赐马五乘（有说一匹），帛五十段。后来，突厥又来进犯，李大亮考虑自己一个小小的县城没有力量相拒，便大胆地单骑出城赴敌营，说服其豪帅，突厥兵感服。李大亮又杀掉自己的马与之宴乐，自己徒步返回土门。结果，前后有千余人投奔他，县境从此安宁。唐高祖特别高兴，升任李大亮为金州总管府司马。李大亮后又奉命出兵荆襄一带。当时的割据势力王世充，派他兄之子王弘烈占据襄阳。唐高

祖下诏李大亮前去安抚樊、邓。李大亮率军进击,一下子攻克十余城。唐高祖下书安勉,升李大亮为安州刺史。武德二年(619),李大亮出使江南,在出使广州巴东至九江时,遇上辅公祐反叛。李大亮设计生擒其将张善安,又被升为越州(今浙江绍兴)都督。在越州,他曾写书百卷。调任后,他把书都留给越州都督署。李大亮在出使江南期间,了解到鄱阳东北昌江一带高山连绵,洪灾频繁,盗匪成灾。州官少而无法管理时,他便奏请皇帝将东北境设置为新平即现在的浮梁县,武德五年(622)又划鄱阳雁子桥以南地区置都昌县。

贞观元年(627),唐太宗任命李大亮为交州都督,封他为武阳(今属河北大名、邯郸地区)县男,后将他召回京城封他为太府卿;之后又任命他为凉州都督。任职期间,李大亮以惠政闻名。有一次,太宗派遣台使者去凉州,看见李大亮有一只名鹰,这位台使就让他将鹰献给皇帝。李大亮秘密向唐太宗奏道:"陛下谢绝打猎已经很久了,而使者要猎鹰,如果是您的意思,我照办。如果是使者擅自要求,我认为是使者不称职。"唐太宗回书称赞李大亮:"有臣子如此,朕还有什么忧虑?"

东突厥被攻灭后,唐太宗想安抚各地的胡人、投降的各部,每人赐一领袍、五匹帛;首领授予将军、中郎将官职,位列五品官职的有百人;把投降的胡人安置在黄河以南。太宗下令任命李大亮为西北道安抚大使,出使安抚大度设、拓设、泥熟特勒及七姓种落未归附的部族,在碛口准备好粮食救济他们度过饥荒。李大亮上疏说:"我听说想安抚远方的人,一定要从安抚近旁的人开始。中原是天下这棵大树的根,各地的胡人是枝叶。损害根本,优待枝叶,来求得国家安定,从来没有过这种情况。我认为那些自愿请求归附的部族,应该牵制利用他们,让他们留守塞外,敬畏您的威望,感怀您的恩德,永远做守卫国家的边臣。黄河以西的大片地区,多年来被胡人困扰,州县萧条,加上隋末的动乱,财力损耗得厉害。臣的愚见是停下安抚未归附的部族的工作,减少劳役,使边地的百姓能从事农业生产,这才是有利于国家的事。"太宗接受了他的建议。

贞观八年(634),李大亮被任命为剑南道巡省大使。同年十二月,吐谷浑侵犯凉州,唐太宗命尚书右仆射李靖为西海道大总管,统帅凉州都督李大亮等五位行军总管,各率军出击吐谷浑。李大亮与李靖都出北路,涉青海,观河源,与吐谷浑战于蜀浑山,大败吐谷浑,俘获其名王二十人,斩杀数千,并获杂畜二十万。吐谷浑的侵扰被平息,该部慕容顺为西平郡王。但是,唐太宗怕慕容顺不能服众,于是另派李大亮率数千兵为之声援。此次战争之后,李大亮被晋爵为武阳县公,拜右卫大将军。

贞观十七年(643),晋王李治被立为皇太子。李大亮兼任太子右卫率,又兼工部尚书,身兼三职,宿卫两宫。李大亮值勤时,常常不脱衣帽,只是坐着打盹。太宗慰劳他时说,有你在,我能睡个安稳觉。因为张弼曾经让他免去一死,到他显贵时,他总想着如何报答张弼。当时张弼担任将作丞,躲避不见李大亮,李大亮找不到张弼。有一天,李大亮在路上认出了张弼,就拉着张弼哭起来,把自家的财产全都推让给张弼,张弼拒不接受。李大亮就对太宗说,我能够侍奉陛下您,全是张弼的力量啊,我愿意把自己的官职爵位全让给张弼。唐太宗因此升任张弼为中郎将、代州都督。世人都称赞李大亮知恩图报,而且赞扬张弼能够不夸耀自己。

贞观十八年(644),唐太宗御驾到洛阳时,诏令李大亮为房玄龄副手。房玄龄对李大亮非常称赞,他对太宗说:"李大亮有王陵、周勃的气节,可以将大事托付给他。"这一年,唐太宗正准备征高句丽,当时李大亮患病,唐太宗前往探视,亲自给李大亮药物,十分关怀。李大亮临终前,还上表给唐太宗,苦谏唐太宗不要再进行远征高句丽的战争了,希望他重点把京师宗庙所在的关中经营好。但是,唐太宗没有采纳。李大亮不久就去世了,终年五十九岁。为他穿衣入棺时,家里拿不出珠玉给他含在嘴里,只能在棺中放五斛米、三十端布。太宗悲痛大哭,赐予他谥号"懿",并赐他在昭陵陪葬。

李大亮为人忠诚谨厚,为官清廉,还在唐初平定辅公祏的战争中立下战功,唐高祖特赐给他奴婢一百人,李大亮却把他们全部都释放了。高祖知道以后,对他特别赞赏,重新赐给他"俚俾"二十人。后来他破吐谷浑有功,朝廷再赐奴婢一百二十口,李大亮全都给了亲戚。他还帮助宗族无后者葬亲人三十多人。他死后,原来他养育的孤姓,为他送葬如所亲者达十余人。

薛振：探赜索隐极深研

薛振（《墓志》作震）（623—685），字元超，以字行，蒲州汾阴（今山西万荣）人，唐朝宰相，隋内史侍郎薛道衡之孙，文学馆学士薛收之子。幼年时，薛振获封汾阴县男，后以门荫入仕，历任太子舍人、给事中、中书舍人、黄门侍郎、饶州刺史、东台侍郎、简州刺史、正谏大夫等职，晋爵县侯。高宗仪凤元年（676），薛振被拜相，初授中书侍郎、同三品，升任中书令。他任相七年，多次辅佐中宗监国，最终以金紫光禄大夫之职致仕。

薛振两岁时丧父，九岁时袭封汾阴县男，善于文辞。贞观二十三年（649），唐高宗即位，薛振作为东宫辅臣被擢拜为给事中，时年二十六岁。他多次上疏朝廷，指陈时政得失，改任中书舍人、弘文馆学士，兼修国史。永徽五年（654），薛振因母丧离职，丁忧守孝，但次年即被夺情起复，担任黄门侍郎、太子左庶子。龙朔元年（661），许敬宗进呈《东殿新书》。薛振因修书有功，晋爵汾阴县侯，后因病外放为饶州刺史。龙朔三年（663），薛振被拜为东台侍郎（即门下侍郎）。是年四月，右相李义府因罪被流放巂州（治今四川西昌），薛振上疏朝廷，请求给李义府马匹代步，结果违背了"流人禁乘马"的旧制，被贬为简州刺史。麟德元年（664），西台侍郎上官仪为唐高宗起草废后诏书，得罪武则天，被诬陷谋反，下狱处死。薛振素与上官仪有文字之交，也受到牵累，被罢官流放巂州。

上元元年（674），唐高宗大赦天下，薛振得以返回京师，出任正谏大夫。仪凤元年（676），薛振升任中书侍郎、同中书门下三品，成为宰相。当时，唐高宗非常宠信薛振，常将他召入宫中，让他和诸王一同参与私宴。

仪凤三年（678），吐蕃进犯唐境，李敬玄率军征伐，大败而回。唐高宗召群臣问策，求"御之之术"。给事中刘景先、皇甫文亮、杨思征、中书舍人郭正一、刘祎之都建议谨守边境。薛振却建议以守为攻，积极进取："敌不可纵，纵敌则边患丛生，边不可守，守边则军威衰竭。应该整顿士卒，一举歼灭吐蕃。"他的主张虽未马上被高宗采纳，但对唐朝制定御敌策略产生了重要的影响。不久，朝廷便任命黑齿常之为河源军经略大使，统一指挥对蕃战事。

永隆二年（681），薛振升任中书令，兼任太子左庶子。永淳元年（682），唐高宗前往东都洛阳，命薛振兼任户部尚书，留守长安，辅佐太子监国，并让他全权处理关中政务。当时，唐高宗还打算到中岳嵩山举行封禅大典，特命薛振起草封禅碑文。太子李显留守长安监国，常出城射猎，以致懈怠政务，薛振为留守辅臣，直言劝谏道："内苑之地，草木茂盛，险陡异常。殿下截擒飞鸟，追逐狡兔，若遭逢变故，如何应对？扈从户奴多是反贼余孽、夷狄残类出身，若心怀逆谋，殿下又如何防范？为人子者，不登高山，不临深渊，就是为了远离危险。殿下又怎能将自己置于险地呢？"

弘道元年（683），薛振患上风疾，不能言语。是年，唐高宗在洛阳驾崩，薛振带病前往洛阳奔丧，并上表乞骸骨，最终以金紫光禄大夫之职致仕。光宅元年（684），薛振病逝，时年六十二岁。朝廷追赠他为光禄大夫，使持节，都督秦、成、武、渭四州诸军事，秦州刺史，谥号"文懿"，并赐东园秘器，陪葬于乾陵。

薛振是高宗朝的文坛领袖，杨炯称其为"朝右文宗"，崔融也在墓志中盛赞其文采、学识、辞令。在初唐诗文革新运动中，王勃是主将，而薛振则以他文坛领袖的地位，推动了扫除颓风的变革。

薛振十一岁时便入弘文馆学习，入仕后又兼任弘文馆学士，有相当长的文馆经历。他积极参加宫廷的文学唱和活动，是太宗、高宗朝宫廷唱和的主要人物。在当时同辈诗人中，声名最盛者为上官仪和李义府，薛振与他们关系密切。上官仪有《酬薛舍人万年宫晚景寓直怀友》诗，薛舍人即是薛振。薛振完整留存的唯一诗作是《奉和同太子监守违恋》，这首诗可视作他早期诗作的代表，就是典型的应制唱和。薛振流贬蜀中十年，其间放旷诗酒，在诗歌创作上颇有作为，著有《醉后集》。这部《醉后集》曾远流国外，见于日人藤原佐世所编《日本国见在书目》。薛振返回长安后，诗歌内容与作风发生了变化，他也成了诗歌革新的积极支持者。杨炯在《王勃集序》中谈到王勃变革龙朔文风的情况时称："勃思革其弊，用光志业。薛令公朝右文宗，托末契而推一变。……长风一振，众萌自偃。遂使繁综浅术，无藩篱之固；纷绘小才，失金汤之险。积年绮碎，一朝清廓；翰苑豁如，词林增峻。"这里的薛令公，就是薛振。薛振是身居朝廷高位的文坛宗匠，折节下交王勃，推动了文坛风气的改变。正是得到了薛振的肯定，王勃和卢照邻、杨炯等人的变革才能产生广泛的影响，形成"积年绮碎，一朝清廓""后进之士,翕然景慕"的局面。

薛振文坛领袖的作用,还充分表现在赏识和提拔人才方面。据清代学者王鸣盛统计,薛振举荐过的人有任希古、高智周、郭正一、王义方、孟利贞、郑祖玄、邓玄挺、崔融、顾彻、沈伯仪、颜强等。《唐会要》卷六十四"崇文馆"条载,薛振还举荐杨炯为崇文馆学士。另据新旧《唐书》列传记载,经薛振举荐或赞誉提携而做官的,还有徐彦伯、李峤、李义、田游岩、员半千等人。后来,这些人很多在文坛上占有举足轻重的地位。

薛振在贞观年间,曾以太子舍人的身份预修"贞观八史"之一的《晋书》,并与来济、陆元仕、刘子翼、卢承基、李淳风、李义府、上官仪、崔行功、辛丘驭、刘胤之、李延寿、张文恭一同"分功撰录",负责《晋书》的基本撰写工作。

薛振深受其父薛收影响,对易学深有研究,流贬蜀中期间"耽味《易》象"。他去世后,"以高宗敕书一轴,《孝子忠臣传》两卷,《周易》一部,明镜一匣送终焉。"薛振擅长文学,对史学亦有研究,而独以《周易》一书陪葬,可见他对《周易》的情有独钟。

薛振同时精通佛典,曾与于志宁、许敬宗、来济、杜正伦、李义府等人一同协助玄奘整理已译佛经。

祝钦明：浚河疏坽存德声

祝钦明（656—728），字文思，号月朗。雍州始平（今陕西兴平）人。祝钦明实际上是个思想纯洁没有杂念的人，举明经，尤精《三礼》，明经科及第，自小从父于江郎山读书，及长又游学京兆。宏道元年（683），祝钦明中进士，入朝供职，初授翰林纂修郎。长安二年（702），累迁太子率更令、兼崇文馆学士、太子少保。神龙元年（705），中宗即位，擢拜国子祭酒、同中书门下三品，加位银青光禄大夫，历刑部、礼部二尚书，兼修国史，仍旧参知政事，累封鲁国公，食邑三百户。后为御史中丞萧至忠所弹劾，贬授申州刺史。之后，又复入朝为国子祭酒，兼崇文馆学士。景云元年（710），侍御史倪若水劾奏，祝钦明被贬为饶州刺史。开元十五年（727），祝钦明终于任上，享年七十二岁，葬于饶州城南，长子尚忠居家守之。

《唐书·祝钦明传》对他多有贬伐，主要因他力挺韦后，依附韦后得以高升，为封建男权思想所不容。当然，关键还是韦氏乱权，在唐代造成的恶果给祝钦明带来的负面影响。

韦氏（？—710）是指唐中宗皇后，京兆万年（今陕西长安）人。弘道元年（683）中宗即位，次年，立韦氏为皇后。同年，中宗被武则天废黜，迁于房州（今湖北房县），韦氏随行。其间，夫妇二人同经风雨，故而中宗对韦后有极高的信任度。神龙元年（705），中宗复位。作为信任与报答，中宗每次临朝，韦后即置幔坐于殿上，预闻政事。中宗任用曾为武则天掌文书的昭容（宫中女官）上官婉儿主持撰述诏令，以武三思为相。当时朝中形成一个以韦氏为首的武、韦专政集团。武三思通过韦后及其爱女安乐公主，诬陷并迫害拥戴中宗复位的张柬之、敬晖等功臣。中宗对揭发武、韦丑行的人处以极刑，武三思因而权倾人主，作威作福。中宗的太子李重俊不是韦氏所生，遭到韦后厌恶；安乐公主与其夫武崇训（武三思的儿子）经常侮辱李重俊。李重俊于神龙三年（707）七月，发动部分羽林军杀死武三思与武崇训，谋诛韦后、安乐公主。因相从的羽林军倒戈，政变失败，李重俊被杀。武、韦集团权势依旧不减。此时，内地水旱为灾，百姓逃散,民不聊生。中宗却与韦后恣为淫乐,不理朝政,还处死上疏告发韦氏乱政的人。据说,景龙四年(710),韦氏惧怕丑行暴露,安乐公主想要韦氏临朝,自为皇太女,遂合谋毒死中宗。中宗驾崩后,韦后临朝摄政,立李重茂为帝,史称唐少帝。韦后又任用韦氏子弟统领南北衙军队,并欲效法武则天,自居帝位。临淄王李隆基(后来的唐玄宗)与太平公主(武则天女)发动禁军攻入宫城,杀韦后、安乐公主、上官婉儿及诸韦子弟,迫少帝让位,立相王李旦(李隆基父)为帝,即唐睿宗。韦后之乱至此结束。

祝钦明官至国子祭酒,位同宰相,久居要职,对唐礼仪制度的完备起了一定的作用。神龙元年(705),祝钦明奏议:《诗经·周颂·载芟》云"春藉田而祈社稷"。《礼》谓"天子为藉千亩,诸侯百亩"。则缘田为社,称王社、侯社。今曰先农,失王社之义,"宜正名为帝社"。神龙三年(707),中宗将亲祀南郊,又奏言皇后亦合助祭。他认为,按《周礼》,天神曰祀,地祇曰祭,宗庙曰享,大宗伯职称"祀大神,祭大祇,享大鬼,理其大礼。若王有故则摄而荐彻豆笾",又追师职称"掌王后之首服,以侍祭祀"。内司服职谓"掌王后之六服,凡祭祀,供后之衣服"。九嫔职云"大祭祀,后裸献则赞,瑶爵亦如之"。据上述诸文,皇后应合助皇帝祀天神,祭地祇且《周礼》正文"凡祭,王后不预",既不专言宗庙,即知兼祀天地,故云"凡"。旧说以天子父天,母地,兄日,妹月,所以祀天于南郊,朝日于东门外,以昭事神,训人事,君必须躬亲以礼。《礼记·祭统》曰:"夫祭也者,必夫妇亲之,所以备内外之官也。官备则具备。"又《全唐文》云:"天地合祭,先祖配天,先妣配地。天地合精,夫妇合判。祭天南郊,则以地配,一体之义也。"据此诸文,即知皇后合助祭。经他奏议,定以皇后为亚献。

祝钦明有诗作一首《郊庙歌辞·仪坤庙乐章·送神》:"太帛仪大,金丝奏广。灵应有孚,冥征不爽。降彼休福,歆兹禋享。送乐有章,神麾其上。"

由于历史的原因,我们无法看到祝钦明在饶州任上的政绩,但有一点至今让鄱阳人永志不忘。鄱阳镇管驿前晏公庙斜对面有一条小河。这条小河的河口称之为祝君坽,后人讹音为竹溪坽。就是这条小河,在一千多年里,缩短了鄱阳至南昌的不少路程。原先,饶河与黄沙港不能过吨位稍大的船。经祝钦明带领民众凿浚后,人们可从饶河直通黄沙港,经表恩过鄱阳湖达信江入河口梅溪,再入赣江抵南昌。为纪念他的功绩,人们便称此处为祝君坽。此外,在资治融

化、改变鄱阳风气方面,祝钦明也做了不少工作。所以后人有词作《离亭燕·嵩高》称赞祝钦明说:"潇洒丰神谐畅,辅佐庙堂良相。五经博士极典雅,文采风流无上。梦入月宫游,舞进八风新样。藏用褊心讥谤,出刺饶州奚患,奉命长行资治化,萧管弦歌局量。公道有姚崇,请复职衔允当(复为崇文馆学士)。"

  祝钦明充满读书人的呆气,政治嗅觉失灵,为一己之利而丧失了自己。《唐书·祝钦明传》对他多有贬伐,书中均以他力挺韦后陪祭为依据。实际上这只是为封建男权思想所不容,而他当时所引皆有典籍可依,并非妄言,最多只能算是抱守典籍的儒者。而所谓作《八风舞》更是酒后助兴所为,岂能作为评论一个人德行的依据。观察他的一生,他在朝为官数十年,历经武后、中宗、玄宗三朝,多有建树,并无大过,单看其屡落屡起,便知他定有过人之处。封建社会官场钩心斗角,文人儒者更是以互相贬低为能。后人不应仅以史籍来判断,因为修史的人都有着自己的观点。

吴兢：史坛骁将铁骨铮

吴兢（670—749），汴州浚仪（今河南开封）人，武周时入史馆，修国史，迁右拾遗内供奉。唐中宗时，改右补阙，累迁起居郎，水部郎中。唐玄宗时，为谏议大夫，修文馆学士，卫尉少卿兼修国史，太子左庶子，也曾任台、洪、饶、蕲等州刺史，加银青光禄大夫，迁相州，封长垣县子，后改邺郡太守，回京又任恒王傅。

吴兢一生的大部分时间和主要精力，都献给了修史事业。他是在武则天长安年间（701—704），魏元忠、朱敬则双双为相时，因"有史才""令直史馆，修国史"，被举荐为史官的，从此步入仕途，当时年纪在三十上下。唐玄宗开元二十五年（737），吴兢在集贤院和史馆修史，这时他六十七岁，担任修史工作至少四十年。

吴兢在修史中，以叙事简练、奋笔直书见称。他曾认为梁、陈、齐、周、隋五代史繁杂，于是分别撰《梁史》《齐史》《陈史》各十卷，《隋史》二十卷。吴兢病故后，由他儿子呈上他的未定稿《唐史》八十余卷，世称"良史"。作为史臣，吴兢在政治上直言敢谏，耿直敢于犯颜，不愧为一代诤臣。吴兢几篇保存至今的奏表，反映了他的事迹，如《上中宗皇帝疏》，分析了当时的政治局势。此外，吴兢曾从事官府藏书的整理、国家书目的编制工作。开元中，诏马怀素领校图书，马怀素奏用元行冲、齐翰、吴兢、韦述等二十六人，同在秘阁详录四部书。开元九年（721），他们共同编成国家图书总目《群书四部录》二百卷，由元行冲奏上。吴兢家中收藏图书也多，编撰有《吴氏西斋书目》一卷，著录图书13468卷，当时影响很大。吴兢所藏的书，在他去世前后，被赠送给外孙蒋乂。

吴兢为官时的所上谏疏，全都是关系封建政治的大事，《谏十铨试人表》就是一例。当时在选用官员时，皇帝绕开吏部而在禁中做出决定。吴兢对此很反对，认为朝廷各个部门应各司其职，选官之事必须由吏部主持。他强调要按既定法规行事，甚至皇帝也不能例外。任意改变制度，"自古天子，至于卿士，守其职分，而不可辄有侵越也"。

武则天去世后，唐中宗李显无力驾驭全局，武三思、韦后、安乐公主都在觊觎最高权力,阴谋之事连接不断。一时朝中人人自危,气氛恐怖。吴兢不计个人安危,毅然上表中宗。他直率地指出,把相王李旦说成太子李重俊的同谋,是一场阴谋。他劝中宗珍惜与相王"亲莫加焉"的兄弟之情,"若信任邪佞,委之于法,必伤陛下之恩,失天下之望"。由于吴兢奏表颇有影响力,加上御史中丞萧至忠的进谏,终于使相王平安无事。数年后,相王李旦继位,是为唐睿宗。

唐玄宗李隆基即位之初,"收还权纲,锐于决事",一反中宗、睿宗难以独掌权柄的局面,然而权力的集中,也带来负面影响——群臣面对玄宗不敢大胆进谏。吴兢感到这种状况不利于朝廷,遂上疏劝玄宗对进谏者有所区别,改变赏薄罚重的做法,如进谏者"所言是",则"有益于国";即使"所言非",也"无累于朝","陛下何遽加斥逐,以杜塞直言"。吴兢在奏章中,举出了前代皇帝虚心纳谏致胜、骄横拒谏致败的实例,还特别赞扬了太宗李世民虚怀若谷、导人使谏的故事。

吴兢在史馆修史的工作并不顺利。开元初年,在任史官十七年后,吴兢提出辞职,但没有被批准;后又以居丧为由,上三次表文,坚决拒绝起复史职,并请求辞职。在这种情况下,吴兢被外放至鄱阳任饶州刺史。

从吴兢的三次表文中可以清楚地看到,他对史官一职的宗旨及职能,有相当透彻的认识和高度推崇的感情。他说:"史官之任,为代准的……树终古之风声。""定一代之是非,为百王之准的。"正由于吴兢对史官一职寄托厚望,所以他不能容忍妨碍史馆正常运作的种种不端现象。作为一种抗议,他才愤然提出辞去无比热爱的史职。此外,他还以另一种抗议作为手段,即自己编纂本朝国史。既然自己的史学主张无法在史馆中实现,既然史馆中所修国史有种种歪曲、不实之处,为保留一代信史,他就必须自己动手编纂一套国史。开元十四年(726),他上奏唐玄宗,披露自己在武后末期至唐中宗时开始私撰国史的经过。其时,他撰修国史两种,已成一百二十八卷:《唐书》为纪传体,《唐春秋》为编年体。吴兢之所以披露私撰一事,首先是即将撰成,接近定稿,这就"不敢不奏";其次是遇到缮写困难,因卷帙较大,个人的能力、财力均不足以承担,不得不请求官方帮助。

吴兢所撰的本朝国史,实质就是当代史。他奏表上说所撰国史上限为隋大业十三年(617),一直写到他上奏表的开元十四年(726)。这部当代史中的人物与现实有千丝万缕的联系,或是家眷子孙在世,或是挚友下属当政,甚至本人也还活着。吴兢以"善恶必书"的直笔,进行褒贬,判定每个人物的是非功过,这固然可以展示某些人的功绩,也会揭开某些人的伤疤,不能不使一些人坐立不安。从这个意义上说,只要是秉笔直书,就必然会得罪一些人,甚至是权贵。这种做法难免会遭到不少排挤和报复。开元十七年(729),吴兢"坐书事不当,贬荆州司马"。

吴兢的千古名著是《贞观政要》,全书仅八万字左右。此书共十卷,分四十篇,每篇的篇名反映该篇的基本内容,内容相近的若干篇合为一卷,每卷大体反映一类问题。这部书分专题记述贞观年间的政治、经济、军事、文化、制度、礼仪、教育等方面的状况,有对话、诏诰、奏表,有事件描写,有经验总结,较系统地反映了贞观年间的施政方针和实践效果,是历史上对贞观之治记载最为周详扼要的著作。由于此书内容是分门别类地编排的,因而非常便于查阅和应用。虽然吴兢对唐太宗推崇备至,但本着"直笔"准则,他依然做到了"爱而知其丑",在书中如实记录了一些唐太宗的过失和缺点。

《贞观政要》被唐朝以后的皇帝当作座右铭,"书之屏帷,铭之几案",还被当作皇家子弟的学习教材。唐朝以后,中国历代封建统治者也很推崇这部书,并且十分仰慕"贞观之治"。这部书甚至在国外也很有影响力:约在九世纪前后,便传到了日本,并在日本得到了广泛的流传。

吴兢晚年虽然身体衰耗,行步伛偻,仍坚持担任史职,李林甫则以其年老不用。天宝八年(749),吴兢卒于家,时年七十九岁。吴兢病故之后,他儿子将他所撰《唐史》八十余卷献给朝廷。吴兢家聚书很多,尝目录其卷第,号《吴氏西斋书目》。

颜真卿：立德践行高风节

颜真卿(709—784)，字清臣，小名羡门子，别号应方，祖籍琅琊临沂，出生于京兆府万年县(今陕西西安)敦化坊。秘书监颜师古五世从孙、司徒颜杲卿从弟，唐代名臣、书法家。

颜真卿三岁丧父，由母亲殷夫人亲自教育。长大后，颜真卿学问渊博，擅长写文章，对母亲殷夫人非常孝顺。开元九年(721)，颜真卿随母南下，寄居苏州外祖父家。开元二十一年(733)，颜真卿就读于京师长安的福山寺。开元二十二年(734)，颜真卿中进士甲科。开元二十四年(736)，经吏部铨选，颜真卿任校书郎。开元二十六年(738)，颜真卿因母病逝，赴洛阳丁忧三年。

天宝元年(742)，颜真卿回到长安，考中文辞秀逸科(制举考试的一种)，被任命为醴泉县尉。颜真卿曾任临川内史，使"浇风莫竞，文教大行"，颇受赞誉，经两次提升，任监察御史，奉命巡查河东、陇州。在巡视过程中，颜真卿平反了五原冤狱。他巡查河东时，劾罢不孝的朔方县令郑延祚，使郑延祚被朝廷下诏终身禁止录用。天宝八年(749)，颜真卿升任殿中侍御史，因受宰相杨国忠厌恶，被外调为东都采访判官，次年再任殿中侍御史。天宝十一年(752)，颜真卿转任武部员外郎。受杨国忠排挤，颜真卿次年被调离京师，出任平原太守。

平原郡属安禄山辖区，当时安禄山谋反的迹象已显露。颜真卿表面上每天与宾客驾船饮酒，以此麻痹安禄山。他一面假托阴雨不断，暗中加高城墙，疏通护城河，招募壮丁，储备粮草。安禄山认为他是个书生，不足忧虑。天宝十四年(755)，安禄山以"忧国之危"奉密诏讨伐杨国忠为借口，在范阳起兵。河北郡县大都被叛军攻陷，只有平原城防守严密。颜真卿派司兵参军李平，骑快马到长安向玄宗报告。玄宗起初听到安禄山反叛的消息，叹息道："河北二十四个郡，难道就没有一个忠臣吗？"等到李平到京，玄宗大喜，对左右的官员说："我不了解颜真卿的为人，没想到他做的事竟这样出色！"

叛军攻下洛阳，派段子光送李憕、卢奕、蒋清的头到河北示众。颜真卿担心大家害怕，哄各位将领说："我一向认识李憕等人，这些头都不是他们的。"于是杀了段子光,把三颗头藏起来。过了些时候,颜真卿用草编做人身,接上首级,装殓后祭奠,设灵位哭祭他们。此时,颜真卿的堂兄颜杲卿任常山(今河北正定)太守,杀了叛军将领李钦凑等人,清除了土门的敌人。十七个郡同一天自动归顺朝廷,推举颜真卿为盟主,有二十万兵力,截断了燕赵的交通联络。朝廷任命颜真卿为户部侍郎,辅佐河东节度使李光弼讨伐叛军。颜真卿任李晖为自己的副手,而任李铣、贾载、沈震为判官。不久,颜真卿被加拜为河北招讨采访使。

史思明围攻饶阳,派游军截断了平原郡的救兵。颜真卿担心打不过敌军,便写信请贺兰进明把河北招讨使让给他。贺兰进明在信都作战失败,恰逢平卢将领刘正臣占据渔阳。颜真卿想坚定他的信心,派贾载渡海送去十多万军费,并把自己十岁的儿子颜颇,送到渔阳做人质。众人坚决请求将颜颇留下,颜真卿不听。此时,太子李亨(唐肃宗)在灵武登基。颜真卿多次派使者带着用蜡丸封的信向李亨汇报军政事务,李亨任命他为工部尚书兼御史大夫,复任河北招讨使。当时军费困难,李萼劝颜真卿收取景城的盐资源,让各郡之间互相调剂,保证了军费供给。理财家第五琦后来效仿此法,也使军中物资丰富。

长安收复后,李亨派左司郎中李选祭宗庙,在祝词上署名"嗣皇帝",颜真卿对礼仪使崔器说:"太上皇还在川蜀,这样行吗?"崔器立即报告李亨更改,李亨因此赞赏颜真卿的才识。乾元元年(758),颜真卿因"军国之事知无不言"的率直性格,为宰相所忌恼,被调出京任冯翊太守,转任蒲州刺史,封丹阳县开国侯;接着受御史唐旻诬劾,从山西贬到鄱阳做饶州刺史。

唐朝中初期,鄱阳还是不发达地区。颜真卿在鄱阳的任职时间不长,口碑却非常好:"勤政爱民,公言直道,在短时间内,'治化大行',饶人甚得之。"当时鄱阳地区盗贼猖獗,民不聊生,他用计擒来首恶,将其斩于闹市之中。很快,四境治安良好。

乾元二年(759),颜真卿任浙西节度使。淮西节度副使刘展准备反叛,颜真卿指示军队预先做好战备。都统李峘认为他无事生非,反而攻击他。李亨因此召颜真卿为刑部侍郎。刘展后起兵反叛,渡过淮河。李峘则逃到江西。李辅国将太上皇李隆基迁居西宫,颜真卿率百官问安,遭到李辅国的厌恶,颜真卿因此被降为蓬州长史。

宝应元年(762),太子李豫即位,起用颜真卿为利州刺史,后改任吏部侍郎;

又授荆南节度使,还未赴任,改拜尚书右丞。

广德二年(764),李豫命颜真卿以检校刑部尚书的职务,任朔方行营宣慰使,劝说仆固怀恩入朝。颜真卿回答:"陛下在陕州时,臣用忠义的道理质问他,让他前来奔赴国难,他还有来的道理。如今陛下已经回宫,他进不是勤王赴难,退则无法向大家解释,这时去召见他,他怎么肯前来?再说,告仆固怀恩谋反的人,仅有辛云京、骆奉仙、李抱玉、鱼朝恩四人而已,其余大臣都说他冤枉。陛下不如用郭子仪取代仆固怀恩,这样可以不战而使他臣服。"李豫同意。颜真卿因而留在京城主持尚书省事务,改封鲁郡公。

颜真卿受元载排斥,贬为峡州别驾,后改任吉州司马。大历三年(768),颜真卿改任抚州刺史,后任湖州刺史。

在抚州任职的五年中,颜真卿关心民众疾苦,注重农业生产,热心公益事业。针对抚河正道淤塞、支港横溢、淹没农田的现状,他带领民众,在抚河中心小岛扁担洲南,建起一条石砌长坝,从而解除了水患,并在旱季引水灌田。抚州百姓为了纪念颜真卿,将石坝命名为千金陂,并建立祠庙,四时致祭。

颜真卿因刚正而得罪宰相杨炎,被改为太子少师,仍兼任礼仪使。奸相卢杞掌权后,非常厌恶颜真卿的刚正,改授他为太子太师,罢免其礼仪使一职。卢杞还多次派人探听哪一个方镇方便些,准备把他排挤出京都。颜真卿去见卢杞,告诉他:"你父亲卢中丞(指卢奕)的头颅送到平原郡,脸上满是血,我不忍心用衣服擦,亲自用舌头舔净,您忍心不容我吗!"卢杞表面惊惶地下拜,但内心却恨之入骨。

建中四年(783),叛乱的淮西节度使李希烈攻陷汝州。卢杞建议派颜真卿前往李希烈军中,传达朝廷旨意。唐德宗李适同意采纳此建议,朝臣为此大惊失色。宰相李勉秘密上奏,"以为失一国老,贻朝廷羞",坚决要求留下他。河南尹郑叔则也劝他不要去,颜真卿回答:"圣旨能逃避吗?"

颜真卿到后,李希烈让自己的部将和养子一千多人,聚集在厅堂内外,手里拿着明晃晃的尖刀,围住他又是谩骂,又是威胁。颜真卿面不改色。李希烈逼他写信给朝廷,来洗刷自己的罪名,颜真卿不听。李希烈派李元平去劝说,颜真卿斥责李元平:"你受国家委任为官,不能报答国家,想我没有兵杀你,还来诱说我。"当时朱滔、王武俊、田悦、李讷等藩镇的使者都在座。他们对李希烈说:"很

早就听说太师的名望高,品德好,您想当皇帝,太师来了,选人当宰相谁能超过太师?"颜真卿斥责道:"你们听说颜常山没有?那是我的兄长,安禄山反叛时,首先起义兵抵抗,后来被俘了也不住口地骂叛贼。我将近八十岁了,官做到太师。我至死保持我的名节,怎么会屈服于你们的胁迫?"众人面尽失色。

李希烈最终将颜真卿逮捕,用甲士看守着。李希烈在庭院中挖了一丈见方的坑,说要活埋他。颜真卿约见李希烈说:"死生有命,何必搞那些鬼把戏!"后来,唐军日益强大,淮西形势转变,李希烈派部将辛景臻、安华到颜真卿住所,在寺中堆起干柴说:"再不投降,就烧死你!"颜真卿起身跳入火中,辛景臻等人急忙拉住了他。李希烈的弟弟李希倩因与朱泚叛乱被杀,李希烈因而发怒,派宦官前往蔡州杀害颜真卿。宦官说:"有诏书!"颜真卿拜了两拜。宦官说:"应该赐你死。"颜真卿说:"老臣没有完成使命,有罪该死,但使者是哪一天从长安来的?"宦官说:"从大梁来。"颜真卿骂道:"原来是叛贼,何敢称诏!"接着,颜真卿被缢杀,享年七十五岁。半年后,叛乱平定,淮西节度使陈仙奇派军将护送颜真卿的灵柩回京。

颜真卿立朝正色,刚而有礼,尤崇忠孝。他总结唐立国以来的经验教训,建言唐德宗李适要广开言路。颜真卿久任礼仪使,参订礼仪,对唐朝的礼仪制度多有厘正。他不但精通儒学,而且身体力行,以尽忠孝,被后世儒者奉为修身楷模。

李嘉祐:中唐才子鄱阳令

李嘉祐(728—781),字从一,赵州人(今河北赵县),中唐肃、代宗两朝的才子。

李嘉祐从小才华出众,天宝七年(748)杨誉榜进士。当时,李嘉祐仕途得意,任秘书省正字,曾奉旨去扬州、饶州搜集图书,继升殿中侍御史、监察御史等职。肃宗即位后,朝中排挤旧臣,至德、乾元间(756—759),李嘉祐因"罪"被谪为鄱阳令。至于原因,史无记载,以刘长卿诗《初贬南巴至鄱阳,题李嘉祐江亭》中的"稚子能吴语,新文怨楚辞。怜君不得意,川谷自逶迤"推断,李嘉祐似乎有点像屈原那样为"新文"招"怨"。唐肃宗上元二年(761),李嘉祐任江阴令;唐代宗永泰元年(765)回朝任拾遗、司勋员外郎;唐代宗大历六年(771)出任袁州(今江西宜春)刺史,大历九年(774)卸任,之后回到吴兴、晋陵一带,后定居苏州。从诗僧皎然所作《七言奉酬李员外使君嘉祐苏台屏营居春首有怀》中的"移家水巷贫依静,种柳风窗欲占春"及《酬邢端公济春日苏台有呈袁州李使君》一诗推知,李嘉祐在苏州闲居时间不短,且生活并不富裕,故有"贫依"两字。李嘉祐何时赴任台州刺史,原有二说:一说上元二年(761),见《嘉定赤城志》;一说大历末、建中初,即779年至780年。又考刘长卿大历末至建中二年(781)尚在睦州司马任上,写有《送台州李使君兼寄题国清寺》诗(《刘随州诗集》卷九)。诗中"露冕新承明主恩"一语,指明李嘉祐是闲居苏州时被起用为台州刺史的;而题目中"国清寺"为天台山名寺,接着有"晴江洲渚带春草,古寺杉松深暮猿",意思是嘉祐是春天赴台州任的。那时唐王朝正处代宗与德宗交接皇位之时(代宗卒于大历十四年,即公元779年)。德宗起用了代宗时一些被贬谪的官吏,因此刘长卿不久也由睦州司马升为随州刺史。

李嘉祐放逐至鄱阳任县令四年,"四年谪宦滞江城,未厌门前鄱水清。谁言宰邑化黎庶,欲别云山如弟兄。双鸥为底无心狎,白发从他绕鬓生。惆怅闲眠临极浦,夕阳秋草不胜情(《承恩量移宰江邑,临鄱江怅然之作》)"。这位滞留鄱阳四年的地方官——一个想改造别人的人,为什么会产生如此强烈的依赖之情?诗人自己给了答案,那就是鄱阳人的淳朴诚挚:"为郎复典郡,锦帐映朱轮。露冕随龙节,停桡得水人。早霜芦叶变,寒雨石榴新。莫怪谙风土,三年作逐臣。"《送卢员外往饶州》这首诗,是已经离开鄱阳升迁为袁州刺史的李嘉祐,为将要去鄱阳的卢纶写的。因为三年多的逐臣生活,使李嘉祐深谙鄱阳的水土,鄱阳曾经慰藉了诗人因贬谪而受伤的心。"逐客自怜双鬓改,焚香多负白云期。"《题游仙阁白公庙》一诗是李嘉祐在鄱阳任上于公事之余游鄱阳阁山白公庙时作的。李嘉祐虽然没有大声怒吼,直接渲自己的悲愤,但隐隐的痛反而引起了人们更多的关注与同情。一个三十来岁的人,因为官场的失意而鬓发皆白。幸好,古邦鄱阳仍有那么多吸引人的景物。"独坐南楼佳兴新,青山绿水共为邻(《晚登江楼有怀》)。""旧浦菱花发,闲门柳絮飞。高名乡曲重,少事道流稀(《晚春送吉校书归楚州》)。"水乡风光,古邦风俗,无不让李嘉祐心动。在他看来,这里的风俗可以让他想到先古,想到淳朴。尽管当时这里落后于黄河流域的其他地区,但远离战乱,又正处在开发的中兴时期,来自北方的地方官,深深地爱上了这片土地。在安史之乱发生之后,这里更让人感到生活的平静和安稳,从而更使人流连和神往。"两年谪宦在江西,举目云山要自迷。今日始知风土异,浔阳南去鹧鸪啼(《题前溪馆》)。""南方淫祀古风俗,楚妪解唱迎神曲。锵锵铜鼓芦叶深,寂寂琼筵江水绿。雨过风清洲渚闲,椒浆醉尽迎神还。帝女凌空下湘岸,番君隔浦向尧山。月隐回塘犹自舞,一门依倚神之祜(《夜闻江南人家赛神,因题即事》)。"

一幅幅风俗画,在李嘉祐笔底润色成形,即使经过了一千多年的岁月,也仍然让人感到历历在目,如临其境。

李嘉祐和曾旅居鄱阳的另一位地方官诗人刘长卿,交情很深。其中既有共同的文学爱好——诗歌的联系,又有共同经历的维系。由于都有仕宦、贬谪经历,又都在江南吴越荆楚一带生活过,社会地位、地理背景相同,表现出的倾向也就大体一致。代表人物是刘长卿,而李嘉祐以及韦应物、戴叔伦、独孤及、张继、戎昱、严维等,都是这个圈子里的人。这些人长期为官四方,羁旅辛劳,亲身体验到战乱流离之苦,目睹了战争给社会造成的灾害。作为地方官,他们看到了民生处境艰虞,想尽力做点好事,济世爱民,于是也受到了百姓的爱戴。在这样的情况下,李嘉祐反而因自己能力有限而惭愧,产生"谁言宰邑化黎庶,欲别云山如弟兄"这种心境也就情有可原了。尤其是在他尽过力,却无法为百姓解决困难的时候,他更是深感内疚。

唐代宗大历六年(771),李嘉祐出任袁州刺史,与李白、钱起、皇甫曾和皎然相识。

李嘉祐是唐代时任职鄱阳的一位难得的地方官,一位朋友。作为诗人,李嘉祐的文学地位也值得一说。稍长于戴叔伦的李嘉祐,在鄱阳寓居了一段时间。他们同为江南地方官诗人群中的人物,但在写鄱阳诗的数量上,戴叔伦远远不及李嘉祐。李嘉祐出于对鄱阳人的感情,每篇诗作都朴实深情、娴雅自然,不失潇洒旷达之致、清幽淡远之风。他擅长侧面用笔,以白描的手法写作,使诗显得更加清丽。此外,大历期间的诗人,多刻意用五律体式。李嘉祐不同,他擅长七律。李嘉祐的七律结构完整,笔法熟练,在技巧上有相当高的水平。每篇诗作,都采用白描勾勒,使诗的感染力加大。人们评价李嘉祐的诗"冷艳委婉,有齐梁风,含蓄有味,颇富感染力"。而鄱阳,因为有李嘉祐留下的诗篇,显现出更华丽的光彩。

第五琦：行之信义守恭勤

第五琦（729—799），字禹珪，京兆长安（今西安市）人，中唐著名理财大臣。

第五琦自幼丧父，由哥哥第五华抚养长大。他从小聪明好学，特别喜欢研究经济、财政问题，怀有富国强兵的才干。十五六岁时，他就在左散骑常侍兼江淮租庸转运使韦坚手下任职。他多次到江南一带，对这里的民情、物产、财富、交通运输等情况比较熟悉。

天宝五年（746），韦坚被李林甫陷害，第五琦暂时回家赋闲。不久，他被朝廷任命为须江（原钱塘县今杭州地区）县丞。本郡太守贺兰进明对第五琦的才华非常赏识。安史之乱爆发后，贺兰进明被调往北海郡担任太守，他奏请朝廷让第五琦做他的录事参军。安禄山叛军来势凶猛，很快占领了河涧、信都等五郡。北海郡守贺兰进明不敢出兵同安禄山叛军作战，唐玄宗闻后大怒，派遣使者督促贺兰进明出战，并说："如不进兵收复失地，就要被就地斩首。"贺兰进明十分恐惧。第五琦建议，用极厚的财帛招募敢死勇士，并出奇兵迎战安禄山。贺兰进明采纳了第五琦的建议，果然很快收复了失地。这时，唐玄宗已西逃到了四川。第五琦受贺兰进明的派遣，向唐玄宗报告军事情况。第五琦在赴蜀的途中，反复思考着平叛战争中军饷的需求和筹办、转运等问题，终于想出了办法。他面见玄宗时，除详细陈述贺兰进明收复失地的情况外，还恳切地向玄宗进言："要消灭安禄山、史思明的势力，取得平叛战争的胜利，首先必须兵强马壮，而粮饷供应问题又是当前保证兵强马壮的关键。现在关中中原战火纷飞，生产遭到严重破坏，财富来源不足，只有江淮一带财富资源充足。陛下如能授予我一个相应的官职，我愿意将江淮一带的财货飞运关中供应军需，以解陛下的忧虑。"玄宗听了非常高兴，立即授予第五琦以监察御史兼江淮租庸使的职务。从此，第五琦开始发挥他的专长，担当起为朝廷理财的重任。

第五琦奉命到了江淮以后，很快征集了大批物资和运输力量，准备运往关中支援平叛战争，但这时的转运却出现了新的困难。第五琦从前跟随韦坚从江南向长安运输财物，是由水路自长江、运河，经洛阳入黄河到潼关，再经潼关由漕渠,直运长安御苑东侧的"广运潭"。那时候,唐玄宗还亲自登上"望春楼",观看船队载物入京的盛况。而这个时候,东都洛阳和中原大部分地方已被安禄山的叛军占领,原来的运输路线已无法通过。面对这种情况,第五琦经过反复思考,改为溯长江、汉水而上,先把物资运到汉中,然后由陆路越秦岭转运到关中,终于解了平叛大军的燃眉之急,有力地支援了收复长安的战争。

　　肃宗李亨即位并驻彭原(今甘肃庆阳),第五琦又到彭原向肃宗奏事。至德二年(757),肃宗南下到达凤翔(今陕西凤翔县),部署平叛战争。第五琦在永王璘兵败、江南平定后,将赋银运至凤翔。当时,中央管理财经的部门"本司职事久废,无复纲纪,徒收其名,而莫总其任,国用出入,无所统之",收支十分混乱。为改变这种状况,肃宗分设度支、盐铁转运等专使。肃宗对第五琦的才干和功绩倍加赞赏,加授他司虞员外郎,兼山南等五道支度使,成为管理地方财政的官员,第五琦正式开始了财政管理生涯。

　　第五琦"促办应卒,事无违阙","百姓除租庸外,无得横赋",既没有加重人民的负担,又增加了国库的收入。他主持财政期间,取消了户部、司农、太府等部门的收支权,财政统归皇帝调度使用,初步改变了以前开支混乱、国库亏损严重、权臣贪官作弊的局面。加兼盐铁、铸钱使后,他改革盐业,由国家直接控制与掌握产、运、销事业。"就山海井灶"之地,设置盐院,规定凡采盐的百姓须经官府批准,著其户籍为"亭户",免去各项杂徭。所采盐均由盐院收购,再由官府加价出售。凡私采私售盐者,以法处置。这样,仅盐业一项就迅速增加了国库收入,在短期内扭转了财税局面,使唐朝廷能勉强支持平叛战争。很快,第五琦迁为户部侍郎,兼御史中丞、专判度支,兼领河南等道转运、租庸、盐铁、铸钱,太府出纳、山南东西、江淮南馆驿等使,集财权于一身。乾元二年(759),第五琦任同中书门下平章事。

　　为了解决货币支付问题,第五琦于乾元元年(758)奏请铸以一当十的"乾元重宝"钱,乾元二年(759)又强行铸以一当五十的"乾元重轮"钱。加上开元通宝钱,三种货币同时流通,使得通货贬值,物价飞涨,人民遭受饥饿之苦,路毙者枕藉。私人偷铸钱币的问题时有发生,严重扰乱了国家金融市场。仅京兆一地,私铸者达八百人之多,这种局面引起广大人民的不满,朝野上下一片怨声,朝臣纷纷上奏弹劾。于是,皇帝在当年十月贬他为忠州长史。在去贬地途中,有人告发他曾受人贿赂黄金二百两。御史追究,第五琦否认,复被流配夷州(在今贵州凤冈县)。

代宗宝应元年(762),平叛战争进入最后时期,因财政需要,皇帝重新起用第五琦为朗州刺史。不久,他入朝任太子宾客。宝应二年(763),吐蕃乘唐军东征、关中空虚之机,发兵东攻,攻入长安,代宗皇帝逃往陕州。关内副元帅郭子仪受命抵抗吐蕃军队,奏请用第五琦任粮料使,兼御史大夫,充关内元帅副使。吐蕃退兵,郭子仪收复京城,奏改第五琦为京兆尹。年底,代宗返京,命第五琦为专判度支,后又加京兆尹,改户部侍郎、判度支,累封为扶风郡公。永泰初年,第五琦充诸道铸钱、转运、盐铁等使,与刘晏分掌全国财政,使国家财政有所好转。他前后主持财政十余年,对发展经济、解决国家财政困难、支持平叛战争有一定的贡献。

代宗大历五年(770),骄横不驯的大宦官鱼朝恩被杀,第五琦素与他有交,代宗又下令裁撤度支使以及关内等道转运使、常平使、盐铁使,其实就是削去第五琦的职务,而由宰相亲自兼任。史称:"鱼朝恩伏诛,琦坐与款狎。"后出任处州刺史,大历八年(773)改饶州刺史,大历十三年(778)改湖州刺史,大历十四年(779)召为太子宾客。

建中元年(780),唐德宗李适登基。德宗贞元中期,第五琦被召回京,以太子宾客充东都留守。贞元十五年(799),第五琦被召回长安而卒,时年七十岁。朝廷追赠其为太子少保。

第五琦擅写诗,独孤及有《与第五相公书》云:"垂示《送丘郎中》两诗,词清兴深,常情所不及。'阴天闻断雁,夜浦送归人。'隽丽闲远之外,文句窈窕凄恻……《送梁侍御》六韵,清丽妍雅,妙绝今时,掩映风骚,吟讽不足。"

韦伦：和蕃使者事孝悌

韦伦(716—799),是开元、天宝年间朔方节度使韦光乘之子。

韦伦年轻时以祖荫积官,被授予蓝田县尉之职。他担任吏职时勤恳认真,杨国忠命他暂署铸钱内作使判官。当时,杨国忠恃宠专权,又追求名声,大多征召各州、县的农民铸钱。农民不是本行当的工匠,被差遣他们的人逼着服役,多数遭受鞭打责罚,人人都过不下去。韦伦对杨国忠说:"铸钱要懂行的手艺人,如今逼着一般农民干这种活,特别费力却没有效果,人们还会生出议论。请公开在市面上以优价招募懂得这种手艺的人干。"从此,被强派来服役的人减少了,铸的钱却增加了。至德元年(756),皇宫内土木营造的工程,一天都没有停止过。那些营造的工头、官员狼狈为奸,韦伦便亲自监督视察,使耗费减少了一半,于是改任大理寺评事。

安禄山谋反后,皇上的车驾去蜀州,封韦伦为监察御史、剑南节度行军司马,兼充置顿使判官,随后又改任屯田员外郎兼侍御史。这时内监和禁军相继到达蜀州,他们到处侵害地方,人们都说难以治理。韦伦带头以清廉简朴影响这些人,蜀州地区都仰赖他而得到安稳。但韦伦遭到了太监的谗言诽谤,被贬职为衡州司户。当时京都、河南都陷落于贼军之手,漕运的水路被阻断了,度支使第五琦认为韦伦有治理地方的才能。在第五琦的推荐下,朝廷授予韦伦商州刺史之职,并充任荆、襄等道租庸使。那时,襄州的将士康楚元、张嘉延聚合部众叛乱,凶暴的党徒达一万多人,自称为东楚义王。襄州刺史王政弃城逃走,张嘉延又向南进军攻破江陵(今湖北荆州),汉水、沔水的粮食运输被阻断,朝廷缺粮。韦伦便调动军队驻扎在邓州边界,贼军有来投降的,韦伦必定给予优待。几天以后,康楚元的部众就比较松懈了,韦伦趁机进军对贼党进行攻击,活捉康楚元献给朝廷,其余的部众全部逃散。这次行动共收取租庸钱物将近二百万贯。荆州、襄州(今湖北襄阳)二州平定,皇上下诏授予崔光远襄州节度使,征召韦伦为卫尉卿。十天以后,韦伦又以本职兼任宁州刺史、招讨处置使等,随即又兼任陇州刺史。

乾元三年(760),襄州大将张瑾作乱,杀害节度使史岁羽。朝廷即任命韦伦为襄州刺史,兼御史大夫及山南东道、襄州、邓州等十州的节度使。当时李辅国掌权执政,节度使的任命都出自他的门下。韦伦是被朝廷公开任用的,私下里不拜见李辅国,因而他接受任命还没有上路,就又被改任秦州刺史,兼任御史中丞及秦州防御使。当时吐蕃族、党项族年年入侵,边防的将士疲于奔命尚且来不及。韦伦到达秦州以后,多次和敌人作战,因为兵少又缺乏后援,以致多次失败,接连被贬为巴州长史、思州务川县尉。

代宗即位之后,起用韦伦为忠州刺史,又历任台州、饶州二州刺史。因为太监吕太一在岭南假传皇上的诏命作乱,朝廷任命韦伦为韶州刺史,兼任御史中丞和韶州、连州、郴州三个州的都团练使。后来吕太一以贿赂实行反间计,韦伦被贬为信州司马、虔州司户、随州司户、随州司马,后来被赦免,在洪州旅居十多年。

代宗在位期间,吐蕃数次派遣使者请求和好,但对唐朝的侵扰劫掠并未止息。吐蕃占领河陇地区后,五十多万河陇汉族处于吐蕃的统治和奴役之下。这些人绝大多数沦为奴隶,替吐蕃奴隶主耕田放牧。吐蕃还将大批河陇汉族壮丁驱为兵卒。在吐蕃的统治下,河陇地区的汉族人按吐蕃制度编为部落,由吐蕃委任降服的汉族官员或地主为官,按部落征收赋税徭役。这些汉族部落被冠以汉姓,如赵家族、马家族、蓝家族。所有唐人都被迫改换服装,只准每年元旦用唐衣冠祭拜祖先。每逢此日来临,唐人皆向东向号哭,盼望唐朝来收复故疆。

建中元年(780),韦伦出使吐蕃归国,经过河陇地区,一路见唐人"皆毛裘蓬首,窥觑墙隙,或捶心陨泣,或东向拜舞,及密通章疏,言蕃之虚实,望王师之至若岁焉"。代宗拘留了吐蕃前后八次派来的全部使者,其中有些人直到老死也没能回归吐蕃。俘获的吐蕃人,则统统被发配到长江以南和五岭以外。

德宗即位后要挑选一个能够出使极远地域的人,于是召回韦伦,拜他为太常寺少卿兼御史中丞,持节旄充任通好吐蕃的使臣,韦伦在前往逻些(今西藏拉萨市)的途中,吐蕃又从南方向唐朝发起了新一轮的攻势。大历十四年(779),吐蕃联合南诏出兵十万,兵分三路,一路朝茂州(今四川省茂县),一路朝扶州(今四川省九寨沟县)、文州(今甘肃省文县),一路朝黎州(今四川省汉源县)、雅州(今四川省雅安市),入侵蜀地,被李晟率神策军击破。

韦伦在朝廷的旨意下,全数召集俘虏来的五百吐蕃人,每人赐给衣服一套,将他们遣返吐蕃。韦伦到达吐蕃后,首先宣示皇帝的恩宠,其次叙说国家的威力以及德政远扬的情况。吐蕃人非常高兴,吐蕃国王献上当地的特产。韦伦出使回朝后,升任太常寺卿兼御史大夫,加授银青光禄大夫。后来再次入吐蕃,奉命出使的情况既使皇上满意,又使吐蕃尊敬佩服。韦伦曾就朝廷的得失多次上疏谈及。然而韦伦被宰相卢杞厌恶,于是改任太子少保,积官加授为开府仪同三司。

因为已经年过七十,韦伦上表请求辞官,朝廷改任他为太子少师让他离任,封他为郢国公。韦伦在家中孝顺友爱,以慈爱地抚育弟弟、侄儿著称。贞元十四年(798)十二月,韦伦去世,时年八十三岁。朝廷追赠他为扬州都督。

裴谞：宽厚和易为民本

裴谞(719—793)，字士明，闻喜人(今山西运城)。父裴宽，礼部尚书，有重名。

裴谞年轻时便被推举为明经，补河南府参军。因为他办事利索简率，不喜欢琐碎，很快升为京兆仓曹。后来父亲病故，裴谞便居住在东都洛阳。这时候安禄山攻陷长安、洛阳。东都被收复后，裴谞迁太子司议郎。不久，虢王李巨举荐他担任侍御史、襄邓营田判官。李巨的曾祖父虢王李凤，是高祖之第十四子，开元中为嗣虢王。当时，裴谞因为母亲故去，正在洛阳家中守孝。叛兵入城之后，他就逃到山谷之中隐藏起来。史思明曾经是裴宽的部将，因怀念裴宽旧日的恩德，加之早已听说裴谞的名声，于是派出骑兵四处搜寻。找到之后，史思明高兴得连呼"郎君"，立即授予伪职御史中丞。裴谞迫于无奈，表面接受了这一官职，内心却忠于李唐王朝。所以当安史叛贼在洛阳大肆残害唐室宗亲时，他总是利用职权之便，暗中千方百计地予以宽解拖延，使数百人保全了性命。后来，裴谞了解到叛贼的内部虚实之后，立即起草奏疏向唐朝廷报告。此事败露后，史思明愤恨得连声责骂，几乎要把他杀死，裴谞始终不为所动。当安史叛乱被平定之后，唐朝廷为表彰他的忠诚，特地提升他为太子中允，并很快迁考功郎中，唐肃宗多次设宴召见他。

唐代宗广德元年(763)，吐蕃兵至长安城外的便桥。当时代宗皇帝避难到了陕州(河南陕县)，满朝文武四处藏匿，六军逃散，唯有裴谞带上考功南曹的印鉴，徒步奔赴皇帝行营。唐代宗感叹地说："疾风知劲草，裴谞果然大堪信任。"并准备提升他为御史中丞，由于宰相元载的阻挠，拜为河东租庸、盐铁使。

永泰元年(765)春天，关中大旱，斗米值千钱。裴谞入朝奏事，唐代宗一见面就问他全年的收支情况，利润有几成，裴谞迟迟不回答。唐代宗又问，裴谞说："我正在想问题。"代宗问："想什么？"裴谞答道："臣自河东至京师，三百里之内，所经之处禾稼全部未能种上。农民们愁苦忧伤，束手无策。本以为陛下

171

体念天下百姓,见臣后必定首先问老百姓的疾苦,哪曾料到却是关心臣为陛下营利几何。孟子说:'治国者,仁义而已,何以利为?'所以我不敢马上回答陛下。"唐代宗深为感动,说:"若非你讲,我听不到这样的忠悫之言。"代宗于是改任裴谞为左司郎中,并多次征询他关于政事的意见。由于元载的忌恨,裴谞不久又调任虔州(江西赣县)刺史,历饶(江西鄱阳)、庐(安徽合肥)、亳(安徽亳县)三州刺史,后内调右金吾将军。

唐德宗即位之初,以刑名治天下,满朝文武无不凝神屏息,唯恐越雷池一步,招来灾祸。当时,唐代宗的丧事行将结束,而禁屠杀的命令还没有撤销,尚父郭子仪的家奴却在家宰羊,裴谞依例立即向德宗举报,唐德宗由此认为裴谞不畏强权,对他很有好感。有人不以为然,责问裴谞:"尚父有功于社稷,难道你连一点小过也不肯庇护?"裴谞笑道:"这里的奥秘你就不懂了,尚父功高位尊,隆盛无比,新天子初即位,一定以为依附他的人很多,对他心存疑忌。如今他有小错我即举发,恰好证明了尚父并不恃权仗势。这样做,对上,我们尽了为臣之道;对下,则维护了大臣的安全,何乐而不为呢?"问者自愧不如。

唐德宗为了使民间冤抑上达天听,特地在朝堂上设置了一个三司合议机构,审决民间狱讼。于是每天朝堂前面,凡有争辩不服者就来"击登闻鼓"。裴谞认为这项措施不妥,上奏说:"设置谏鼓、谤木之类,原本是为了洗雪沉冤、延纳直言,如今诡谲狡猾之徒,随随便便就来惊动皇帝,所争不过一些细微小事,这样下去,还要各级官吏干什么!"唐德宗采纳了他的意见,各类案件又复归有关机构处理。裴谞考虑到各级执法官员往往舞文弄法,凭一己好恶恩怨,任意量刑定罪,于是就编写了《狱官箴》献上,以起讽劝警戒之用。

裴谞后来因事受到牵连,被贬为阆州(四川阆中)司马,但不久即召为太子右庶子,后历兵部侍郎,至河南尹、东都副留守。因先祖曾有四代担任过这个职务,所以裴谞上任后一直不肯坐在主位上处理公务。贞元九年(793)十一月,裴谞以疾终,年七十四。朝廷追赠他为礼部尚书。

裴谞不论身居要职还是封疆地方,始终关心民间疾苦,长诗《储潭庙(大历三年戊申岁)》是他民本思想的体现:"江水上源急如箭,潭北转急令目眩。中间十里澄漫漫,龙蛇若见若不见。老农老圃望天语,储潭之神可致雨。质明斋服躬往奠,牢醴丰洁精诚举。女巫纷纷堂下舞,色似授兮意似与。云在山兮风在林,风云忽起潭更深。气霾祠宇连江阴,朝日不复照翠岑。回溪口兮棹清流,好风带雨送到州。吏人雨立喜再拜,神兮灵兮如献酬。城上楼兮危架空,登四望兮暗濛濛。不知兮千万里,惠泽愿兮与之同。我有言兮报匪徐,车骑复往礼如初。高垣墉兮大其门,洒扫丹臒壮神居。使过庙者之加敬,酒食货财而有余。神兮灵,神兮灵,匪享慢,享克诚。"

　　裴谞任地方官时,对民间的诉讼多幽默地予以化解,如《又判争猫儿状》:"猫儿不识主,傍家搦老鼠。两家不须争,将来与裴谞。"另一首《判误书纸背》也异曲同工:"这畔似那畔,那畔似这畔。我也不辞与你判,笑杀门前著靴汉。"

李复：收复琼州利后代

李复（739—797），字初阳，唐朝宗室淮安靖王李神通曾孙，以荫仕，累为江陵司录参军。

唐代宗广德元年（763）的冬天，吐蕃攻陷京师长安，皇帝坐车出逃陕州，败兵和附近城乡逃命的人聚在一起做强盗。代宗认为卫伯玉有干略，可担负重任，于是升任他为江陵尹兼御史大夫，充荆南节度观察等使，寻加检校工部尚书，封城阳郡王。而卫伯玉则认为李复很有才能，上表皇帝将其升为江陵令，迁少尹，即做他的副职。

唐德宗建中元年（780），李复任饶州刺史，其间带领军民于县东北三里处修筑圩堤，人称"李公堤"。在鄱阳任职后，李复任苏州刺史。

建中四年（783），淮西节度使李希烈反叛，张伯仪担任普王李谊属下的后军兵马使，奉命与山南东道节度使贾耽、山南牙将张献甫，合军收复安州（今湖北安陆）。但唐军作战不利，张伯仪身中流矢，唐军最终全军覆没，张伯仪丢失所持的旌节。叛军乘胜追击，张伯仪奋战抵御，两军相攻僵持，适逢援军抵达，张伯仪才得以安全退回。到汉水时，张伯仪征用了野人船至沔州。唐军的溃兵回到江陵，在府衙大哭。张伯仪的妻子亲自慰问勉励，并拿出家中的帛赠予溃兵，这才避免了一场兵变。张伯仪收拢散兵后，也返回江陵。朝廷以李复在江陵得士心，后因母丧任少尹，充行军司马，辅佐张伯仪。直到张伯仪改官，李复才改任容州（今广西容县）刺史，兼本管招讨使。还在西原叛乱时，官府将反叛者抓到后，没有将他们充为奴婢，而是长期服役。李复履职后派人为他们寻访亲戚，一律将他们放回。李复在容州三年，当地安宁，而转任岭南节度使。

李复去岭南任职时，安南经略使高正平、张应相继病故，其佐李元度、胡怀义等因阻兵威胁州县，大肆不法受贿。李复到职后，设计将胡怀义杖死，将他的家眷流放，使当地人肃然起敬。与此同时，李复还教老百姓制作陶瓦，并出告示安抚少数民族。

李复一生中最让后世不忘的功绩，是他任岭南节度使时，收复了琼州，也就是海南岛。正是这种功绩,使得海南遵谭一带将他尊为神明,成为境主,享有盛誉,并位居五神之首。

说到琼州,可以追溯到东汉建武十九年(43),马援抚定珠崖,时局渐趋稳定。可是没多久,汉末大乱,一直到南北朝梁大同年间(535—545)冼夫人平定岭南期间,海南一直游离于中央政府的统辖之外。唐乾封二年(667),琼州(州治在今琼山区甲子镇)境内黎民起义,占领琼州城达122年之久。直至唐德宗贞元五年(789)十月,岭南节度使李复派遣官兵悉力攻讨,累经苦战,终于将海南收复,并上《收复琼州表》。李复的作用不仅在于收复了海南,更大的功绩是助力打通我国海上"丝绸之路"。

唐代是海上"丝绸之路"高度发展和鼎盛的时期。据《唐方镇年表》卷七《岭南东道》载:贞元三年(787),李复为广州刺史、岭南节度使;贞元四年(788)为江陵少尹,复任容州刺史兼御史中丞;贞元六年(790)至八年(792),复为岭南节度使。

为加强对海南岛这个海上"丝绸之路"咽喉地带的控制,李复在任职期间建议唐朝廷在隋朝的基础上,对海南的行政建置做较大的调整和加强。

唐初,沿隋旧制,海南分为三个州;唐太宗贞观五年(631),拆崖州之琼山为琼州,海南增至四州;从唐玄宗至肃宗时,海南又增至五州,并一度将州改为郡,从而建立起了一整套对海南进行有效控制的行政管理体系。唐中叶以后,这套体系得到了进一步强化。

李复在担任岭南节度使期间,派遣将领孟京,领兵讨伐琼州不服从唐政权管辖的酋豪,在海南"建立城栅,屯集官军",使海南岛及周边的广大海域,都置于唐朝军队的控制之下。这一举措使航行在南海海域的中外商船的安全得到了更加有效的保证。随着国内政治局势的变化和经济重心的南移,南国重镇广州在唐代初年一跃成为南方沿海的中心港口城市和国内最大的对外贸易港。开元二年(714),唐朝在广州设立市舶司,以加强对广州港的管理。海南岛是自广州港出发,驶往东南亚和阿拉伯航线的必经之地,其重要性不言而喻。《新唐书》中就详细记载了广州经由海南岛到阿拉伯各国的航线:"广州东南海行,二百里至屯门山(今广东深圳南头),乃帆风西行,二日至九州石(今海南东北海域七洲列岛),又南二日至象石(今海南东南海域的独珠石)。又西南三日行,至占

不劳山（今越南占婆岛），山在环王国（即占城国）东二百里海中。……小舟溯流二日至末罗国（今伊拉克巴士拉），大食重镇也。又西北陆行千里，至茂门王所都缚达城（今伊拉克巴格达）。"这条航线最后一直延伸到东非海岸，全长14000公里，途经90多个国家和地区，据考证这是当时世界上最长的远洋航线。而这段历史，在《新唐书》中，只不过是"镌谕蛮獠，收琼州，置都督府，以绥定其人"寥寥数语。为此，李复得到朝廷肯定，召拜宗正卿，历华州刺史。

  贞元十年（794），郑滑节度使李融卒，军府之政委于赵隐。大将宋朝晏构三军为乱，半夜发动，赵隐与监军带领士兵等待。到天明，叛乱的士兵自溃，当天便被诛斩殆尽。朝廷以李复为检校兵部尚书代李融节度。李复下令军士屯田、营田以保证军士自食，所以不增加老百姓的赋税。民众非常高兴，朝廷便授予他检校尚书右仆射的官衔。李复五十八岁卒，赠司空，谥曰"昭"。

  李复屡次镇守地方，所到之地治理有方，但因贪财而被后人讥讽。

杜佑：富国安人为己任

杜佑(735—812)，字君卿，京兆万年(今陕西西安附近)人。杜佑生于世宦之家，以荫入仕。父亲杜希望，官至鄯州都督、陇右节度留后(即代理的意思)。

杜佑年幼时读书就很勤奋，经传之外，尤其重视历史典籍的学习。十八岁时，杜佑以父荫任济南郡参军、郯县丞。至德元年(756)杜希望的好友韦元甫做润州(今江苏镇江)刺史，杜佑特意前往看望，韦元甫以故人子将杜佑留于住所。有一次，韦元甫遇到一件疑案，不好处理，便征询杜佑的意见。杜佑对答如流，很得要领。韦元甫非常满意，便派他做司法参军。后韦元甫为浙西观察使、淮南节度使。杜佑一直在他的幕府中任职，深得信任，后由殿中侍御史转主客员外郎。

大历六年(771)，韦元甫死，杜佑才由淮南入京，为工部郎中，充江西青苗使，转抚州(今江西临川)刺史，改御史中丞，充容州(今广西北流)刺史兼容管经略使。他在江西、广西一带做了好几年地方官。

大历十四年(779)，德宗李适即位。李适励精图治，不降低用人条件，以道州司马杨炎，为门下侍郎同平章事。征杜佑入朝为工部郎中，历任金部郎中，权江、淮水陆转运使，改度支郎中兼和籴使等。那时正用兵于河北诸镇，军需紧急，"馈运之务，悉委于佑"。不久，杜佑升为户部侍郎判度支，总领全国经费。当时军费开支浩繁，每月"费度支钱"一百多万贯。由于用度不足，德宗下令借富商钱，于是官吏大索商贾财货，闹得"长安嚣然如被寇盗"。杜佑看到这种情况，认为"百姓颇困，加赋攸难"，主张裁减官吏，节省开支，特地写了一篇《省官议》献给德宗。他指出"设官之本，为理众庶，所以古昔计人置吏"，但自中宗以来，用人无制，从朝廷到地方，有一大批闲散官员，浪费国家大量的开支，应该加以裁并。因为宰相卢杞当权，这个建议没有被采纳。卢杞为了排除异己，让杜佑出为苏州刺史。由于前任刺史以母丧去官，杜佑有母在堂，不愿赴任，于是改任饶州刺史，不久任御史大夫、岭南节度使。

贞元三年(787),杜佑被召为尚书左丞,复以御史大夫领陕州长史、陕虢观察使。两年后,杜佑迁检校礼部尚书、扬州大都督府长史,充淮南节度使。杜佑从贞元六年(790)赴扬州上任,在淮南做官十三年,做了几件重要的事情。初到淮南时,适逢旱灾,饥荒严重,他一面令富户出售粮食,救济灾民;一面革除苛捐杂税,安定社会。扬州久经兵乱,官舍多被毁坏。驻军没有营房,很多士兵住在破庙里;储备没有仓库,很多粟帛留在支郡中。杜佑庀材鸠工,兴建营房和仓库,解决了军队用房和财物储存的问题。为了发展农业生产,杜佑不但修整旧有的雷陂(江苏扬州市北一处用于灌溉的水塘),还开凿了新渠,以资灌溉;又开滨海弃地为稻田,稻子产量很高,积米至五十万斛。于是淮南兵精粮足,为四邻所畏。

贞元十六年(800),徐、泗、濠节度使张建封死了,军士拥立其子张愔,请求让他做节度使。朝廷不许,于是加杜佑检校左仆射,同平章事,兼徐、濠、泗节度使,叫他讨伐张愔。杜佑调集大批战船,派部将孟准为前锋,进攻徐州。但孟准的军队渡过淮河以后就吃了败仗,杜佑因此不敢进兵。这时,泗州刺史张伾出兵攻埇桥(在今安徽宿县南古汴水上),也大败而回。朝廷不得已任命张愔为徐州团练使,分濠、泗两州隶淮南,以杜佑兼濠、泗观察使。

杜佑生平好学,手不释卷,公事之余,勤于著述。他生活的年代,唐朝由盛转衰。他长期居官任相多年,对当时的政治、经济、军事状况比较了解,对朝政弊端也有所认识。作为一个关心唐朝命运的政治家,他以"富国安人之术为己任",针对时弊,提出节省开支、裁减官员的主张。他精于吏道,颇受朝野敬重。他曾耗时三十六年,博览古今典籍和历代名贤论议,考溯各种典章制度的源流,他以"往昔是非""为来今龟镜"为原则,终于在贞元十七年(801)完成了一部重要的历史著作——二百卷的巨著《通典》,并派人献给了朝廷。此外,他还撰写《理道要诀》一书,系《通典》的要义,被朱熹称为"非古是今"之书。可惜该书今已散佚。

贞元十九年(803),杜佑由淮南入朝,拜检校司空、同平章事。顺宗即位后,杜佑摄冢宰,加检校司徒,充度支盐铁等使。

元和元年(806),杜佑拜司徒、同中书门下平章事,封岐国公。这时河西党项潜引吐蕃入侵,边将贪功,请兵出击。杜佑上疏反对用兵。他历述前代开边黩武、兵连祸结的历史教训,明确指出党项寇边是"边将非廉,亟有侵刻,或利其善马,或取其子女,便贿方物,征发役徒,劳苦既多,叛亡遂起",因此不应轻易出兵,应当慎选良将,加固边防,"来则惩御,去则谨备"就可以了。宪宗采纳了他的意见。过了一年多,杜佑因年老请求致仕,宪宗不许,但令每三五日入朝一次,授其为平章政事。

元和七年(812),杜佑因病求退,宪宗不得已批准,杜佑就在这年冬天逝世,终年七十七岁,赠太傅,谥曰"安简"。

杜佑本来是长安巨族,坐镇扬州,家财巨万。在京城安仁里有府第,在城南樊川又有别墅,亭馆林池,为城南之最。他常与宾客置酒为乐。子弟都在朝中做官,一时贵盛无比。杜佑有三子十孙。长子杜师损,次子杜式方,三子杜从郁。其孙杜悰(杜式方之子)后来也做到宰相,杜牧(杜从郁之子)为晚唐著名诗人。

郑珣瑜：贱敛贵发以便民

郑珣瑜（738—805），字元伯，河南荥泽（今郑州市）人。唐代宰相，累官大理评事，迁吏部侍郎，为河南尹，进门下侍郎、同中书门下平章事。顺宗即位后以王叔文、韦执谊用事。郑珣瑜忧愤不已，卧家七日不出，罢为吏部尚书，数月病卒，谥号"文献"。

由于父亲早亡，郑珣瑜年幼时生活非常艰难。唐朝天宝年间（742—755），安史之乱爆发，他在陆浑山（在河南洛阳）一边耕田，一边发奋读书，孝敬奉养母亲，从不麻烦乡邻。转运使刘晏奏补他为宁陵、宋城县尉；山南节度使张献诚推荐他担任南郑丞，他都不答应。功夫不负有心人，郑珣瑜学有所成，步入了仕途。为官之后，刚直不阿，清正廉洁，而且直言善谏，是有名的清廉大臣。

唐朝大历七年（772），唐代宗下诏，命他主持文科高第科举考试，并授予他大理评事一职，调阳翟（今河南省禹州市）丞，因出类拔萃，提升为京城直辖的万年县（今陕西西安）县尉。

大历十三年（778），崔祐甫担任宰相，升郑珣瑜为左补阙，出任泾原（今宁夏固原）节度使府判官。郑珣瑜后入朝担任侍御史、刑部员外郎，因为母亲的丧事解职，服满后升入吏部。贞元元年（785），皇帝下诏挑选十位省郎，即皇帝的侍从官或者中枢诸省的官吏，治理畿、赤（即京城附近和国内的县）。郑珣瑜以检校本官兼奉先（今北京房山区）县令。第二年即唐德宗贞元二年（786），郑珣瑜被提为饶州刺史，不久，入朝任谏议大夫，升为吏部侍郎。后来，郑珣瑜到故乡河南任职，做了河南尹。

郑珣瑜为人正直，不论在哪里为官，都懂得体恤民情，因此深受百姓的爱戴和敬仰，后又升迁为门下侍郎（皇帝的侍从，地位接近宰相），并很快做了同中书门下平章事，也就是宰相。

郑珣瑜接到任河南尹的诏命，准备上任时，正赶上唐德宗过生日。当时，满朝文武大臣纷纷给皇帝献礼以示祝贺。郑珣瑜的下属也劝他备礼祝寿，他却说："还没到任就给皇上送礼祝寿，这不合情理，我不能这样做！"

郑珣瑜生性严厉，说话少，从来没有因为个人委托别人，别人也不敢求他办私事。在河南任职期间，他办事公道，并大力减轻农民的赋税，以"贱敛贵发"的措施，平抑粮价，方便民众，为百姓办了很多好事。当时，韩全义带领军队攻打蔡国，河南主运输，以供给官军。韩全义曾写信给他，想多得到一些军饷。郑珣瑜认为这不是诏令约定的，就挂壁不酬。他说："国家没有安排，军饷按照国家的标准全额拨付，一点也不能多给。"到战争结束，他总共收到了好几百封信。有人进谏说："军队需要是当务之急，您为何不报？"郑珣瑜说："武士统领大军，多依靠索求。如果朝廷认为有罪，主政者是应该连坐的。"所以下属没有怨言。

回京出任宰相时，京兆尹李实派下属给他送来金银珠宝，想贿赂他，他气愤地对李实说："国家拨付给各级官府的钱财都有定数，你的这些金银珠宝是从哪里来的？"李实无言以对。

永贞元年（805），唐德宗驾崩，唐顺宗李诵即位。他的东宫旧臣王叔文、王伾居翰林用事，韦执谊为宰相。他们与柳宗元、刘禹锡等人结成政治上的革新派，共谋打击宦官势力。朝廷宣布罢宫市和五坊小儿，停十九名宦官的俸钱；任朝臣范希朝为左、右神策京西诸城镇节度使，韩泰为行军司马，以图逐步收夺宦官的兵权。此外，顺宗和革新派还罢免贪官京兆尹李实，蠲免苛杂，停止财政上的"进奉"。这些改革措施都具有进步性，但引起以俱文珍为首的宦官集团及与之相勾结的节度使的强烈反对。最后，俱文珍等人发动政变，幽禁顺宗，拥立太子李纯。王叔文被贬后赐死，王伾外贬后不久病死，柳宗元、刘禹锡、韩泰、陈谏、韩晔、凌准、程异及韦执谊均被贬为外州司马，史称"二王八司马"。改革历时一百余日，以失败告终。

郑珣瑜和王叔文的政见不同。

唐朝时期，宰相在中书省会餐，按照惯例，百官是不能谒见打扰的。但王叔文却不顾这一惯例，径自到中书省寻找宰相韦执谊商议事情，还将拦阻的小吏怒斥一通。而韦执谊竟然亲自迎接，还将一同会餐的宰相杜佑、高郢、郑珣瑜丢在一边，与王叔文到别处另外进餐。郑珣瑜生气地说道："作为宰相被人羞辱到这个分上，我还有什么脸面再待在这相位上呢！"他径自返回家中，一气之下，辞去宰相一职，回到家乡郑州，闭门不出。六十七岁时，郑珣瑜因病去世。

郑珣瑜的儿子郑覃，承父荫在弘文馆担任校书郎，步入仕途。此后，他担任过拾遗、补阙这样的小官,后又历任考功员外郎、刑部郎中。唐宪宗元和十一年(816),郑覃被任命为谏议大夫,当上了高官。长庆四年(824),穆宗驾崩,唐敬宗继位,郑覃被任为御史中丞,同年又临时兼任工部侍郎。宝历元年(825),他又被任为京兆尹。宝历二年(826),唐敬宗被弑,其弟唐文宗继位,郑覃被任为左散骑常侍。太和三年(829),郑覃又被授予翰林侍讲学士;翌年,又任工部侍郎。

  郑覃对中国古典典籍很有研究,行事正直,文宗因此尊敬他。郑覃虽然博学,却不善著文,不喜欢在科举中长篇大论的考生,甚至建议废除科举。这一建议被文宗拒绝。当文宗和郑覃谈诗时,郑覃说眼下的诗语言过多,往往词不达意。在郑覃的建议下,文宗开始了一项工程:将修改、加注后的典籍刻在石碣上,在太学展览。在郑覃的推荐下,由大臣周墀、崔球、张次宗、孔温业负责,这项工程直到开成二年(837)郑覃拜相才完成。完工后,郑覃兼任门下侍郎、弘文馆学士,负责为皇家修史。

  开成三年(838),郑覃请辞。文宗没有答应,却允许他隔三五天到宰相官署报到。后郑覃再次担任右仆射。840年,唐文宗驾崩,其弟唐武宗继位。不久,李德裕复相,推荐郑覃复相。郑覃称有足疾,拒绝了。842年,他以代理司徒的头衔退休,同年去世。

李吉甫：抑藩治吏两为相

李吉甫(758—814)，字弘宪，唐代政治家、地理学家，赵郡赞皇（今河北赞皇）人，御史大夫李栖筠之子。李吉甫的父亲李栖筠为代宗朝御史大夫，名重一时，李吉甫以父荫补仓曹参军。

李吉甫年轻时勤奋好学，善写文章，二十七岁便担任太常博士。他学识渊博，尤其精通国朝典故，历任屯田员外郎、驾部员外郎，受到宰相李泌、窦参的器重。贞元八年(792)，李吉甫被外放为明州（今浙江鄞州）长史，后起用为忠州（今重庆忠县）刺史，历任柳州（今广西柳州）刺史、饶州（今江西鄱阳）刺史。

贞元二十一年(805)，唐宪宗继位，征召李吉甫回朝，授为考功郎中、知制诰。他返回朝廷后，又被召入翰林院，担任翰林学士，并改任中书舍人，获赐紫衣。

元和元年(806)，西川节度副使刘辟叛乱。朝臣都认为蜀地险要，易守难攻，不主张出兵讨伐。宰相杜黄裳却极力主战，还推荐神策军使高崇文为伐蜀主帅。李吉甫也赞同出兵。唐宪宗便命高崇文与山南西道节度使严砺入川平叛。高崇文在鹿头关（在今四川德阳）久攻不破，李吉甫奏道："汉晋南朝五次伐蜀，四次都是沿江而上。江淮地区的宣州（今安徽宣城）、洪州（今江西南昌）、蕲州（今湖北蕲春）、鄂州（今湖北鄂州），强弓劲弩，号称天下精兵。陛下可让江淮军直捣三峡腹心，叛军必会分散兵力，前去救援，而且高崇文担心江淮军率先建功，也会增强斗志。"西川平定后，李吉甫又建议让高崇文、严砺分别节度西川（今四川成都）、东川（今四川三台），使两川相互制衡。

元和二年(807)，杜黄裳罢相，李吉甫则被任命为中书侍郎、同中书门下平章事。他外放江淮十余年，深知百姓疾苦。拜相之后，鉴于藩镇节度使贪婪恣肆，他便奏请皇帝，让节度使属下各郡刺史独自为政。李吉甫还建议禁止州刺史擅自谒见本道节度使，禁止节度使以岁末巡检为名，向管内州县苛敛赋役。

镇海节度使李锜骄横不法，李吉甫认定他会反叛，便劝宪宗召他回朝，加以控制。面对朝廷三次征召，李锜都称病不应，还以重金贿赂朝中权贵。元和二年（807）十月，李锜攻掠州县，发动叛乱。李吉甫道："李锜不过是个庸才，网罗的都是些亡命群盗，哪有什么斗志？如果朝廷征伐，定可成功。"他又征调素为江南藩镇所畏惧的徐州军、汴州军参与平叛，以震慑叛军。叛军听闻徐州（今江苏徐州）、汴州（今河南开封）兴师南下，果然斩杀李锜，向朝廷投降。李吉甫因功获封赞皇县侯。

李吉甫针对唐德宗以来对藩镇一直采取姑息政策的弊病加以改革，在拜相后的一年多时间内，共调换了三十六个藩镇的节帅，使得节度使难以长期有效地控制某个藩镇。

元和三年（808），右仆射裴垍结交权贵，想求取宰相的职务。当时朝廷正举行"直言极谏科"制举考试，有举子在考卷中抨击朝政，唐宪宗非常不满。裴垍便指使党羽，称此事背后有宰相教唆，希望借此让李吉甫罢相。谏官李约、独孤郁、李正辞、萧俛等人上疏陈述原委，竭力为李吉甫辩白，唐宪宗这才怒气稍解。

李吉甫知道自己树敌过多，便请辞相位，并推荐裴垍接任。同年九月，李吉甫出镇淮南（治今江苏扬州），授检校兵部尚书、中书侍郎、同平章事、淮南节度使。唐宪宗亲自在通化门为他饯行。

李吉甫在淮南三年，常上疏议政，指陈朝政得失，论列军国利害。他率领民众修筑富人塘、固本塘、平津堰（在今江苏高邮）等水利工程，灌溉农田近万顷，还奏请朝廷，免去当地百姓数百万石欠租。

元和六年（811），裴垍因病罢相。宪宗遂将李吉甫从淮南召回，再次任命他为中书侍郎、同平章事，加授金紫光禄大夫、集贤殿大学士、监修国史、上柱国，进爵赵国公。他建议裁汰冗杂官吏，减少百官的俸禄，以节省国家的财政开支。唐宪宗采纳了他的建议，最终裁减内外冗官八百余人、冗吏一千七百余人。

元和七年（812），魏博节度使田季安病逝，他儿子田怀谏继任。李吉甫劝唐宪宗出兵征讨，并推荐薛平为义成节度使，欲趁机收复魏博镇（今河北大名）。但唐宪宗因宰相李绛极力反对，最终没有采纳此建议。李绛刚正不阿，唐宪宗为制衡李吉甫，特意擢用他为相。二人常在御前争论，唐宪宗认为李绛耿直，常听从他的主张。后来，李吉甫又绘制《河北险要图》，呈献给唐宪宗。宪宗将地图挂在浴堂门壁上，每逢议论河北局势，都对李吉甫大加赞扬。

元和八年（813），回鹘（回鹘即回纥，是中国的少数民族部落，维吾尔族的祖

先。主要分布于新疆,另外在内蒙古、甘肃、蒙古以及中亚的一些地区也有分布)越过大漠,南攻吐蕃。朝廷得报,却认为回鹘表面声称讨伐吐蕃,真实意图是要入侵唐境。李吉甫奏道:"回鹘并未与朝廷断绝和好关系,南下目的不太可能是侵扰边境。我们只要加强戒备,则不足为虑。"他建议恢复自夏州至天德军之间的十一所驿站,以便传递边境军情,又征调夏州精骑五百人驻屯经略故城,以接应驿使,同时护卫党项部落。李吉甫又建议朝廷复置宥州(治延恩县,今内蒙古鄂托克前旗东敖勒召其古城),以防御回鹘,安抚党项。唐宪宗遂在经略故城重新设置宥州,隶属于绥银道,并征调鄜城九千神策军前往驻守。李吉甫又征调江淮地区的三十万件兵器与千余匹战马,补充给太原、泽潞两军,以加强唐朝北部的边防。

元和九年(814),淮西节度使吴少阳病逝,其子吴元济请求袭任。李吉甫认为淮西镇(治今河南汝南)深处内陆,四周又无党援,不宜效仿河朔三镇父死子继的惯例,主张趁机出兵夺取淮西。唐宪宗赞同他的意见,便让他策划征伐淮西之事。同年十月,李吉甫暴病去世,时年五十六岁。唐宪宗闻讯伤悼,派宦官前去吊唁,在按惯例馈赠之外,又从内库拿出绢帛五百匹以抚恤其家属,并追赠他为司空。太常博士为李吉甫拟谥号"敬宪",度支郎中张仲方却表示反对,他认为谥号过于美化。宪宗大怒,贬斥张仲方,赐李吉甫谥号为"忠懿"。

李吉甫在元和年间(806—820)两次担任宰相,共计三年七个月,被誉为"元和名相"。他的主要政绩有:抑制藩镇——加强藩镇所属州郡的权力,平定镇海李锜叛乱,调换藩镇节帅,将普润军划归泾原,策划征讨淮西(未完成便病逝);打击宦官——削去宦官对宗室诸女的婚配管理权;整顿吏治——裁汰冗杂官吏,降低百官俸禄;巩固边防——恢复边境驿站,屯兵经略故城,增置宥州,为边军补充战马兵器。

李吉甫著有《元和郡县图志》,叙述全国政区的建置沿革、山川险易、人口物产,以备唐宪宗制驭各方藩镇之用。《元和郡县图志》是中国现存最早的一部地理总志,它继承和发展了汉魏以来地理志、图记、图经的优良体例传统,对各项地理内容做了翔实的记载,又在府州下增加府境、州境、贡赋等项内容,这是以往地理志、地理总志所没有的,是李吉甫的独创,这个创新为后来的地理志、地理总志所效法。

马植：为政治边信诚待

马植（生卒年不详），字存之，凤州刺史马勋之子，陕西扶风人。唐宪宗元和十四年（819）进士擢第，唐文宗大和二年（828）闰三月考贤良方正能直言极谏科，及第为第四等，被任为寿州团练副使，又补为秘书省校书郎，三迁为饶州刺史。

文宗开成元年（836），马植升为安南都护；武宗会昌中召拜光禄卿，迁大理卿；宣宗时历刑部、户部侍郎，充诸道盐铁转运使，同中书门下平章事，进中书侍郎。后马植因事被贬为常州刺史，以太子宾客分司东都。数年后，马植被起用为忠武节度使；大中末，迁宣武节度使，卒于镇。

马植兼集贤殿大学士时，敢与权臣较真。唐宣宗时，御史冯缄与三院退朝入御史台，路逢集贤校理杨收。学士杨收没有给冯缄让路，冯缄为朝长，"拉收仆台中笞之"。马植启奏宣宗说："玄宗开元中，幸丽正殿赐酒，大学士张说、学士副知院事徐坚已下十八人，不知先举酒者。说言：'学士以德行相先，非具员吏。'遂十八爵齐举。今冯缄笞收仆者，是笞植仆隶一般，乞黜之！"御史中丞令狐，又引故事论救，宣宗把御史冯缄、学士杨收都释放了。宣宗下令：三馆学士不避行台。

马植文雅之余，长于吏术。他善于安抚少数民族首领，以诚信相待，使各部首领乐于向朝廷纳赋税。他奏请将武陆县升为州治，让少数民族首领任刺史，朝廷准奏。开成三年（838），马植又上奏："当管羁縻州首领，或居巢穴自固，或为南蛮所诱，不可招谕，事有可虞。臣自到镇，约之以信诚，晓之以逆顺。今诸首领，总发忠言，愿纳赋税。其武陆县请升为州，以首领为刺史。"皇帝从之。翌年（839）二月，马植上奏武陆州管内六州界海北一个废弃的产珍珠的池子，又开始重新产珍珠了。皇帝认为马植在任职期间为政有方，治边有成效，加检校左散骑常侍，加中散大夫，转黔中观察使。

武宗会昌年间（841—846），马植被召回长安拜为光禄卿，迁大理卿。尽管马植有志向，却不为宰相李德裕倚重。他给予马植的这两个职务都没有大权，

两人因此产生嫌隙。

会昌六年(846)三月唐武宗驾崩。宣宗即位后,为了夺回朝政大权,任命李德裕为荆南节度使,此后宰相白敏中等人一再贬黜李德裕。

白敏中是马植的伯乐。白当宰相后,马植时来运转,被加授金紫光禄大夫、刑部侍郎,兼任诸道盐铁转运使。不久,马植任户部侍郎,仍领转运使;宣宗大中二年(848),迁同中书门下平章事、中书侍郎,兼礼部尚书。为此,马植留诗一首《奉和白敏中圣道和平致兹休运岁终功就合咏盛明呈上》,极尽歌颂之意:"舜德尧仁化犬戎,许提河陇款皇风。指挥貔武皆神算,恢拓乾坤是圣功。四帅有征无汗马,七关虽戍已弢弓。天留此事还英主,不在他年在大中。"

然而,白敏中也不是常人,他是白居易的堂弟、唐后期宰相。白敏中自幼好学,不善言谈,承学诸兄,擅长诗文;长大后,诚信笃实,看重友情。他一生经历了穆宗、敬宗、文宗、武宗、宣宗、懿宗六位皇帝,位及宰相,在治国、治军上都有杰出的建树。

大中五年(851),马植与神策军中尉马元贽私交甚密,马元贽将皇帝所赐"通天犀带"转送他,被皇帝发现,马植因此被罢相,出为天平军节度使。宣宗接着又命令逮捕马植的亲随,审问出他与马元贽的私交实情,将其贬为常州刺史,改以太子宾客分司东都。数年后,马植重新被起用,任许州刺史、检校刑部尚书、忠武军节度观察使等职。大中十二年(859),马植迁任汴州刺史、宣武军节度观察使等职,卒于任上。

在唐朝,江南是瘴湿之地,江西也不例外。白居易任官江州(今九江)时,发现江州四月左右即进入梅雨期,诗云:"九江地卑湿,四月天炎燠。苦雨初入梅,瘴云稍含毒。""门前车马道,一宿变江河。"那时的江西,大水连年。年轻的马植,在短短的时间里连升三级,当上了饶州刺史,成为主政一方的官员。他踌躇满志,很想大干一番。在他上升不久,鄱阳连连遭受洪水灾害;此前的元和七年(812)五月,山洪暴发,冲坏房屋不少;在他到任后的元和十一年(816)六月,暴雨连天,洪水陡涨,九月,又涨大水,淹没民房四千七百多栋。面对如此灾情,马植不仅启动常平仓赈灾,还带领本地人在城东北四里、北六里的地方分别挖掘和筑起了马塘和土堤,这就是鄱阳有史记载的马塘和"马公堤"。虽说马植在鄱阳待了四年时间,但他留下的这些政绩,使鄱阳人至今念念不忘。

另据《太平广记》载,马植与杜佑的孙子杜悰还有一段交集。杜悰(794—873),字永裕,唐朝宰相,外戚,祖父是司徒杜佑,诗人杜牧是他的堂兄。杜悰迎娶唐宪宗之女岐阳公主,授殿中少监,加银青光禄大夫衔,历任京兆尹、淮南节度使、左仆射,兼门下侍郎、同平章事、剑南东川节度使,累加太子太傅,册封邠国公。

杜悰年轻时已经成为显贵了。他门下有位术士叫李生。杜悰待他很好。杜悰任西川节度使时,正值马植辞去黔南中丞的官职返回京城,路经西川。李生一见马植就对杜悰说:"我受你厚待已经很长时间了,总想报答你,今天有报答你的机会了。从贵州来的这位马中丞,不是一般的人。你应好好地招待他。"杜悰并不信李生的话。一日,李生偷偷地对杜悰说:"相公,你若有大祸,非马中丞不能救你。我恳求你趁这个机会,好好地结交于他。"杜悰听了后大吃一惊,这才相信了李生的话。这天,马植要出发上路了,杜悰送给马植一笔巨款,并且还派邸吏给马植在京城内买了房子。这样,马植生活上的一切费用都不缺了。马植到了京城以后才知道杜悰给他买房的事情。他很感激杜悰,但不知道杜悰的用意是什么。不久,马植授任光禄卿。马植任光禄卿的消息传到了蜀中,杜悰对李生说:"马植到了京城,做了光禄大夫。"李生说:"暂时等一等。"不久后,马植升任大理卿,继而又升任刑部侍郎、盐铁使。杜悰开始担心、害怕。不久,马植升任宰相。这时,慈安皇后因跟唐宣宗不合突然死去。杜悰是慈安皇后的女婿。忽然有一天,皇上下了一道命令,要效仿当年重臣元载的先例,处罚杜悰——抄家灭门。马植知道了这事,第二天,上朝面见皇上,千方百计地设法营救杜悰。马植凭着他能言善辩的才能,终于使皇上回心转意,使这件事情平息下来。马植的才干由此可见一斑。

钟泰章：助杨夺吴享南唐

钟泰章（生卒年不详），合肥人，五代南吴权臣徐温部将，曾任寿州团练使，南唐后主李煜的外祖父、光穆皇太后钟氏的父亲。

唐哀帝天祐二年（905），吴王杨行密病重，平生的旧将都在外作战或防守，只有徐温一人在内，于是参与拥立杨渥之事。同年十一月，杨行密去世，杨渥继位。天祐四年（907），徐温与左衙指挥使张颢发动政变，共掌军政，杨氏大权旁落。天祐五年（908），徐温与张颢弑杀杨渥。不久徐温与张颢有矛盾，徐温和左衙指挥使严可求商量杀死张颢，严可求说："非钟泰章不可。"钟泰章当时担任左监门卫将军。徐温派亲将彭城人翟虔将此事告诉钟泰章。钟泰章同意后，挑选三十名壮士，宰牛烹羊，刺血立誓。徐温还是怀疑钟泰章不果断，半夜派人试探钟泰章的意图，假意对钟泰章说："徐温上有老母，害怕事情不成功，不如暂且中止。"钟泰章说："话已经说出口，难道还可以停止吗？"徐温于是放下心来。翌日清晨，钟泰章等直入左右牙指挥使厅，把张颢及其亲近的人斩首。徐温开始揭露张颢发动政变、杀死弘农威王杨渥的罪状，并趁机将纪祥等人全部杀掉。徐温又将这些事禀告杨渥的母亲史氏，史氏胆战心惊地哭着说："我儿子年龄小，居然遭到这样的祸乱。你若能保护我们全家归还合肥，就是你的大恩大德。"

有人上告寿州团练使钟泰章，徐温的养子徐知诰，用吴王的命令，派遣滁州刺史王稔去巡察霍丘（今安徽霍邱），从而代做寿州团练使，改钟泰章为饶州刺史。徐温把钟泰章叫回金陵，让陈彦谦责问他，连续三次，他都不回答。有人问钟泰章："你为什么不辩解一下？"钟泰章说："我在扬州时，在十万大军中号称壮士，寿州离淮水只有几里远，步兵、骑兵不下五千人，我如有别的想法，难道王稔能单人匹马代替我？我的情义是不辜负国家，把我贬为县令也行，何况是做刺史。为什么要自己辩解来张扬朝廷的过失？"徐知诰打算对其他几位将领绳之以法，并请求把钟泰章抓起来治罪。徐温说："如果不是钟泰章，我早已死在张颢的手下，现在我富贵了，怎么可以对不起他？"之后，徐温命令徐知诰为他的儿子徐景通娶了钟泰章的女儿，并以此解脱了钟泰章的罪过。

徐温,字敦美,海州朐山(今江苏东海)人,青年时为贩盐做了强盗。杨行密在合肥起兵时,徐温隶属他帐下,与和杨行密共同起事的刘威、陶雅等人,号称三十六英雄,唯独徐温不曾有战功。

天复二年(902)六月,杨行密发兵讨伐朱温,令副使李承嗣暂时主持淮南节度使府中事务。军吏想要用大船运送军粮,时任都知兵马使的徐温说:"运路很久没有通行,芦苇堵塞,请用小艇,也许容易通行。"军队到达宿州,适逢久雨不停,载重的大船不能前进,兵士面有饥色,好在小艇先到。杨行密因此认为徐温才能出众,于是开始与他商议军事。杨行密要诛杀朱延寿等人,徐温采纳其门客严可求的计策,让杨行密假装眼睛有病。事情成功之后,徐温因功升任右衙指挥使(一作右牙都指挥使),开始参与谋议。

天祐十四年(917),徐温迁至金陵,以他儿子徐知训在广陵辅佐杨隆演,但大事都由徐温遥控决定。徐知训被朱瑾杀死,徐温的养子徐知诰(李昇)从润州先入广陵操持政事。贞明六年(920),杨隆演去世,徐温越位拥立杨隆演弟杨溥继位。天成二年(927),徐温请杨溥即皇帝位,不等杨溥同意,徐温便病死了,时年六十六岁,被追封为齐王,谥号"武"。他的养子徐知诰建立南唐后,追赠徐温为忠武皇帝,庙号太祖。徐知诰恢复原姓,改名李昇后,再改徐温庙号为义祖。

李昇即徐知诰(889—943),字正伦,小字彭奴,徐州彭城(今江苏徐州)人,五代十国时期南唐的建立者。

李昇原为徐温养子。天福二年(937),李昇称帝,国号齐。天福四年(939),又改国号为唐,史称南唐。李昇在位期间,对外坚持弭兵休战,以保境安民,对内则兴利除弊。他在治国理政上礼贤下士,并能虚心纳谏。由于连年征战,从中原一带流落江淮的难民很多,李昇对难民妥善安置,实行轻徭薄赋政策,使南唐社会经济得到很大的发展,一跃成为"十国"中的强者。李昇在青年时代就"以文艺自好",崇文重教,当政后非常重视征集文献图集。他将从各地征集的三千多卷图书收藏在他治理升州时设置的"建业书房"中,为南唐日后成为"文献之地"开了先河。此外,李昇对教育的重视也为后世所称道。他除了在秦淮河畔设国子监,兴办太学、小学,培养国子博士和四门博士外,还在庐山五老峰下白鹿洞建置学馆,号曰庐山国学。著名诗人江为、伍乔、刘洞等人都曾在这里求学。

钟泰章为徐温掌握吴国政权立下了汗马功劳,也为李昪建立南唐铺平了道路。元宗即李璟,李昪的儿子,南唐中宗,娶了钟泰章的次女。钟氏温良恭顺,从小就受过很好的教育,深闺淡处,不事玩好,所以徐温非常欣赏钟氏。钟氏在吴时受封为县君,又累加为国夫人。南唐升元中,李璟封齐王,钟氏亦受封为齐王妃。

南唐元宗保大元年(943),李璟即帝位后,钟氏被立为皇后。然而,李璟只喜欢诗词歌赋,对做皇帝没有一点兴趣。后来,因为不善于治国,李璟在失去大片领土后忧惧而亡。后主李煜即位后,钟氏被尊为皇太后,因她的父亲名叫泰章,讳"太",故改称"圣尊后"。李煜十分孝敬钟氏,钟氏卧病在床时,他衣不解带地在旁侍候。

值得一提的是,当时鄱阳处在南唐的统治下,经济社会各方面都得到了一定的推动与发展。

毕士安：端方沉雅精词翰

毕士安(938—1005)，名士元，字仁叟，一字舜举，代州云中(今山西大同)人，宋太祖乾德四年(966)进士。

毕士安从小好学，对继母祝氏十分孝敬。祝氏认为要学好必须有良师益友，便带他到郑州学习。毕士安在那里结识了很多淳厚正派的学者、诗人。开宝四年(971)，毕士安先在山东、河南一些州县做地方官，任济州团练推官，后又改任兖州(今属山东济宁)观察推官。太平兴国初年，毕士安任大理寺丞，领三门发运事。天成三年(928)，吴越国王俶献地给宋，朝廷选派毕士安知台州(今浙江临海县)。临行时，毕士安说："俶送上的图籍，赋税数额有夸大，照此征税，不利于安定民心，还是按旧例征收为好。"朝廷采纳了这一建议。台州任上，毕士安曾向太宗禀告地方官员谎报田亩、粮赋一事，深得赞许，台州一带没有发生骚动。天成四年(929)，毕士安任饶州知州。此后，他升任左赞善大夫、殿中丞、监察御史等职。

在饶州，毕士安亲民善政，严格治吏，一时使政风大变，深得鄱阳人敬爱。据清朝庄仲方撰《南宋文苑》卷二十八记载，毕士安离开鄱阳后，人们画他的肖像，供于庙堂敬祀，由此可见鄱阳人对他的敬重。

毕士安的继母年老以后，他自愿降任乾州(今陕西乾县)知州、汝州(今属河南省)稻田务，以侍奉母亲。因政绩显著和学问高，毕士安被调到京城当左拾遗兼冀王府记室参军，后又被选为朝廷皇子的老师，兼翰林学士知制诰。

太宗雍熙二年(985)，皇子们离开都城前往自己的封地做藩王，太宗谨慎地为他们选择所属官吏，毕士安调任左拾遗兼任冀王府记室参军。不久，毕士安以本官的身份兼任知制诰(为起草诏令画行)，淳化二年(991)，被召入朝廷做翰林学士。

宋真宗即位后，寿王任开封府尹，毕士安被召回京任判官。真宗还是太子时，毕士安曾兼任右庶子迁给事中一职，他的才华和为人非一般大臣所能比。真宗即位后当即命毕士安代理开封府事，官拜工部侍郎、枢密直学士。当时，京城一些权贵们往往依仗权势,强逼民间已经受聘定亲的女子做妻妾,致受害者家人每每告状到开封府。毕士安每接到此种诉状,就查证对质清楚,令他们退亲,此举深得民心。此后,每逢朝廷委派到地方任职的官员上任前,真宗或其他的一、二品官员,往往请毕士安予以诫勉和警示。由此他的声望与日俱增。咸平元年(998),毕士安卸去开封府一职,拜礼部侍郎,复为翰林学士。真宗下诏选他校勘《三国志》《晋书》《唐书》。有人认为两晋时期为多事之期,历史复杂,且多为卑鄙丑恶之类,不宜弘扬后世。对此,真宗主意不定,毕士安却强调:"恶以戒世,善以劝后,善恶之事,《春秋》备载。"真宗觉得颇有道理,即令他校勘刊印。时隔不久,毕士安因为眼睛有病,不宜校勘书籍而向真宗奏告,以求解脱。真宗命他改任兵部侍郎,出任路州知州,并增加其月俸。回京之后,毕士安被召为翰林侍读学士。

咸平六年(1003),宰相李沆逝世,毕士安晋升为吏部侍郎,参知政事。在领旨谢恩时,真宗将他拦住,当时,真宗有意让他出任宰相一职,并要他推荐一人为辅相。真宗推心置腹地问:"朕倚卿以辅相,岂特今日。然时方多事,求与卿同进者,其谁可?"毕士安说:"我已老朽,不能胜任,唯有寇准,为人忠义,善断大事,有宰相才。"真宗说:"听别人说他刚愎自用,主观武断。"毕士安说:"寇准为人方正,慷慨有大节,对国家忠心耿耿,正因为如此,得罪了一些人,才招致人们的诽谤。而今,北方辽国虎视眈眈,国家正值用人之际,像寇准这样的人才,朝中没有一人能比得上,真乃求之不得。"真宗皇帝听了毕士安的这番话,才打消了对寇准的成见,决定让寇准和毕士安同为辅相,毕士安同时监修国史,位在寇准之上。寇准上任后,扬善抑恶,一般权贵心中恼恨不已,更有少数奸佞之辈日夜谋划弹劾他。这些人唆使一个普通百姓申宗古,诬告寇准的门下人安王和元杰,意在警告寇准,寇准一时心内恐慌,不知所措。毕士安深知这是一个阴谋,便亲自调查,辨明是非,将申宗古下狱,并将背后唆使的一帮恶吏悉数缉拿归案,其首恶者斩决,寇准方才安心理政。

景德元年(1004),毕士安兼任秘书监。这一时期,宋朝多事,契丹国耶律氏阴谋侵犯边境。毕士安洞察外夷野心,上疏真宗,逐条陈述选择将领、扩军纳兵和理财聚财三大策略,深得真宗赏识。其奏章作为强国御敌之策,予以实施。九月,契丹统军挞览引兵分别攻掠威虏、顺安、北平,侵犯保州、定武等地,先后被诸城守军击退。之后,契丹兵又从东边攻打高阳,失败后转而窥视贝(即贝州,今河北邢台市清河县)、冀、天雄等地,陈兵号称二十万之众。真宗召集大臣商议应对之策。毕士安和寇准二人,逐条陈述御敌策略与战术,并联名奏请真宗驾临澶州,以振军威,鼓舞士气。毕士安还大胆执言,澶州之行,应在深冬之时。寇准则附和说澶州之行越快越好,绝不可以丝毫迟缓。真宗当即采纳了他们的建议。

真宗诏谕巡往澶州时,群臣和左右却在议论纷纷,还有两三名大臣奏请真宗将京城迁到金陵或成都,避开契丹的侵犯锋芒,以求日后图谋。毕士安和寇准一同驳斥这种只图苟安的迁都建议,极力奏请真宗尽快实施抵御契丹的战略,御驾亲征。正当真宗号令宋兵行动之际,天象出现异常,白天可以看见太白星,夜间流星上贯北斗七星。有人以此认为不宜北行,也有人建议等大臣们商议后再兴兵不迟。此时,毕士安正卧病在床。他怕贻误战机,多次启奏真宗,愿随军一同去澶州,但未得允许。他于是借星宿变化,表明自己为国殉职的决心,同时抱病追赶真宗到澶州,陪驾督战。真宗皇帝御驾亲征,大大振奋了军心。契丹军队闻讯后大为震惊,统军挞览被宋军埋伏的弓弩手射杀,其余残兵溃退而逃。在军事胜利的形势下,真宗不同意寇准的主战要求,主张议和。在寇准的主持下,契丹归还所有掠去的领土,以每年给契丹银十万两、绢二十万匹达成协议。此事引起朝野上下的非议。面对悖议,毕士安据理力争:"不如此,契丹所顾不重,和议之事恐不能久。"不久,契丹果然罢兵,并退还掠夺的城地。朝廷也按边境要塞的位置重新选派官员将领,并将边境各地在和契丹交战中缴获的牛羊、马匹按数交还,互相开放了边境贸易,解除了铁禁,招安了流亡官民。至此,双方战事已休,百姓得以安居乐业。

"澶渊之盟"第二年,毕士安病逝在朝堂上,享年六十七岁。宋真宗对毕士安的去世深感痛惜,亲自前往吊唁,并宣布"废朝五日",举国哀悼,追赠其为太傅、中书令,谥"文简"。

毕士安沉静高雅,对人对事有很高的见地,含蓄宽容,外貌俊秀有风采,善于谈吐,以严厉和正直著称。他治学严谨,知人善任,擅长书法,喜藏书,藏书颇多,为宋初名家之一。毕士安死后,留下文集三十卷。

范正辞:执法严苛治饶州

范正辞(936—1010),字直道,北宋齐州(今山东济南)人。他父亲范劳谦为获嘉(今河南新乡)县令。范正辞自幼重视学习儒家经典《春秋》《左传》《公羊传》三传,并且因擅长儒家经典而进士及第。范正辞初任安阳(今属河南)主簿,宋太祖开宝年间(968—975)迁国子监丞,当任戎州(今四川宜宾)知州,后改官著作佐郎。当时淄州(今山东淄川)的民户拖欠税赋非常严重,范正辞因才干出众,受命追还欠税。在征收赋税时,州东部的粮食多数不能按期完成,州属长山县吏张秀,受命监督催收,受钱二千。范正辞听到后,愤怒地将他杖杀了。州中的官民都很佩服他,范正辞因此被举荐为淄州知州。

太平兴国元年(976),范正辞通判棣州(今山东惠民地区)、深州(今河北深州市),迁国子博士。当时,饶州(今江西鄱阳)有很多狱讼久积而没有决断,御史中丞刘保勋推荐他任饶州知州。范正辞到饶州之后很快处理了许多积压的案件,并把关押很长时间的犯人都释放了。凡下属官吏牵涉拖延办案的即被撤职,被撤职者有六十三人。那时,刚好朝廷颁布诏令,让饶州选派士兵进东京开封服役。有个叫王兴的,依恋乡土,不愿进京,故意用刀砍伤自己的脚,范正辞把他斩了。王兴的妻子上诉朝廷,宋太宗召见范正辞当场辩论此事。范正辞说:"东南各州,人口财物众多,人心容易浮动,而王兴竟敢违令闹事,煽动民心,如果引起骚动,形势失控,那我可就没有地方服罪了。"宋太宗很赏识他,认为他敢于决断,特意升他的官,改任江南转运副使。饶州有个叫甘绍的人,被一群强盗抢掠,州里抓捕拘禁了十四人。案件已经具结,犯人将要被处死。范正辞巡视公务来到饶州,提审犯人,他们都纷纷流泪。通过细察,范正辞发现案件不符合事实,就下令把他们转移到别处,另行审讯。不久,有人告发真正罪犯的藏身之地,范正辞秘密命令监军围捕强盗。盗贼发觉后逃跑,范正辞立即独身一人骑马追击,出郊外二十里赶上了。盗贼搭箭上弓,持长矛向范正辞逼近,范正辞大叫一声,挥鞭甩去,正中一个盗贼的双眼,把他打倒在地,剩下的渡过长江后四散逃跑。被打伤的盗贼还有一口气,范正辞在附近找到舍弃的赃物,审问确认他的犯罪事实,然后将他处死,原来无辜的十四人都被释放了。

端拱二年(989),范正辞回京,与洛苑副使綦仁泽、西京作坊副使尹宗谔同时监管折中仓。当时,朝廷先是命令商人送米豆,而以茶盐作为折价为报酬,谓之"折中"。商人将粮食运至京师,又从江淮购买茶盐。每一百万石为一界,官宦及大户人家不得参与粮食运营。有人认为这种制度存在弊端,于是废止了(后来又予以恢复)。范正辞升任仓部员外郎,同知幕府州县官考课,改判刑部,历户部、盐铁二判官,迁考功员外郎,通判定、扬、杭三州。真宗即位,迁膳部郎中,召判三司勾院,俄复为盐铁判官。咸平二年(999),范正辞出为河东转运使。

咸平三年(1000),范正辞以本官兼侍御史知杂事。当时,李昌龄自忠武行军起知梓州,董俨知寿州,王德裔、杨缄皆任转运使,后降职为近京城的主政者。范正辞上疏真宗皇帝:"治理百姓的民官、主政者很重要。"于是推举吴奋等五人到大郡任职,并要求吴奋等人各自推举知县、县令,他们也都接受了建议。后来,范正辞因受一个案件的牵连,贬滁州团练副使。范正辞被赦免后,"复为仓部考功员外郎、通判郓州(今山东东平县),知淮阳(位于河南省东南部)军,复膳部郎中,以年老,求监兖州(今属山东济宁)商税。大中祥符三年(1010)四月卒,年七十五。子识、讽,并进士及第"。

有趣的是,范正辞父子二人先后在淄州为官,并都留有一段佳话收录于《淄川县志》。他儿子范讽,字补之,年轻时"以荫补将作监主簿",宋真宗于大中祥符元年(1008)登泰山封禅,范讽因献所作《东封赋》,迁太常寺奉礼郎,又献文,被召试入等,出任平阴知县。后范讽举进士,历任淄州、郓州通判,升青州知州,后召至京师任右谏议大夫、权御史中丞、龙图阁直学士、权三司使等职,为宋代名臣。范讽性格旷达豪放,遇事率直陈谏,自然得罪了不少权贵,特别是宰相吕夷简,在朝廷党派相争中成为牺牲品,被贬任武昌军节度行军司马,知临江(今江西樟树)军、保信(今安徽合肥)军。受此打击,范讽心灰意冷,恰逢母亲去世,就回到济南守制,在济南老家守制期间,范讽饮酒自放,受到礼法之士的讥刺。守丧期满,他被起用为将作少监,出知淮阳(今河南周口)军,迁光禄寺卿,又出知陕州(今三门峡),改潞州(今山西长治),官至给事中,病卒。范讽性情旷达率真,为政济贫扶弱,行政事必躬亲,在历史上留下了好的名声。范讽任平阴(今属山东济南)知县时,当时黄河决口于王陵埚。水消退后,土地肥沃,但田界混乱不清，为此诉讼不断，久而未决。范讽主持辨疆界，立券分于田主，争讼遂息。在范讽任青州（今属山东省潍坊）知州时，山东发生大饥荒，青州人、宰相王曾家中粮食颇多。范讽决意发王曾家藏粮数千斛赈济灾民，受到百姓的欢迎。

据《宋史》和《淄川县志》记载，范讽通判淄州时，正逢淄州大旱，各地蝗虫滋生，危害百姓。但是蝗虫有一个特点，那就是不食菽，菽即大豆。因此蝗灾过后，百姓希望补种大豆，然而却苦于没有种子而不能播种，一时愁苦无望。这时，范讽巡视邹平县时，听说官仓里还有豆种，就决定开官仓贷种于民。范讽此举却遭到县令的抵制，县令说承担不起私自开仓放粮的责任。范讽说："开仓放粮，我负全责。上面如有责备，与你无关。"随即贷出豆种三万斛。到了秋季，百姓如数归还豆种，渡过了难关。

关于范正辞，鄱阳人洪迈在其名著《容斋随笔》中也提到了他。

范仲淹：文武兼备大节具

范仲淹（989—1052），字希文，苏州人。北宋杰出的思想家、政治家、文学家。

范仲淹幼年丧父，母亲谢氏贫困无依，只得抱着两岁的范仲淹，改嫁淄州长山人朱文翰，范仲淹也改从其姓，取名朱说。范仲淹得知家世后，伤感不已，毅然辞别母亲，前往南都应天府（今河南商丘）求学，投师戚同文门下。数年寒窗苦读后，范仲淹已博通儒家经典的要义，有慷慨兼济天下的抱负。

大中祥符八年（1015），范仲淹以"朱说"之名，登蔡齐榜，中乙科第九十七名，由"寒儒"成为进士，被任为广德军司理参军，掌管讼狱、案件事宜，官居九品。鉴于已有朝廷俸禄，范仲淹便把母亲接来奉养。天禧元年（1017），范仲淹以治狱廉平、刚正不阿，升为文林郎，任集庆军节度推官，便归宗姓，恢复范仲淹之名（一说，天圣六年，范仲淹服母丧后方更名）。

西溪（今江苏东台）濒临黄海之滨，唐时李承修筑的旧海堤因年久失修，多处溃决，海潮倒灌、卤水充斥，淹没良田、毁坏盐灶，百姓苦难深重。范仲淹上疏江淮漕运张纶，建议沿海筑堤，重修捍海堰。天圣三年（1025），张纶奏明朝廷，仁宗调范仲淹为兴化县令，全面负责修堰工程。天圣四年（1026）八月，母亲谢氏病逝，范仲淹辞官守丧，工程由张纶主持完成。

天圣五年（1027），范仲淹为母守丧，居南京应天府（今商丘）。时晏殊为南京留守，知应天府，闻范仲淹有才名，就邀请他到府学任职，执掌应天书院教席。范仲淹主持教务期间，勤勉督学，以身示教，倡导时事政论，每当谈论天下大事，辄奋不顾身、慷慨陈词。当时士人夫矫正凸风、严于律己、崇尚品德的节操，即是由范仲淹倡导的。书院学风亦为之焕然一新，范仲淹声誉日隆。

天圣六年（1028），范仲淹向朝廷上疏万言的《上执政书》，奏请改革吏治，裁汰冗员，安抚将帅。宰相王曾对万言书极为赞赏，时晏殊在枢府，王曾便极力推举范仲淹，晏殊遂面圣陈述范仲淹既往的政绩。十二月，仁宗征召范仲淹入京，任为秘阁校理，负责皇家图书典籍的校勘和整理。

天圣七年(1029),仁宗十九岁,章献太后(宋真宗章献皇后)依然主持朝政。冬至,仁宗准备率领百官在会庆殿为太后祝寿。范仲淹认为这一做法混淆了家礼与国礼,谏言仁宗放弃朝拜事宜。上疏奏报内廷,没有获得答复。范仲淹又上疏太后,请求还政于仁宗。奏书入宫后,再次石沉大海。晏殊得知范仲淹上疏,大惊失色,批评他过于轻率,不仅有碍自己的仕途,还会连累举荐之人。范仲淹据理力争,并回写一封长信(《上资政晏侍郎书》),详述自己的缘由,申明自己的政治立场:"侍奉皇上当危言危行,绝不逊言逊行、阿谀奉承。有益于朝廷社稷之事,我必定秉公直言,虽有杀身之祸也在所不惜。"

天圣八年(1030),范仲淹请求离京为官,被任为河中府通判;次年,调任陈州通判。范仲淹虽"处江湖之远",不改忧国忧民本色,在此期间,他多次上疏议政。朝廷欲兴建太一宫和洪福院,范仲淹认为"大兴土木,劳民伤财",建议停工。在吏治方面,范仲淹主张削减郡县,精简官吏,并多次上疏陈述中央直接降敕授官的危害,认为"不是太平治世的政策";又建议朝廷不可罢免职田,认为"官吏衣食不足,廉者复浊,何以致化"。范仲淹的这些上疏虽未被朝廷采纳,但其一片忠心打动了仁宗。

明道二年(1033),太后驾崩,仁宗亲政,召范仲淹入京,拜为右司谏。当时群臣多议太后垂帘时的为政之失,范仲淹却认为太后虽秉政多年,但亦有养护仁宗之功,建议朝廷掩饰太后过失,成全其美德。仁宗采纳了此建议,诏令朝廷内外不得擅自议论太后之事。仁宗因刘太后新亡,欲立杨太妃(宋真宗章惠皇后)为皇太后,参与军国大事。范仲淹认为频立太后,有皇帝不能亲政之嫌。仁宗采纳了此建议,罢黜太后册名,但称谓不改。

是年七月,天下大旱,蝗灾蔓延,江淮和京东一带灾情尤其严重。为安定民心,范仲淹奏请朝廷派人视察灾情。仁宗不予理会,范仲淹便质问仁宗:"如果宫中停食半日,陛下该当如何?"仁宗幡然醒悟,派范仲淹安抚灾民。范仲淹应诏赈灾,开仓济民,并将灾民充饥的野草带回朝廷,以警示六宫贵戚戒除骄奢之风。明道二年(1033),因与吕夷简辩论,范仲淹被外放为睦州知州。

景祐元年(1034),范仲淹调任苏州知州,辟所居南园之地,兴建郡学。当时苏州发生水灾,范仲淹命令民众疏通五条河渠,兴修水利,导引太湖水流入大海。次年,因治水有功,范仲淹被调回京师,判国子监,很快又转升为吏部员外

郎、权知开封府。范仲淹在京城大力整顿官僚机构,剔除弊政,开封府"肃然称治",时称"朝廷无忧有范君,京师无事有希文"。

景祐三年(1036),范仲淹因不满宰相吕夷简把持朝政、培植党羽、任用亲信,向仁宗皇帝进献《百官图》,对宰相用人制度提出尖锐的批评,劝说皇帝制定制度,亲自掌握官吏升迁之事。吕夷简不甘示弱,反讥范仲淹迂腐,诬蔑范仲淹"越职言事,荐引朋党,离间君臣"。范仲淹便连上四章,论斥吕夷简狡诈。因言辞激烈,范仲淹遂被罢黜,改知饶州。

因范仲淹多次因谏被贬谪,梅尧臣作文《灵乌赋》力劝范仲淹少说话、少管闲事。范仲淹回作《灵乌赋》,强调自己"宁鸣而死,不默而生",尽显为民请命的凛然大节。

宝元元年(1038),党项族人李元昊称帝,建国号大夏(史称西夏),定都兴庆(今宁夏银川),与宋朝的外交关系正式破裂。

康定元年(1040)三月,因边事吃紧,仁宗以范仲淹众望所归,将其召回京师,担任天章阁待制,出知永兴军。七月,范仲淹升为龙图阁直学士,与韩琦并为陕西经略安抚副使,担任安抚使夏竦的副手。八月,范仲淹请知延州,到任后,更改军队旧制,分部训练,轮流御敌;同时修筑青涧城和鄜城,作为军事基地,节省边境开支。仁宗诏命这支军队为康定军。

康定二年(1041),范仲淹上疏,建议加强边防守备,固守鄜延,以军威恩信招纳西羌归附(时羌族为李元昊向导,为其所用),徐图西夏。范仲淹又奏请修筑承平、永平等要塞,把十二座旧要塞改建为城,以使流亡百姓和羌族回归。五月,范仲淹改知庆州,兼环庆路都部署司事。李元昊起兵时,曾联络羌族,约定环庆路酋长六百余人为其向导。范仲淹到任后,即以朝廷名义犒赏羌族各部,与之签订条约,严明赏罚。羌族遂脱离西夏,为宋效力。为进一步稳固边防,范仲淹又修筑大顺城,遏止白豹城、金汤城一带的敌军进犯;同时,修葺细腰、葫芦等军塞,切断敌军通路,使明珠、灭臧两部族安心归附大宋。

仁宗非常欣赏范仲淹的军事才能,庆历二年(1042),加封其为枢密直学士、右谏议大夫,任鄜延路都部署、经略安抚招讨使,并采纳范仲淹建议,恢复设置陕西路安抚、经略、招讨使,让范仲淹、韩琦、庞籍分领职事。

庆历三年(1043),李元昊请求议和,西方边事稍宁。仁宗召范仲淹回京,授枢密副使,又擢拔欧阳修、余靖、王素和蔡襄为谏官(俗称"四谏"),锐意进取。六月,谏官上言范仲淹有宰辅之才,仁宗欲拜其为参知政事,范仲淹推辞不就;八月,仁宗罢免副宰相王举正,再拜范仲淹为参知政事。

庆历四年(1044),范仲淹又上疏仁宗"再议兵屯、修京师外城、密定讨伐之谋"等七事,并奏请扩大相权,由辅臣兼管军事、官吏升迁等事宜。新政实施后,恩荫减少,磨勘严密,希图侥幸的人深感不便,于是毁谤新政的言论逐渐增多,指责范仲淹等是"朋党"的议论再度兴起。六月,边事再起,范仲淹请求外出巡守,仁宗任命他为陕西、河东宣抚使。

庆历五年(1045)正月,反对声越发激烈,范仲淹请求出知邠州,仁宗准奏,遂罢免其参知政事之职,改为资政殿学士、知邠州,兼陕西四路缘边安抚使。冬十一月,范仲淹因病上表请求解除四路帅任,出任邓州,以避边塞严寒。仁宗升其为给事中、知邓州。随着范仲淹、富弼等大臣的离京,历时仅一年余的新政也逐渐被废止,改革以失败告终。

皇祐元年(1049),范仲淹调任知杭州。子弟知范仲淹有隐退之意,商议购置田产以供其安享晚年,范仲淹严词拒绝。十月,范仲淹出资购买良田千亩,让其弟找贤人经营,收入分文不取,成立范氏义庄,对范氏远祖的后代子孙义赠口粮,并资助婚丧嫁娶等用度。

皇祐三年(1051),范仲淹升为户部侍郎,调任知青州,因冬寒病重,求至颍州。

皇祐四年(1052),范仲淹调任知颍州,扶疾上任,行至徐州,与世长辞,享年六十三岁。仁宗亲书"褒贤之碑",赠兵部尚书,谥号"文正",追封楚国公。

王钦臣：富有"百城"勤"书田"

王钦臣（1034—1101），字仲至，应天宋城（今河南省商丘市）人，是宋代著名的藏书家、诗人。他祖父王砺，为宋太宗太平兴国五年（980）进士，官至屯田郎中。父亲王洙，字原叔，仁宗天圣二年（1024）进士，官终侍读学士兼侍讲学士，北宋著名的学者、藏书家，参与编修多种图书，如《崇文总目》《三朝国朝会要》。由于家中藏书丰富，王洙还校订、编订、修订过多种古籍，如校订《史记》《汉书》，编订《杜甫诗集》，修订《方言》《春秋繁露》。

王钦臣从小就有志向，为人纯正。他是以父荫为大理寺丞的。神宗熙宁三年（1070），"文彦博荐试学士院，赐进士及第"，王钦臣由此任开封府判官，迁任群牧（主管国家公用马匹的机构）判官。元丰六年（1083）正月，王钦臣任陕西转运副使。哲宗元祐元年（1086），王钦臣任工部员外郎，出使高丽。王钦臣还朝之后，文彦博在五天中连上两道《举王钦臣》的劄子，要求皇帝派王钦臣担任太仆少卿。哲宗从文彦博之请，命王钦臣为太仆少卿，并加直秘阁。元祐二年（1087），王钦臣担任贺辽国正旦使，出使辽国。翌年，王钦臣任秘书少监；元祐五年（1090）任秘书监，出任沧州（今河北沧州）知州；元祐六年（1091），任工部侍郎，后领开封。

元祐八年（1093），太皇太后高氏去世，赵煦开始亲政，哲宗掌权。

宋哲宗赵煦，是宋朝第七位皇帝。元丰八年（1085），宋神宗病危，立赵煦为太子。同年，赵煦即位，年仅九岁，由祖母太皇太后高氏垂帘听政。高氏掌权后，起用司马光等。司马光一上台，就把神宗时的"王安石变法"全部废止。宋哲宗很敬佩自己的父亲宋神宗，对司马光与高太后执政后废除父亲所有变法政策的做法很是不满。加上在太皇太后高氏垂帘听政时期，军国大事都由她亲自处理，少年哲宗对朝政没有什么发言权。大臣们向来是向太皇太后奏事，并不会向哲宗禀报。哲宗到了十七岁时，太皇太后本应该还政，但她却仍然积极听政，这让宋哲宗极度不满。由于对祖母极为不满，宋哲宗亲政后，重用以蔡确、章惇为代表的新党,而以司马光为首的旧党遭到排挤,元祐文人集团由于支持旧党而仕途多舛,王钦臣也在列。之后,王钦臣任集贤殿修撰,知和州(今安徽巢湖和县),徙饶州(今江西鄱阳)。徽宗即位之后,王钦臣知成德军(辖有易、定、恒、冀、深、赵六州,治于恒州)。徽宗崇宁元年(1102),司空尚书左仆射兼门下侍郎蔡京书《元祐党籍碑》,将王钦臣列入党籍。

王钦臣一生最喜欢藏书,并亲自校正。王钦臣家藏书目四万三千卷,而类书卷帙浩繁者如《太平广记》之类还不在其中。就算宫廷中收藏图书秘籍的秘府藏书丰富,也不能超过他。据北宋徐度《却扫编》记载:"予所见藏书之富,莫如南都王仲至侍郎家,其目至四万三千卷。"另据宋人张邦基在《墨庄漫录》中说:"藏书之富,如宋宣献、毕文简、王原叔、钱穆父、王仲至家及荆南田氏、历阳沈氏,各有书。"王钦臣继承家之藏书传统,在其父王洙藏书的基础上,进一步扩增数量。据王钦臣的儿子王彦朝所述,王钦臣每得一书,先用鄂州蒲圻县纸缮写,每书分两本缮写,再装订成册,一本供子弟传阅,另一本以绢素包背,以供收藏,只有他本人才可以看到,并美其名曰"镇库书"。在扩大藏书规模的过程当中,王钦臣结识了另一位藏书大家宋敏求。两人相约传书,互置目录,取长补短,以臻完善。

王钦臣不但爱好藏书,而且文采出众,因此得到不少文人的赏识,从而与他结交。据《宋史》载,王钦臣"以文赞欧阳修,修器重之"。他还与当时的文豪苏轼交好,《苏轼集》中收录多首两人之间的赠答诗,如《次韵王仲至喜雪御筵》《次韵秦少游王仲至元日立春三首》。作为元祐文人集团中的一员,王钦臣与内部的文人雅士们交游往来,在为文、学术、政见上相互交流,互通有无。神宗元丰二年(1079),苏轼被贬黄州,还朝后与苏辙、黄庭坚、张耒、晁补之、陈师道、孔文仲、王钦臣、钱勰、李公麟、王诜、蒋之奇等经常进行雅集活动。北宋李公麟所作《西园雅集图》及托名米芾所作的《西园雅集图记》,记的就是元祐年间(1086—1093)苏轼、苏辙、王诜、黄庭坚、晁补之、米芾、王钦臣等十六人,于驸马都尉王诜府邸中举行的雅集活动,人称"西园雅集"。当时有"元祐四友"之说,王钦臣也在其列,其他三位是苏子瞻(苏轼)、钱穆父(钱勰)、蒋颖叔(之奇)。苏轼《次韵奉和钱穆父蒋颖叔王仲至诗四首》是四人友谊的见证,其二题为《见和仇池》,诗中有"记取和诗三益友"之句,和"四友"之说相互印证。

王钦臣家的镇库书,于宣和二年(1120),由他的孙儿王问献出。王问封官为承务郎,而镇库书副本犹存。建炎元年(1127),北宋灭亡,留在睢阳(今河南睢县一带)旧居中的藏书,也渐渐消亡。

王钦臣的著述可分为个人撰写与校订之作两类。其著述多已散佚,只能从各种目录书、文集中寻觅痕迹。个人撰著《广讽味集》五卷、《王仲至诗》十卷、《王氏谈录》一卷,校订之作《韦苏州集》十卷、《杜诗刊误》一卷。他的《宿华岳观》诗有"凌空老树云垂叶,压屋梨花雪照人"句,传入宫禁,受到神宗皇帝称赏。《全宋诗》卷七四七录其诗十三首。《全宋文》卷一五八〇收其文六篇。

王钦臣作为一个藏书家,很少受到后人的关注,这与其少有著作传世有很大的关系。但他本人的学养及藏书事迹,散见于各种史料。

曾孝广：宦途不定政声显

曾孝广（1040—1100），字仲锡，福建晋江人。北宋著名政治家、军事家、军火家曾公亮的侄子；王安石在变法后期的主要助手之一——曾孝宽的堂弟。累官少师户部尚书兼显谟阁直学士。

曾孝广是以荫补字，取得进入官场资格的。神宗熙宁二年（1069）八月，在曾公亮的举荐下，"遂堂除初等职务"。由于他长期在底层做官，积累了足够的治吏经验，因此谙熟人情利害，论事详敏。元丰八年（1085），曾孝广任北外都水丞，负责管理河渠、津梁、堤堰、水运等事务。曾孝广在实际工作中，掌握了许多治河知识。在北宋，黄河水患频发，在167年中，下游水患地区发生水患89次之多。那时黄河"泛滥渟潴，漫无涯涘，吞食民田，未见穷已"，百姓一直对黄河无奈。哲宗元祐八年（1093），面对黄河下游的水患问题，大臣商议复河故道，皇帝下诏："黄河未复故道，终为河北之患。王孝先等所议，已尝兴役，不可中罢，宜接续工料，向去决要回复故道。三省、枢密院速与商议施行。"身为北外都水丞，曾孝广对圣诏持不同意见，认为"复故道"不是疏导措施，恐劳民伤财，得不偿失，无济于事。由于他职卑言微，所提意见不但没引起重视，朝廷反而认为他这番话是拆圣诏之台，暮气消极，影响极坏，把他改职"通判保州（今河北保定）"。当时的重臣文彦博认为："河不东，则失中国之险，为契丹之利。"右相范纯仁则认为："圣人有三宝：曰慈、曰俭、曰不敢为天下先。盖天下大势，惟人君所向，群下竞趋如川流山摧，小失其道，非一言一力可回，故居上者不可不谨也……妄测圣意，轻举大役。"然而，洪水是猛兽，伏水才能解救人民的生命财产。第二年，黄河"复决而北，竟不能复使之东"。哲宗皇帝圣诏碰了个头破血流，这才醒悟过来，"诏孝广行视"，恢复他原来的官职，命他重新治理黄河水患。于是他采取"治理"与"预防"相结合的方案，"遂疏苏村，凿钜野（今山东巨野县），导河北流，纾澶（在今河南省濮阳）、滑（今河南滑县）、深（今河北深州）、瀛（今河北河间）之害"等措施，建议在黄河流经的附近州县"共同救护"，"内外检察"，使黄河得到有效控制。曾孝广因此升迁为都水使者，又因显著的治水政

205

绩,出任提点永兴路刑狱,陕西、京西转运副使,水部员外郎。不久,他又升为都水使者,还为左司郎中,擢户部侍郎。

徽宗崇宁二年(1103),曾孝广因治水有功而提升为负责漕运的户部尚书。因为建议朝廷采取"直达法"代替"转般法"解决漕运问题的做法失败,以致前途动荡。崇宁四年(1105),曾孝广因受牵连,被取消俸禄,出知杭州。在杭州立足未稳,曾孝广又因"充泛使北朝国信使申奏语录隐漏,及与三节人从衩衣相见,接坐等罪"而贬职。四个月后,转知泰州,后又知青州。寻复之,移知潭州,加显谟阁直学士、知郓州。

曾孝广为官严正,爱憎分明,不趋炎附势,仗义执言,高风亮节。他平时与大儒胡安国(建宁崇安人,湖湘学派创始人之一)、邹浩(常州晋陵人),以文章相交,节行相砥砺。胡安国提举湖南学事,"诏举遗逸安国,以永州布衣王绘、邓璋应诏"。二人认为自己已经老了,胡安国便请任命他们的官职,以鼓励勤学的人。零陵(今湖南永州所辖)主簿称胡安国所举的二人,为范纯仁的门客。原来胡安国举荐这两个人,是受被流放贬逐的邹浩请托。而当时的主政者蔡京,一向因与胡安国政见不同而怀恨在心,在得到零陵主簿的举报后,便"命湖南提刑置狱推治;又移湖北再鞫(问罪)"。同僚心中虽然理解胡安国遭受不白之冤,但碍于蔡京专横,敢怒而不敢言。曾孝广在这严酷的环境中,不避权贵,前往慰问,知道的人都为他的前程担心。可是曾孝广并不介意,回来时还向僚佐慷慨陈词,说:"胡提举凝然不动……贤于人远矣。"闻者无不肃然起敬。果然不出人所料,曾孝广迁显谟阁直学士知浑州(今陕西安塞王窑乡一带)时,因"竟坐大观中与胡安国、邹浩忤时相"的罪责,"为御史所论"而夺职到饶州主政,一年之后,徙知广州。

苏轼在当时一直是一个有争议的人物,攻击者不绝,为虎作伥者面目丑恶,导致一些胆小怕事之辈敬而远之。元祐八年(1093),苏轼由京官调任定州路(今河北定州)安抚使、马步军都总管、知定州军州、轻车都尉。当时曾孝广为定武(定州)的副职,但他绝无世俗眼光,不被时论影响,与苏轼往来亲密如故。而苏轼则与藤希靖、曾孝广、刘焘、李之仪、孙敏行一班文士属官,公余之际诗酒唱和。曾孝广馈送泉州土产给苏学士,苏东坡则写下《次韵曾仲锡承议食蜜渍生荔支》:"代北寒荠捣韭萍,奇苞零落似晨星。逢盐久已成枯腊,得蜜犹疑是薄

刑。欲就左慈求拄杖,使随李白跨沧溟。攀条与立新名字,儿女称呼恐不经。"他们的诗歌往来不止于此,苏轼还写了《送曾仲锡通判如京师》:"边城岁暮多风雪,强压春醪与君别。玉帐夜谈霜月苦,铁骑晓出冰河裂。断蓬飞叶卷黄沙,只有千林鬖松花。应为王孙朝上国,珠幢玉节与排衙。左援公孝右孟博,我居其间啸且诺。仆夫为我催归来,要与北海春水争先回。"《次韵曾仲锡元日见寄》:"萧索东风两鬓华,年年幡胜剪宫花。愁闻塞曲吹芦管,喜见春盘得蓼芽。吾国旧供云泽米,君家新致雪坑茶。燕南异事真堪记,三寸黄柑擘永嘉。"此种现象,在《苏轼集》中并不多见,可见二人情谊大不一般。

曾孝广在宦途上转徙不定,但所到之处都留下政声,他始终保持着一颗耿介之心。

曾孝广在州守任上去世,享年六十岁。朝廷追赠他为正议大夫,当地人崇祀他为乡贤。

毛滂：知名于世赖诗文

毛滂（1056—约1124），字泽民，衢州江山石门（今浙江衢州）人，生于"天下文宗儒师"世家，父维瞻、伯维藩、叔维甫都是进士。毛滂自幼酷爱诗文词赋，北宋元丰二年（1079），毛滂与西安（今衢州）铁面御史赵抃的长房孙女赵英，结为伉俪。

宋元丰三年（1080），毛滂随父亲赴筠州（今江西高安），结识了苏辙。元丰七年（1084），毛滂出任郢州（今湖北钟祥）县尉。哲宗元祐中，毛滂出任杭州法曹，因文辞出众，受知府苏轼赏识和称赞："文词雅健，有超世之韵。"元祐六年（1091），毛滂来鄱阳任职，元符元年（1098）任武康知县，崇宁元年（1102）由曾布推荐进京任删定官。1101年，曾布罢相，毛滂连坐受审下狱。政和元年（1111）毛滂罢官回到故里，寄居仙居寺，后流落东京（河南开封）。大观二年（1108），毛滂因填词呈宰相蔡京被起用，任登闻鼓院。政和年间（1111—1117）任词部员外郎、秀州（今嘉兴市）知州。

在元祐四年（1089）三月因"乌台诗案"遭贬谪的苏轼，被哲宗起用并以龙图阁学士的身份知杭州。当苏轼重新回到阔别十五年的眷念之地时，心中时时涌起"江山故国，所至如归"的感慨。当时，浙西六州春潦夏旱，苏轼一面上《奏浙西六州灾伤状》，一面筹款救灾，并结合救灾招募饥民浚湖筑堤，美化杭州的环境。闲暇时，苏轼又邀来三五好友，吟诗填词，品赏湖光山色。就在苏轼将要任满，特地在西湖之滨宴请几位老友的席间，一位名叫琼芳的歌妓演唱了一阕《惜分飞·富阳僧舍代作别语》的词作："泪湿阑干花着露，愁到眉峰碧聚。此恨平分取，更无言语空相觑。云无意绪。寂寞朝朝暮暮。今夜山深处，断梦分付潮回去。"

苏轼听后不禁大吃一惊，心中思忖：这词笔墨如流，情深意浓，言已尽而意未了，意犹尽而情未穷，绝非等闲之辈能够写出来。苏轼便问琼芳："你刚才唱的词是何人作的？"歌妓犹豫再三，不肯说出底细。苏轼不肯放过，一再盘问。琼芳只好如实相告："词是前日刚离任而去的毛相公所作，算是临别送我做纪念

的长短句。"苏轼知道,歌妓所说的毛相公,是指前任司法参军(又称作推官)毛滂。苏轼听罢,不由叹息:"毛相公与我有同僚情谊,我们共事多年,却不知道他是一位风雅的词人。"苏轼吩咐下人拿来纸笔,马上修书一封,派人骑快马追回了毛滂。他对毛滂深深表示歉意:"都怪老夫没有见识,相处这么多年,居然不了解毛兄是位有才学之士。今日请你复归,无非想当面请教你,以足慰平生。"毛滂见苏东坡一片真情厚意,便又在杭州府衙滞留了一些日子。后来,由于苏轼的大力推举,毛滂名声大震,当上了武康(今浙江德清)知县。

毛滂一生中大部分时间,皆因仕途辗转往返于各地,过的是典型的宦游生活。他更多地从寄情山水、游赏宴饮中自得其乐,自我解脱。几乎每到一地,他都留下了脍炙人口的吟咏佳作。来到鄱阳的毛滂,同样留下了绝妙诗词。城东雪中的东湖,不仅让他感受到银装素裹的妖娆,更使他的肺腑受到了洗涤。因为在鄱阳,他感受到了质朴与淳厚。这片土地的人如同这里的山水,晶莹剔透,不加掩饰。于是他和至友如孩童一般咀嚼冰块,谈论世事:"风吹飞雨乾,散作柳花毯。危檐下舞鹄,老树腾蟠虬。烟空夜色垂,肤寸凝酥柔。晓屦踏晶莹,与君散清愁。湖东十顷玉,月落漫不收。照我肝肺皎,出语和鸣璆。将我平生客,步入青松幽。此客气如霜,逼人作飓颷。嚼冰论世事,怒颊赤已浮。盘中水晶盐,碧酒葡萄秋。饮酒岂忧寒,饮水犹不忧。手冷慎勿炙,置之鹨鹬裘。"(《见雪明日与祝山人游东湖僧寺访陈巨中教授留饮》)山水如画,他却无法排解心中的郁结。

借景释怨,是古代文人们惯用的伎俩,毛滂也不例外。何谓怀才不遇?像毛滂这样的人就是。好在毛滂在仕途中虽不得意,在诗、词、文方面却有名气。在鄱阳任上,面对没完没了的文牍,他只好借诗词来宣泄自己的不平。《水调歌头·拟饶州法曹掾作》就是一例:"金马空故事,方朔谩多端。三千牍在,玉殿何日赐清闲。难恋长安钟漏,谁借青云咳唾,拂袖且东还。笑杀长缨使,复转出秦关。吾道在,虽不遇,面何惭。雒阳年少,高论难与绛侯谈。富贵暂饶先手,晞尽草头秋露,掩鼻出东山。且饱鲸鱼脍,风月过江南。"虽说"吾道才,虽不遇,面何惭",从词中不难看出,毛滂的自嘲,实际上是一个怀才不遇者的悲愤。毛滂心里怎能放得下"功名"两个字?

毛滂年轻时便"性懒慢,不喜为吏,家人辈窃共笑且骂,以为痴拙人",这个时候的毛滂,依然是书生气十足,以至比较孤独。在鄱阳任上,他很少有志同道合者。孤傲应是毛滂的性格,或许这正是他官运不能亨通的主要原因。但是,他也不是一个知己都没有,州教授陈巨中便是同僚加朋友。有空时,他也学在杭州的苏东坡那样游山玩水:"俗状尘容欲养成,犹惭岫幌不吾屙。任慵读律知难入,忍睡看山辄暂醒。兰茁有时应吐秀,茗根无味强通灵。朝霞夕菊全堪饱,肯给侏儒学岁星。"(《和巨中游芝山》)"谁为苍生起病癯,参军药里欲何如。湖东道义为针石,不用先生肘后书。"(《散药过东湖戏作绝句寄陈巨中》)

哲宗绍圣四年(1097),做了多年幕僚的毛滂,总算上了一个台阶,当上了武康的地方官。徽宗赵佶崇宁元年(1102),毛滂被召为删定官。政和四年(1114),以祠员外郎知秀州(今浙江嘉兴),擢升为五品大员。

毛滂一生仕途失意,其诗词被时人评为"豪放恣肆","自成一家"。元祐四年(1089)所作《惜分飞·富阳僧舍代作别语》小词结尾"今夜山深处,断魂分付潮回去",南宋周辉认为含蓄情醇,"语尽而意不尽,意尽而情不尽"。他的词受苏轼、柳永影响,清圆明润,别具一格,无浓艳词语,自然深挚、秀雅飘逸。正如此,他的词才对陈与义、朱敦儒乃至姜白石、张炎等人的创作都有影响。

毛滂著有《东堂集》十卷、《东堂词》一卷,均被收入《四库全书》。《宋史》列有《毛滂集》十五卷。

连南夫：屡为鄱阳御外敌

连南夫(1085—1143)，字鹏举，应山(湖北广水)人，宋政和二年(1112)进士，授颍州司理参军，历任教授、主簿、府尉，后除雍正礼制局检讨、殿前文籍校书郎。

宣和五年(1123)，连南夫以太常少卿之职出使金国，次年以正使身份再次出使金国，力主整军备战。当时，北宋联金抗辽，童贯、刘延庆以十万大军在河北被辽军打败。金军却大获全胜，攻占燕京。童贯以百万贯将燕京赎回后，吹嘘"凯旋班师"。连南夫怒而上疏徽宗，请斩童、刘二人以谢天下，未被采纳。连南夫出使归来，迁秘书郎暨起居舍人；宣和七年(1125)，拜中书舍人，除右文殿修撰、知濠州(今安徽凤阳)；靖康二年(1127)，迁徽猷阁待制，钦宗诏以"忧国爱君"褒宠。有谏官诋毁他没有尽职，连南夫除右文殿修撰、知庆源府(今河北赵县)。连南夫说："庆源在河北，正宣抚所隶，何可居，挝登闻鼓论其事，愿易他所。"意思是说，庆源在河北西路，安抚使正是自己不遗余力地攻击的童贯，他的副使是我极力抨击的蔡攸，我在这两人的手下，能行使职权吗？

靖康元年(1126)，连南夫又上疏论敌情十患，请钦宗带兵出击金军，但此建议没有被采纳。宋室南渡后，他上疏高宗，请迁都至陕西，以抗拒金兵，并献抵御金兵谋略二十几条；又上疏李纲，论用人权宜之法。

建炎三年(1129)，连南夫擢升为显谟阁学士，知建康(今江苏南京)府安抚使，兼建康府、宣(今安徽宣城)、徽(府治在今安徽歙县徽城)、太平州(今州治在安徽当涂)、广德军(今安徽广德县)制置使。上任时间不到一个月，高宗赵构大驾江宁，将府治改为行宫。连南夫竭力将府衙布置一新，没有一件不完备。连南夫又趁机恳求赵构在长江以北置三大都督，分总陕西、两河、淮南诸路，并自荐一二位可用之大臣。因为他语出惊人，并求外放，高宗于是任命他知桂州(今广西桂林)，又改饶州(今江西鄱阳)。

连南夫任职饶州时，金人已自江浙破豫章、临川，游骑已至饶州境内。连南夫组织壮丁固守饶州。金兵见防守严密，不敢侵犯，但群盗蜂起。"有侯进万余

211

来攻",连南夫故意紧闭城门,引起敌人怀疑。盗贼不敢攻城,以为是计。待到入夜后,连南天点燃火把,把战鼓擂得震天响,使敌人很快惊溃。而另有一伙以刘文舜为首,乘几十条大船,由南康(今江西星子)而下。刘文舜原是济南的一个僧人,还俗后,带领一支流民武装,先向淮水一带流动,一度做了南宋的官,后流为"军贼"。这一次,刘文舜乘船由都昌东进鄱阳。连南天则率领民兵昼夜巡城守护,矢石几乎用尽。就在这个时候,驻兵庐陵的御营统制王德,号王夜叉,应连南夫飞书邀请赶到。起初,众人担心王德不会来,王德接到连南夫的信后,流着泪说:"当年我因事被囚禁在建康监狱,连公为府守,待我很好,我当以死报答。"于是王德带领舟师不到三日便来到了鄱阳。刘文舜害怕,请求投降。王德同意,待他来投降后却将他杀死,但没有追究他的部下。此外,还有一位以左道聚愚民至十余万的乱众者王念经。王德对部下说:"王念经听说我留宿在饶州,肯定没做准备。"连南夫劝王德追击至贵溪,斩首数万级。

绍兴改元后,张琪反叛,既破新安,抢掠饶州,直抵城外。连南夫派遣部将把他打败。"于是饶以块然小垒,而能却金兵,捍群盗,独立于江左。"鄱阳人立祠奉祀而不忘。

高宗下诏,凡地方官可以奏事民间利弊,或边防五事。连南夫应诏论十一事。对于赦令缓期缴纳,常用于灾荒时期暂缓缴纳的税租,及其他杂税的倚阁二税,他认为不正确,说:"安有占田而不输税者,军旅调度,顾可阙乎?"

绍兴元年(1131),连南夫改任广州知州。那时岭南水陆盗贼充斥,刘宣自章贡扰揭阳;郑广、周聪抄海道;而曾衮据釜甑山七年,其余妄称大王、太尉、铁柱火星、飞刀打天之号的有十八伙,动数千人。于是朝廷起任连南夫为经略安抚广东,前往岭南平定盗贼。连南夫入境后召大将韩京,激励他杀掉惠州孔目吏以及与曾衮勾结的人。连南夫集合相关郡的兵力,于第二年平定匪乱。对于投降者,他派人报送枢密院,或分置军中。擒获者戮十巾,胁从者还其业。此举得到诏书奖谕,连南夫被迁官一等。而"公裁决明审,滞讼悉空"。番禺之人立祠作碑,以纪其绩。

绍兴九年(1139),金人归河南地,连南夫上表以示祝贺:"虞舜之十二州,昔皆吾有;然商于之六百里,当念尔欺。"此举得罪了秦桧,连南夫因此被谪泉州。连南夫之所以招恶被贬,是因为当时金人将河南之地归宋时,连南夫担心其中有诈,故借上贺表之机,以战国时秦相张仪,假献地六百里与楚怀王,骗怀王与齐绝交后,大败楚军,斩首八万的典故,提醒皇上警惕金人。不料,连南夫竟得罪了权相秦桧,被谪泉州。

在泉州,朝廷命令福建造船以备海上使用,并派遣使者督促。连南夫说:"造船用新木,恐怕不好。新木潮气未除容易坏,如果以度牒钱,买商船二百艘,则省缗钱二十万。"度牒是封建王朝对已经得到公度、成为僧尼者所发放的证明文件。南宋时期,军事倥偬,财政支绌,朝廷还常常以度牒充军费。当时,高宗下诏亲征伪齐。连南夫慨然献议,引汉卜式愿尽死节、马伏波以马革裹尸之意,要求随从,但此建议没有得到上报。

连南夫在泉州两年,提举江州太平观。这时,他的仕途逐渐淡薄。罢官后的连南夫携三子自闽徙温,他与长子宇茹隐居乐清虹桥横山。次子宇芹、三子宇臣分别落籍温州鹿城和瑞安安固。

绍兴十三年(1143),连南夫病卒,谥"忠肃",赠左正奉大夫、太子少傅。代表作品有《宣和使金录》。

南宋末年,连南夫的五世孙连璇和文天祥抵抗入侵的元兵,连氏族人共三十八人牺牲。为避免元兵报复,连氏举家迁移。明朝宣德元年(1426),连南夫第十世孙连佛保迁到马崎社,成为马崎社的连氏始祖。清康熙年间(1662—1722),连兴位渡过海峡远赴台湾,定居台南。连战是他的第九世孙。连南夫的子孙今散居在浙江、福建、广东、台湾及东南亚各地,原台湾"副总统""行政院院长"连战为其第二十六世孙,为连舜宾第三十世孙。

李弥逊：正直无畏忤奸佞

李弥逊（1085—1153），字似之，号筠西翁、筠溪居士、普现居士等，祖籍福建连江，生于吴县（今江苏苏州）。大观三年（1109），李弥逊中进士，调任单州司户，又调任阳谷主簿。政和四年（1114），李弥逊调入国朝会要所审阅校勘文字讹误，经人推荐被钦宗召见，因表现突出升校书郎，充当编修六典校阅，连任校书郎，因在密封的奏章中言辞犀利、切中时弊被贬为庐州（今安徽合肥）知县，后来又改任嵩山祠宫观官。李弥逊贬官后，在家乡隐退闲居八年。

宋徽宗宣和七年（1125），李弥逊任冀州（领信都、南宫、枣强、武邑、蓚、衡水、阜城七个县）知州。当时，金军大举进犯河朔地区，各州郡都加强警备，严阵以待。李弥逊花费大量金钱，招募了一批勇敢善战的将士，修筑加固了城防工事，将护城河水决开，以保护护城河及壕沟，不断击败金人的骑兵，杀死了很多金兵。金军统帅兀术北归金国后，再三告诫他的军队不要侵犯冀州城池。

宋钦宗靖康元年（1126），李弥逊被任命为卫尉少卿，不久出任筠州（今江西高安）知州。靖康二年（1127），建康府牙校周德叛变投敌，拘捕了统帅宇文粹中，杀死朝廷官吏，据城自守，气焰十分嚣张。李弥逊以江东判运的身份管理郡中事，一人骑马至建康（今江苏南京）城外叩门，将封在蜡里的书信射入城中招降叛军。周德叛军通报了愿意投降的消息，并打开城门迎接宋军，李弥逊向他们晓以利害得失，勉励他们全力勤王，保卫大宋江山。当时李纲正率领部队到达建康，与李弥逊商议后，诛杀首恶分子五十人，安抚了叛军余党。江宁郡从此安定。之后，李弥逊改任淮南运副使，后又主管兴国宫，任饶州知州。宋高宗召他入宫谈论时政，李弥逊首先上奏指出："应当稳定朝政建制、格局，排斥奸佞小人的邪恶言论。"又说，"国家一天没有战事，则庆幸有一天的安全；一月没有战事，则庆幸有一月的安全，想求得终年平定，那是不可能的奢望，又怎么能制定天下的大政方针呢？"宋高宗赞赏他正直无畏。后来，李弥逊以直宝文阁的身份任吉州（今江西吉安）知州。李弥逊向高宗辞行时，高宗说："我本想将你留在宫中，大臣们建议让你去州郡任职以体察民情，临行之前，我想见见你。"

绍兴七年(1137)秋,李弥逊升任起居郎,自政和末年李弥逊因上密封的奏章直言朝政被贬官,大约已经二十年了。及至重新担任这个职务,李弥逊议论朝政大事时犀利耿直、切合实际的风格还和二十年前一样。这年冬天,李弥逊升任中书舍人,上奏疏阐明六件事:"加固边界屏障以抵御外敌的侵略;严格禁卫制度以维护朝廷的安全;训练军队以壮大国家的威势;节约开支以储备军队的粮草;获取民心才能巩固国家的统治;选择良将以责成军队卓有功效。"当时皇上准备出行,途中停留暂住地点还未确定,就下旨准备粮船、卫队以便宫中大小嫔妃随行。李弥逊立即呈上奏疏指出:"陛下南行之事,犹如雷声震动。各个部门紧急行动起来,现在正值各地艰难之时,不应该为了宫中宠幸之人的小事,而影响陛下的声望。恳切地希望陛下认真考虑,这件事虽然很小,但恐怕会伤害国家根本。"高宗高兴地采纳了他的意见。李弥逊升任户部侍郎。

秦桧第二次担任宰相后,只有李弥逊和吏部侍郎晏敦复感到很忧虑。绍兴八年(1138),李弥逊上奏疏竭力要求任朝外官,高宗没有允许。赵鼎被罢免宰相职务后,秦桧独揽朝政大权,怂恿高宗做出决策与金人议和。金国派遣使者乌陵思谋等人南来,他们索要礼物且态度蛮横,盛气凌人,军民都愤愤不平,朝野上下议论纷纷。秦桧在高宗御榻前请求使金,准备不顾众人反对,委屈自己向金人求和。枢密院编修官胡铨,上奏疏请求杀死秦桧;校书郎范如圭,上奏疏谴责秦桧歪曲真理、违背师训、忘却世仇、丧权辱国;礼部侍郎曾开,引用古人的行为道德准则以驳斥秦桧。这些人相继被贬官,流放外地。

李弥逊请求入宫对话,他指出金国使者来议和,想让我们对他们行君臣之礼,这是万万行不通的。高宗认为很有道理,下诏让朝中大臣展开广泛的讨论,当天上奏。李弥逊手持奏疏慷慨陈词:"陛下受到金人花言巧语的欺骗,没有得到丝毫实际利益,就准备轻易放弃祖宗的重托,委曲求全,将国家的命运交付敌国,自己甘当附庸而尊奉金国,倒拿着宝剑,白白将权柄授予别人,明明是危害、伤害国家利益的行为,怎么能够说是为了国家的和平?假如我们仅仅满足于眼前的安全,一旦不能满足贪得无厌的金人的欲望,就会危害国家社稷的利益,战争就会再次爆发。因此今天柱受卑躬屈膝的耻辱,以后则后患无穷。"又说,"陛下率领全国百姓去侍奉我们的世代仇敌,又将用什么去鞭策激励普天之下忠臣义士的抗敌勇气呢?"李弥逊再三强调不能签订和约。

215

秦桧曾经邀请李弥逊到他的私人住宅,说:"目前政府官员正空缺,假如你能够对宋金和议不再提反对意见,我当会请你去两地同时任职。"李弥逊回答:"我李弥逊受国家恩惠已经很多,怎么敢因一些小利而忘记国家民族大义呢?"秦桧无言以对。第二天,李弥逊再次上奏疏,言词急切直率地再次指出:"送伴使察言观色,百般逢迎金国使者,不顾及国家利益,不体恤百姓感情,请求另选忠义之士辅助处理国事。"秦桧愤怒不已。李弥逊准备称疾引退,高宗要大臣挽留他。当时宋金和议已经决定,赞成和议的人说:"过去金人出使明州时,钦宗虽然多次向金人跪拜也没有大臣们抗议。"朝野舆论一片哗然。由于李弥逊在朝廷努力抗争,秦桧虽然不肯听从他的意见,但也害怕公众的舆论。最终,金人许多条件都得到了满足,只有君臣之礼没有谈判的余地。

绍兴九年(1139)春,李弥逊再次上奏疏要求辞官回归故里,以徽猷阁直学士的身份任筠州知州,不久又改任漳州(今福建)知州。绍兴十年(1140),李弥逊在连江(今福建)西山隐居。

绍兴十二年(1142),秦桧乘金兵失败后收兵北归之机,将诸路军马全部撤回,再次乞求与金人和谈。秦桧开始追究过去那些仗义执言、敢于反抗他的大臣的罪。秦桧的走狗立即指出李弥逊和赵鼎、王庶、曾开四人曾同时阻止宋金和议。李弥逊于是被撤职,十余年间不准与朝廷有书信往来,不得考课升迁,不能荫庇自己的儿子做官,不能按次序获得封爵,且以上禁令终身不能改变。李弥逊仍然常常忧国忧民,没有丝毫对朝廷的怨恨。绍兴二十三年(1153),皇上怀念他,考虑到他忠诚有气节,特下诏恢复李弥逊敷文阁待制一职。

李弥逊是绍兴三年(1133)三月来鄱阳任职的,次年三月离任,虽然时间不长,却留下了两首让鄱阳人怀念的诗作。一是《自连江赴守鄱阳黄原道中作》:"海角三年一梦成,北来重听偃溪声。凝云带雨留愁住,茂树随山送客行。秔稻沿崖畦上下,茅茨枕谷路纵横。莫从马腹消双髀,此地真堪老此生。"二是《鄱阳四望亭观雪》:"瘴海三年雨不冰,喜看万木变琼英。眼中何处分银界,脚底从兹上玉京。"

李弥逊著有《筠溪集》二十四卷、《甘露集》,已佚。另著有奏议三卷、外制二卷、《议古》三卷。

章谊：不避权贵立朝事

章谊（1078—1138），字宜叟，建州浦城（今福建南平）人，崇宁四年（1105）进士及第，补授淮州（今河南沁阳一带）司法参军，历任漳（今福建）、台（今浙江）二州的学官教授和杭州通判。绍兴十四年（1145），章谊任饶州知州。

建炎元年（1127）七月，胜捷军校陈通作乱于杭州，城门关闭，使者用文书传令章谊聚集杭州七县的弓箭手，来扩大声势。恰逢王渊讨伐贼寇，章谊跟着王渊进入城中。贼寇被平定，他随即加以安抚，众人都感激他。

建炎三年（1129）春，宋高宗放弃中原逃往杭州。三月初，扈从保驾的御营司将领苗傅、刘正彦二人，自负有功，认为高宗对自己的赏赐太薄，阴谋作乱，兵围高宗行宫，诛杀宦官及同金书枢院事王渊等，最后竟然逼高宗禅位于幼子赵祐（三岁），由隆裕太后孟氏（哲宗赵煦之皇后）垂帘听政。赵构在宫楼，宰臣百官都在，人心惶惶。皇帝问群臣："今天的事怎么办？"浙西安抚主管机宜文字的时希孟立刻说："请问三军。"章谊越班斥责他说："问三军是什么意思，想要煽动叛乱吗？"时希孟退后屏息站立，皇帝赞赏章谊。事情平定后，时希孟被流放到吉阳（今海南三亚）军，章谊连升两级，提拔为仓部员外郎，并奉命出使二浙（浙东、浙西），买卖祠部所颁发的度牒来资助军用，后因滞留被免职。不久，章谊被召任驾部员外郎，升任为殿中侍御史。

高宗绍兴二年（1132），章谊除大理卿，迁徽猷阁直学士、枢密院承旨。

绍兴四年（1134），金国派李永寿、王翊来，要求归还刘豫的战俘以及在东南的西北人，并想到划江为界来帮助刘豫。当时朝廷反对，想派大臣做使者。参政席益以母亲年老推辞，并推荐章谊代替自己，章谊加官龙图阁学士，充军前奉表通问使，给事中孙近任副使。章谊到了云中，与粘罕论事，毫不屈服。金人让他立即回去，章谊说："万里受命，兼迎两宫。要求一定要得到满足。"金人于是命令萧庆授书，同时拿传闻责备章谊。章谊问他们从哪里得来的，金人告诉他实情，章谊于是回了朝廷。完成使命返回南宋途中，章谊在南京（今开封）被金邦推立的傀儡刘豫留下。章谊最终以计逃脱，回到临安。高宗对章谊的做法很是称许，便提升他为刑部尚书，迁户部尚书。绍兴七年（1137），章谊任端明殿学士、江南东路安抚使、知建康（今江苏南京）府兼行宫留守，提举亳州明道宫。

章谊是宽厚的长者。旧例台官论事，不是挟怨来满足自己私人的愿望，就是用仇家的话替别人进行报复，唯独章谊从大局出发，士人的舆论都倾向于他。他在朝中论述政事，所上奏疏有上百篇，都是治国救世的策略。当初，席益推荐章谊出使金国，皇帝说："章谊母亲也年老，我应当亲自告诉他。"章谊听到任命，没有一点为难的神色，告诉家人不要让他母亲知道。出发前，他告诉母亲："是行不数月即归，大似往年太学谒告时尔。"等他回来，母亲竟不知道他出使金国。

"百叶黄梅照小堂，江南春色冠年芳。洛妃不露朝霞脸，秦女聊开散麝妆。已荐香风来枕席，更留美实待杯觞。一枝今日欲谁赠，且伴钗头金凤凰。"这首题为《题饶州永平监百叶黄梅》的七律，为章谊所作。绍兴十四年（1144），章谊担任过饶州知州，并巡视提点坑冶司，察看了永平监。他看到了永平监院中的这株百叶黄梅，便写下了这首七律。全诗充满了溢美之词，若不把背景放大，这首诗就没有多大意义。实际上，章谊是借咏永平监百叶黄梅而咏永平监。

永平监，唐宋时期江南重要的官办铸钱中心之一，唐贞元年间（785—805）建。到了宋代，永平监已经是一座颇具规模的铸钱重地。曾经掌管全国土地、户籍、赋税、财政收支等事务的长官章谊，对永平监在南宋财政中的地位了如指掌。永平监，犹如百叶黄梅"冠压群芳""香风枕席"。否则，并不稀罕的一株黄梅，怎能引得诗人如此小题大做？

章谊在鄱阳时，除巡察举提点坑冶司和永平监，写下《题饶州永平监百叶黄梅》诗作之外，还畅游了鄱阳湖，领略了彭蠡风光。《夜过鄱阳湖》三首，是他鄱阳湖之行的记载："风驱残暑月侵衣，仙客乘槎八月归。万顷平湖波不动，夜深鸣橹渡如飞。平湖闻说浪如山，今夜扁舟自在还。天象水光俱一色，此身安渡斗牛间。鄱阳湖面三百里，草树云山望里无。月夜扁舟讶何许，一天星汉近相趋。"

可以说，这三首绝句是唐宋之际把鄱阳湖写得如此恬静平和的极少数诗作。彭蠡湖自南北朝时南浸江西境内，到隋开始叫鄱阳湖以来，一直以风高浪急、瑰诡险峻著称。鄱阳湖水有如杭州西子湖般娴静,它使人从月色、水光、扁舟、星汉间感受到,这个大湖是如此宁静可爱、平和近人,犹如处子般给人以遐思漫想,给人以憧憬和向往。这种描述无疑给了鄱阳湖另一种真实。《夜过鄱阳湖》三首,虽然没有什么惊天动地的句子,却给予我们一种难得的心境。难怪史家对章谊评价较高,称他"宽仁长厚,立朝论事,皆经国济时之道"。这些评语是否言过其实暂且不深究,章谊所写的关于鄱阳的四首诗作,多少流露了他处事老到、稳健的风范。《全宋诗》收录了六首章谊的诗,其中四首涉及鄱阳,可见他对鄱阳这块土地的感情。

叶义问：两度州守袖清风

叶义问(1098—1170)，字审言，严州寿昌(今浙江建德)人，建炎二年(1128)进士，初任临安(今浙江杭州)府司理参军。临安为南宋首都，司理为司法衙门，司理参军主掌刑狱勘鞫，而叶义问并不安分，常常去管分外的闲事，上疏弹劾宰相范宗尹，说他是奸臣，因此被外放到饶州(今江西鄱阳)，当儒学教授，主管当地的教育工作。当时饶州知州不在，由他代理州政，这年恰逢天旱饥荒，老百姓没有饭吃。叶义问未经上级批准就开仓济民，遭到提刑衙门的弹劾，幸好上级并没有深究，这件事才算过去。前枢密使徐俯很赏识叶义问的才干，准备向上级推荐他，但叶义问却在这时依法处置徐俯的门僧，弄得徐俯很不高兴。徐俯便将荐书寄还给叶义问，升迁的事因此中止。不久，叶义问当上了江宁(今南京江宁县)知县。秦桧是江宁人，权势冲天。他在老家的亲戚很多，按国法要承担一定的劳役，同僚都害怕秦桧，不敢委派，叶义问说："如果宰相的亲戚可以不遵守国法，那么何以服众呢？"最终还是按规定执行。结果，叶义问被调任江州(今江西九江)当通判。

豫章(今江西南昌)太守张宗元得罪了秦桧，秦桧示意漕臣张常先将张宗元拘押，张常先则下令让叶义问扣押张宗元的官船。叶义问将檄文扔到地上，大声说："我宁愿获罪，也不干这种不道德的事情！"张常先向秦桧汇报，叶义问随即被罢了官。

绍兴二十五年(1155)，秦桧病死，叶义问才得以重新复官出仕。高宗还记得他当年弹劾范宗尹的事情，就召见他。他向高宗建议："台谏之官的废置应由皇上决定，秦桧的亲属党羽应该尽数罢逐，以言得罪者应该重新起用，官复原职。"高宗遂任命他为殿中侍御史，掌纠察百官之权。枢密使汤鹏举培植私党，拉帮结派，仿效秦桧所为，将党羽安插到台谏官的要职上，排除异己。叶义问连上奏章列举罪状，加以弹劾，认为其"交通台谏""贼害良善"，何异于"一秦桧死，一秦桧生"？在叶义问的坚持下，汤鹏举及其亲信都被罢了官。鉴于枢密院为掌握全国兵权的重要机构，关系天下安危，叶义问向高宗建议，对于带兵将领的重要任命,枢密院应该提出三个人选,最后由皇帝定夺,这样军政大权才不至于旁落。叶义问的许多建议,对于巩固中央集权有重要的意义,大多被高宗采纳,并付诸实施,取得了很好的效果。他的职务也一路升迁,最后升至吏部侍郎兼侍读、同知枢密院事的重要岗位。

绍兴二十八年(1158)以后,不断传来金国积极备战、准备南侵的消息。高宗不信,叶义问上《言有备无患者六事奏》,提醒高宗要做好战备工作,并提出预防海道、坚守淮甸、遣沿边戍卒、收马等六项战备要务,以防不测。高宗派遣叶义问与贺允中出使金国,打探虚实。回来后,叶义问一连呈上《海道宜各师屯奏》《两淮形势奏》等反映金国军备情况、前线战备情况的奏章。他指出金人"迁汴京,造战船,皆有深意",建议借用民力,"于江海要处分寨,以土豪(地方力量)为寨主……官兵扼于塘岸之口,则官无虚费,民无横扰"。《两淮形势奏》更是一篇总揽全局、高屋建瓴的战略之策。奏章径直以"两淮形势,在今危急"这样触目惊心的字眼开头。在这篇奏章中,叶义问全面分析了荆南、鄂渚(即鄂州,因渚而名,世称鄂州为鄂渚)、九江、池阳(今陕西泾阳县和三原县的部分地区)、建康(今南京)、镇江、江阴、合肥等各地军事要地的战略布防情况,要求饬令分屯诸将"择地险要,广施预备",充分做好战备工作,积极应战。同时,他还指出,金人南侵主要依靠签军的力量,而签军原是沦陷区的老百姓,他们心怀故国,是被迫当兵的,"其肯为敌效死乎"。此外,叶义问还提出了屯田和坚壁的主张,建议派武将镇守江淮一带,公私荒田用以屯田,"募人耕之。暇则练习(军事),专务持重,勿生衅端,(金人)来则坚壁勿战,去则入壁勿追,使之终无所得而自困",以此打持久战。

绍兴三十一年(1161)八月,金兵分四路南侵,大举攻宋,一路出海道向临安,一路从蔡州(今河南汝南)南进,一路从凤翔(今属陕西)取大散关,一路由统帅完颜亮亲自率领,出寿春(今安徽寿县),直逼淮南。金兵渡淮,宋军守将王权弃地逃跑,金兵进至长江北岸,虎视江南。这时,形势已经很危急,在宋高宗的默许和纵容下,抗金名将岳飞早已被奸贼秦桧以"莫须有"的罪名害死,另一抗金大将韩世忠也已病故,就连老将刘锜也病重。在一片求和妥协的投降氛围中,南宋小朝廷已无领兵之将。面对如此局势,高宗想航海逃命,因群臣反对,只得勉强迎敌,任命叶义问为同知枢密院事,督视江淮前线诸路军马,并赐叶义问大旗一面,亲书"义问到处,如朕亲行"八个大字,以壮行色,并命虞允文参谋军事。叶义问命虞允文往芜湖传达朝廷命旨,让池阳守将李显忠接管王权的部队,并往采石矶犒劳守江军队。他亲自前往镇江,拜会老将刘锜,见刘锜病重,遂命部将李横替代;又往建康布置防务。当时,金军正在赶造战船,准备从和州(今安徽和县)渡长江。十一月初,虞允文以参谋军事的身份,到金军对岸的采石矶(今安徽马鞍山西南)督军。由于前线主将王权被罢职,接替者李显忠未到,江防处于无人指挥的状态,而金军即将渡江,长江一溃,必然国破家亡。在这种万分紧急的情况下,虞允文挺身而出,至采石矶组织部队、激励将士、部署战斗,大败金兵,取得了完全的胜利。尔后,虞允文分兵守京口,叶义问亦命大将杨存中率领所部来会,进一步巩固了江防。京口防范严密,金兵无法突破。完颜亮十分焦躁,命令部下诸将必须于三日内渡江,否则尽杀之,从而激起兵变,完颜亮被部下所杀,金兵退回淮河以北。虞允文往镇江探望刘锜,刘锜拉着虞允文的手说:"疾何问,朝廷养兵三十年,一技不施,而大功乃出一儒生,我辈愧死矣!"

"采石矶大捷"引发了一连串连锁反应。金兵统帅完颜亮因暴虐、刚愎激起兵变而被杀,军无统帅,金人匆匆退回淮北,从此很长一段时间不敢南侵。同时,赵构退位,养子赵昚即位是为孝宗。孝宗即位之初,积极准备兴师北伐,重新起用主战派胡铨、张浚等人,下诏为岳飞平反,朝中呈现一派中兴气象。可以说,"采石矶大捷"对宋金两国都带来了深远的影响。

叶义问一介书生,不懂军事,督师江淮,全凭爱国豪情。他深知自己难当军事重任,因此战事结束后马上向朝廷打报告,要求辞去枢密院的职务。

隆兴元年(1163),孝宗封叶义问为新安郡侯、资政殿学士、提举洞霄宫观。是年,御史中丞辛次膺弹劾叶义问:"顷护诸将几败事,且以官私其亲。"叶义问谪官饶州。乾道元年(1165),叶义问获允退休;乾道六年(1170)逝世,享年七十二岁。

叶义问三十岁中进士,七十二岁去世,居官多年,但一生清正廉明。他平日慷慨好施,乐于助人,所得俸禄大多周济亲朋好友。致仕后,老家无房屋,他又无余资建造宅第,于是寄寓邻县衢州西安的一个寺庙里以终天年。叶义问死后,朝廷追谥为"忠简",因此后人都尊称他为"叶忠简公"。

王居正：饱读诗书耕读继

王居正（1087—1151），又名王悦，字习之，又字刚中，号瑞凤，江苏扬州人，系抗金名相李纲的女婿。政和二年（1112）中举，次年进士及第。

王居正入太学时，正当新党执政，大家都争相阅读王安石撰写的《字说》等，以作进身之阶。这让深受理学教育的王居正非常反感。他说："穷达自有时，心之是非，可改邪？"因此，他离开太学流落民间十多年。司业黄齐看到他的文章，认为他有辅佐君王之才，到了贡举考试时，准备擢举他为魁首，给士子树立典范。不料，其他考官坚持将他列为第二名。随后，王居正被选调为饶州安仁（今江西余江）县丞、荆州教授等职务，但他都没有赴任。河北大名和江苏镇江的两名守帅，交相征聘他到当地府学任教，王居正也没去。

建炎三年（1129），刚过三十虚岁的范宗尹，被举荐为丞相，时值金兵大举南下，朝廷内外惶惶不可终日。范宗尹便向正在江苏阳羡山中避乱的王居正寻求帮助。王居正说："时势如此危急，你不倾尽所学来救国于水深火热之中，还要等谁呢？"王居正将自己的见解说了一通。范宗尹惭愧地致谢后，入朝将王居正的观点转述一番："今日的局势，朝廷上下都觉得难，却有容易之处。国弱敌强，都因为昔人在难处中勉强为之，今人觉得难而不再有所为。等待天意，实则是强敌而自毙。宣和七年（1125），十有五六人觉得难，到了靖康年间（1126—1127），与宣和比，谁更难？靖康二年（1127），十有八九觉得难。到了现在的建炎年间（1127—1130），与靖康比，谁更难？由此可见，今日虽难于前日，怎知他日不难于今日？正是因为在宣和的时候以为难，才有靖康之祸；靖康以为难，才有了今日之忧。"

宋高宗赵构听罢，大为赞赏，对范宗尹说："像王居正这样的人才，我一生中能得一人就足够了。"于是，王居正被任命为太常博士，不久升为礼部员外郎。

绍兴元年（1131），范宗尹受秦桧排挤，降为温州知府。王居正因此请求到京外任职，没有得到应允。江西抚州郡守高卫上疏称，有甘露降在该州的祥符观，已绘成图，想献给皇上。王居正答复道"当下恐怕不是天降祥瑞的时候"，拒绝了高卫的献图。此后,王居正先后任职太常少卿兼修政局参议、起居郎。

宋高宗曾经广开言路,开诚纳谏。王居正便集结史上帝王纳谏的事例达十五卷之多,以广播赵构的旨意。高宗还就时务问题遍访群臣,王居正则上了一篇数千字的奏疏,论到节省行政开支时尤其显得迫切。

王居正与秦桧早先交情甚笃。秦桧还是一名"执政"的时候,与王居正一起谈论天下大事,滔滔不绝,观点尖锐。秦桧当上宰相后,先前所言一概没有兑现。王居正厌恶秦桧的诡诈,见到高宗时言及此事:"秦桧尝语臣:'中国人惟当着衣啖饭,共图中兴。'臣心服其言。又自谓:'使桧为相数月,必耸动天下。'今为相施设止是,愿陛下以臣所闻问桧。"秦桧因此怀恨在心,将王居正贬知浙江婺州。

按旧制,婺州每年要进贡罗布一万匹,进入崇宁后增加了五倍,建炎中期减为两万匹。王居正到任时,朝廷负责纳贡者想恢复崇宁年间(1102—1106)的罗布数量。他便到朝中大力游说,可是户部的督促更加严厉。王居正干脆不执行公文,并对属下说,出什么事我来负责任,不会让你们受连累。他还写下文书交给手下的官吏,说:"上面要是怪罪下来,拿出这个就可以解脱干系。"尔后,他又上疏向皇上陈述"五不可",终于得到豁免岁贡的诏书。

建炎三年(1129),各个曹司购买"御炭",要求木炭必须是"胡桃文(纹)、鹁鸽色"。王居正说:"老百姓以炭为业,一直住在深山里,哪里知道什么是胡桃文(纹)、鹁鸽色?"王居正于是入朝面上,使得皇上下诏,制止了这一劳民伤财的奢靡之举,召他为太常少卿、起居舍人兼权中书舍人、史馆修撰。

王居正在皇帝面前为民请命、减免贡赋的事例还有很多。后来,他又兼任权直学士院,升迁为兵部侍郎。绍兴十六年(1146),王居正当任饶州知州。

王居正饱读诗书,他的学问以"六经"为根本,因此得到杨时的器重。杨时系理学名家程颢、程颐的弟子,也是当时著名的理学家,后来还担任工部侍郎、龙图阁直学士等职务。这个时候的杨时已经垂垂老矣,他拿出自己所写的《三经义辨》说:"这部书我已经开了头,剩下的由你来完成,以了结我的心愿。"王居正非常感动,先后耗费十年时间写成《书辨学》十三卷、《诗辨学》二十卷、《周礼辨学》五卷、《辨学外集》一卷,可谓是洋洋大观,理学有传。他特地挑选了其中的七卷呈上,连同杨时的《三经义辨》一起被列入"秘府"(古代禁中藏图书秘记之所)。由于两书同时入府并流传天下,再加上杨时当时的名气,所以人们都将其归功于杨时,"天下不复言王氏学"。人们之所以将王居正和杨时的著作混淆,正好从侧面彰显了王居正的理学功底,从这个层面上讲,他完全可以成为程氏兄弟、朱熹、杨时一样的理学大师,只因为他生活在理学大师迭出的年代,从而被湮没其中了。

绍兴二十一年(1151)初,王居正奉宋高宗之命来广东任监察御史。他携妻李氏以及两个儿子王斗魁、王斗赳渡海来琼州,居住于府城高第街十号(今琼山新华书店后),当年三月便在当地逝世。

在海南众多的流贬官宦中,有不少人在赴海南的路上历经艰难,因水土不服、心情抑郁,往往在到达贬所不久就离开人世,因此对海南产生的实际影响相当有限。但是由于前来海南时多是携家带口,在被贬官员离开人世之后,他们的家属于是便就地落籍,繁衍发展,这就形成了海南流贬文化中的渡琼始祖现象。这些人在繁衍人口、推动民族融合方面发挥了一定的作用。

王居正被贬海南,因此成为王氏渡琼始祖。历代海南王氏出了不少名人居士、贤臣,从宋代起中进士者就有九人,中举人者有二十五人。这些人中有相当部分是王居正的后裔,可谓是文化昌隆,翰墨有继。

唐文若：清风苦节主抗金

唐文若(1106—1165)，字立夫，眉州丹棱(今属四川眉山市丹棱县)人，高宗绍兴五年(1135)进士，分教潼川(今四川省三台县)府，通判洋州(今陕西西乡县四季河)、遂宁(今四川)府。绍兴二十六年(1156)，以光禄丞召，改秘书郎，迁起居郎。绍兴二十七年(1157)，被劾狂妄怪诞，出知邵州(今湖南邵阳)，改饶州(今江西鄱阳)，移温州。绍兴三十一年(1161)，召为宗正少卿，迁中书舍人。孝宗即位后，唐文若出知汉州(今四川广汉)，入张浚都督府参赞军事。因符离战役失利，唐文若被降两级官职，改充江淮宣抚使司参赞军事，后除知鼎州(今湖南常德)，改江州(今江西九江)。

唐文若从小就出众，写出来的文章颇有气势。登进士第，分教潼川府。给事中勾涛推荐唐文若代替自己，高宗下诏让他去皇帝临时住的地方面奏。等他赶到时，引见他的勾涛他们却出去了。唐文若对此很不满意，他上疏面奏道："当年汉高祖怠慢有识之士四皓，结果离去，以致西陲少了知道廉耻的人；光武帝让贤，始终将严光视之为友，所以东都多了节义之人。陛下屈万乘之尊，驻跸东南，两宫将归，五路初复，正是振奋士气，图强发愤，吸引英雄豪杰，与之共治的时候，难道我们能错过这种大好机会？"高宗看罢奏章，翌日召他于便殿面对。所答让"高宗大悦，特旨改合入官，通判洋州"。"洋西乡县产茶，亘陵谷八百余里，山穷险，赋不能尽括。"当时，派来洋西的使者韩球，为取宠朝廷而增赋。园户为逃避苛敛，纷纷迁徙，以致百姓饥馑相藉。在唐文若的力争下，赋税不增。唐文若通判遂宁府，遇大水，不少百姓被淹死。唐文若来到城上，发库钱募给能游泳者，救活了不少人。唐文若又力请于朝廷，减除田租二万一千顷，减免场务税二十余所。唐文若还带领民众筑长堤，从此当地无水患。

秦桧死后，高宗向魏良臣了解四川籍官员的情况，魏对唐文若颇有好感。绍兴二十六年(1156)，唐文若以光禄丞的身份被召回京，改秘书郎，唐文若作《文思箴》以献。文章长达一千五百余言，打破了自秦桧主和以来朝廷忌讳言兵主战的沉寂。可以说，自唐文若这篇文章之后，言战之风骤然再兴。由此，唐文

若升迁为起居郎。唐文若又劝皇上收用西北人才以固根本。高宗欣然采纳此建议,并准备授予领兵者更大的权力。这时有人为宣和执政请恩,结果被司谏凌哲否定。唐文若喜欢凌哲的正直,作《禾黍诗》大加赞美。侍御史周方崇以为唐文若讥讽自己,弹劾他狂妄怪诞,使其出知邵州。高宗多次对近臣言唐文若无罪,不必离京太远,于是令唐文若到离临安较近的郡州上任。最终,唐文若到鄱阳任饶州知州。

唐文若是第二年到饶州任职的。到鄱阳后,他兴学宫,减田租,特殊减免二万石。他又请示朝廷,将"岁籴常平义仓之储"十分之三"与民平市",农民与商人双双获利,而粟不腐,并逐渐以文字形成一种制度。余干有大盗,巡尉不能制。唐文若遣牙兵捕而戮之,"加直敷文阁,移知温州"。绍兴三十一年(1161),召为宗正少卿。

金人犯边,唐文若求对,首先建议大臣节制江上之议。皇上"谕大臣以文若与虞允文、杜莘老、马骥才皆可用,复除起居郎"。当时,诸将北出,捷书日闻,上下都有骄狂的表现,唯有唐文若担忧,并以图解上奏元嘉北伐故事。

元嘉北伐,是指南朝宋于元嘉年间(424—453),主动进攻北魏一系列的征战,共计三次,分别于元嘉七年(430)、元嘉二十七年(450)及元嘉二十九年(452)。三次战争中,宋文帝虽留守建康,每次派不同将领出征,但都会传诏传授战略。三次北伐的主要目标及战场,都是南朝宋的河南失土,战事耗费了不少兵力及物资,但结果全部失败。尤其第二次北伐,对江北各地造成极大的破坏,江南人民也在恐惧震荡中久久不能平复。宋文帝去世后,宋更陷入内斗混乱中,北魏渐渐取得军事上的优势,逐步夺取宋的北方领土。

皇上问唐文若"以创业所历艰苦及敌情反复甚悉",唐文若回答:"愿陛下深察大势,趋策之长而避其短,无循前代轨辙,则大善。"没过多久,诸军退守,金主亲自带兵围大将王权于历阳。王权不战而逃,淮南尽没。皇上诏百官廷议,唐文若谋划三策,一请皇帝亲征,二请遣大臣劳军,三请起用张浚。工部侍郎许尹赞成他的所言,众遂列奏高宗,皇帝没有生气,召唐文若面对。原来,赵构以为张浚"虽忠悫",但喜功,将士多不服。唐文若则认为,张浚本以孤忠得众。皇帝于是将张浚改镇建康府,任江、淮宣抚使,张浚任用受到阻碍的事得到制止。

高宗"乘舆幸江表",以唐文若为"起居郎兼给事中,直学士院,同群司居守"。高宗驾还后,唐文若迁中书舍人。

张浚与唐文若都是四川同乡。张浚(1097—1164),字德远,汉州(今四川广汉)绵竹人,宋徽宗政和八年(1118)进士。孝宗嗣位后,张浚以右府都督江、淮军事。唐文若当时称病,请求朝外做官,于是除敷文阁待制,知汉州,寻改都督府参赞军事。张浚使他行使守备之职,"多所罢行者。未还,除知鼎州(今湖南常德),改江州"。

第二年,张浚入相,都督府罢。这年冬天,金兵大肆侵犯,官军悉数戍淮。唐文若说"上流当严兵备,以定民志",并奏借"乡丁五万,训练有法,人倚以固"。解严后,官府向农民大肆购买粮食,一郡达八万石之多。唐文若以老百姓劳苦功高,坚持请求减税十分之三。不久他又请求致仕,连上奏章三次,都未得到批准。

乾道元年(1165),唐文若病逝,时年五十九岁。皇上追赠他为左通奉大夫。著有《遁庵文集》,已佚。

胡铨：南宋名臣性耿直

胡铨（1102—1180），字邦衡，号澹庵，吉州庐陵（今江西吉安）人。南宋爱国名臣、文学家，与李纲、赵鼎、李光并称"南宋四名臣"。

胡铨自小潜心学问，强记博览。建炎二年（1128），登进士第。宋高宗在淮海策问进士："治道本天，天道本民。"胡铨答问长达一万多字，高宗看到后很是惊异，打算把他列为第一名。有人忌恨他的耿直，将他移为第五名，授职抚州（今江西抚州）军事判官。胡铨因服父丧，未上任。当时，正值金兵攻打南宋，朝廷遣派精兵强将将南逃的隆裕太后，从洪州（今南昌）赶至吉州（今吉州区）。吉州太守陪隆裕太后向赣州逃命后，吉州城内兵无一卒，官无一人，金兵不费吹灰之力就把它占领。在家守孝的胡铨闻讯，立即招募乡勇组成义军，使吉州城失而复得，受赏转承直郎。

绍兴五年（1135），张浚设都督府，举荐胡铨任湖北仓属，胡铨没有赴任。兵部尚书吕祉以贤良方正推荐他，获高宗赐对，胡铨任枢密院编修。绍兴八年（1138），金国派遣张通古、萧哲二人作为"江南诏谕使"，携带国书，在王伦的陪同下，来到南宋都城临安进行和谈。金使态度极其傲慢，目中无人，对南宋当局百般侮辱。但高宗和秦桧一味苟且偷安，不惜卑躬屈膝与金使议和。此举激起朝中大多数大臣与全国军民的义愤，纷纷起来反对。胡铨反对议和最为激烈，他上疏高宗，对金国议和的阴谋进行揭露，而且要求高宗斩秦桧、王伦、孙近的头。他还表示，如果不这样做的话，他宁愿投东海而死，也决不在朝廷里求活。

胡铨这篇奏疏一经传出，立即产生强烈反响。宜兴进士吴师古，迅速将此书刻版付印散发，吏民争相传诵。金人听说此事后，急忙用千金求购此书。读后，君臣大惊失色，连连称"南朝有人""中国不可轻"。奏疏上报之后，秦桧认为胡铨"狂妄凶悖，鼓众劫持，诏除名，编管昭州"，并降诏传告朝廷内外。中书舍人勾龙如渊、谏议大夫李谊、户部尚书李弥逊、殿中侍御史郑刚中等人，纷纷想方设法出面营救。秦桧迫于公论，只得改派胡铨去广州监管盐仓。

绍兴二十六年（1156），秦桧死，胡铨量移至衡州。绍兴三十二年（1162），宋孝宗赵眘即位，胡铨复职奉议郎、知饶州（今江西鄱阳）。孝宗召他入对，胡铨上奏修德、结民、练兵、观衅四事。孝宗很早就听说他耿直诚实，于是任命他为吏部郎官。隆兴元年（1163），胡铨迁任秘书少监，擢任起居郎。针对自隆兴北伐失败后朝中的议和之风，胡铨多次上表予以反对。当时发生旱灾、蝗灾和星变，孝宗下诏垂询政事缺失，胡铨应诏上疏数千言，全篇引用《春秋》记载灾异的方法，论述政令缺失的情况有十种，而上下情不合的情况也有十种。他说："陛下自从即位以后，号召延揽宾客，与我同时来的有张焘、辛次膺、王大宝、王十朋。现在，张焘已离开朝廷了，辛次膺离开朝廷了，王十朋离开朝廷了，王大宝也将离去，只有臣还在。以言论为避讳，而想堵塞灾异的根源，臣知道必然不能做到。"又说，"过去周世宗被刘旻击败，处斩败将何徽等七十人，军威大震，果然打败刘旻，夺取淮南，抚定三关。一天之内处死七十位将领，哪里还有将领可以使用？但周世宗终能恢复失地，这难道不是因为无能懦弱的人离开，而勇敢的人出来了吗？"他还谈论了台谏官，说："今朝廷大臣以箴默不言为贤，取悦陛下为忠，导致唐德宗时'卖直'那样的事发生，正所谓'一言丧邦'。"孝宗说："不是你，我听不到这些话。"

金朝请求议和，胡铨说："金朝知道陛下锐意恢复中原，因此用好话欺骗我，希望绝口不要说'和'字。"孝宗将边防事宜全部交付张浚。而王之望、尹穑等人专主议和，排挤张浚。胡铨当面斥责他们。胡铨兼任权中书舍人、同修国史。张浚儿子张栻被赐金紫，胡铨收缴上奏，认为不应当这样对待勋臣子弟。张浚与胡铨交情深厚，胡铨不顾忌这一点。孝宗就战和问题向朝臣征求意见，与会的十四人中，力主议和的占一半，模棱两可的占一半，反对议和的不过胡铨一人。朝廷任命他为宗正少卿，胡铨请求外任，没被允许。

隆兴二年（1164），胡铨兼任国子监祭酒，不久任权兵部侍郎，兼中书舍人。孝宗因灾异避住偏殿，减少膳食，诏令廷臣议论政事缺失和当前急务。胡铨认为救灾是当务之急，同金讲和是政事缺失，再次反对议和。当时，金兵向商、秦之地进发，楚荆、昭关、滁等地先后失守。只有高邮守臣陈敏，顽强地拒敌于射阳湖（今江苏东部），形势十分危急。胡铨受命任本职措置浙西、淮东海道，他一面上表弹劾拥兵不救的大将李宝，敦促他迅速出师救援；一面亲自带兵上前线抗金。时值严冬腊月，河水冻结，胡铨身先士卒，手持铁锤下河击冰。将士们深

受鼓舞,一鼓作气,奋勇作战,终于击退了金兵的入侵,胡铨提举太平兴国宫。

乾道元年(1165),胡铨以集英殿修撰的身份知漳州,改任泉州。上朝奏事后,胡铨留任工部侍郎。乾道七年(1171),胡铨任"宝文阁待制,留经筵"。胡铨请求离职,以敷文阁直学士出外任宫观官。辞行时,胡铨还以归还陵寝、恢复故疆上言。孝宗说:"这是朕的志向。"并问他回哪里。胡铨说:"回庐陵,臣以前在岭海曾经训解经书,想写成此书。"孝宗特赐通天犀带以示宠荣。胡铨归去后,献上所著《易》《春秋》《周礼》《礼记解》,孝宗诏令收藏于秘书省。不久,胡铨复任原官,升龙图阁学士,提举太平兴国宫,转提举玉隆万寿宫,进为端明殿学士。

淳熙六年(1179),孝宗召胡铨归经筵,胡铨称病极力推辞。翌年,胡铨已七十八岁高龄,疾病缠身,不能再上朝,孝宗准许他以资政殿学士的身份致仕。五月,胡铨病危,弥留之际,仍口授遗表,期望孝宗"舍己为人,安民和众",牢记家仇国恨,收复失地。他自己则愿学习唐代安史之乱时忠贞杀敌、以身殉国的张巡,"为厉鬼以杀贼,死亦不忘"。就在忠君爱民、杀敌报国的嘱咐声中,胡铨溘然辞世。孝宗闻讯后,特赠通议大夫。淳熙十三年(1186),追谥"忠简"。

胡铨虽颠沛流离,半生岭海,但志苦心劳,好学不厌。对经史百家之学均有所得,而且通晓绘画艺术。他推崇韩愈、欧阳修,主张以文传道。他的文章,内容丰富,驰骋古今,多长篇大论。杨万里曾为他的集作序,说:"先生之文,肖其为人。议论闳以挺,其记序古以驯,其代言典而严,其书事约而悉。"

胡铨的诗,颇具风采,一如其文。胡铨作品散佚不少,原有今传本《胡澹庵先生文集》三十二卷,《补遗》一卷。

胡铨在鄱阳任职的时间不太长,但鄱阳人对这位一腔热血的爱国志士,非常崇敬。清时,鄱阳建有"集贤祠",祀祭的历代先贤有颜真卿、范仲淹、洪皓等人,胡铨也在其中。

王十朋：诗才横溢文声远

王十朋(1112—1171)，字龟龄，号梅溪，乐清(今浙江省乐清市)人，宋高宗绍兴二十七年(1157)丁丑科状元，南宋著名诗人、政治家和文学家。

王十朋自幼聪明过人，日诵千言，过目不忘，被称为奇才。六岁启蒙，认字比一般儿童快得多。十三岁时，王十朋学业优秀、才华超群，为当地文会中的佼佼者。南宋绍兴十三年(1143)，王十朋的祖父与父亲相继去世，当地又遭金兵的洗劫，家境败落，王十朋不得不设帐授徒，创办梅溪书馆，收百余名学生，教授学业以补家用。由于他学识渊博，品行端正，梅溪书馆很快声名在外。

王十朋的科举之途并不如意，温州乡试中屡屡落榜。绍兴十五年(1145)，王十朋入临安太学，因名列第二，直接进入内舍；两年后顺利升入上舍，取得省试资格。当时，秦桧把持省试录取大权，王十朋连考三次未中，直到秦桧死后两年的绍兴二十七年(1157)，他才考中进士，参加殿试。廷对中，王十朋以"权"为对，洋洋数万言，"经学淹通，议论醇正"，深得高宗赞赏。其中，"愿陛下正身以为本，任贤以为助，博采兼听以收其效"的策文，不仅在士大夫中广为传播，也深得宋高宗赏识。高宗遂将他定为殿试第一名。此时，王十朋已经四十五岁，是谓大器晚成，授为绍兴府签判。

王十朋到任后，针对绍兴鉴湖废湖造田的严重状况，写下《鉴湖说》，谓鉴湖为人之肠胃，"肠胃秘则不可以生"。鉴湖地势高，为东汉太守马臻所开，周长三百五十里，溉田九千余顷，湖高田丈余，田又高海丈余，雨少则用湖水溉田，雨多则用湖蓄水，对周边环境起着良好的调节作用，故会稽、山阴无荒废之田，无水旱之患。但自宋朝以来，陆续有人废湖造田，至王十朋撰文时，废湖造田已达两千三百余顷，鉴湖对周边环境的调节功能受到破坏，"每岁雨稍多则田已淹没，晴未久而湖已枯竭"，以致水旱之患波及九千顷田，越人生存受到威胁。王十朋进而提出治理鉴湖的一整套办法，推动了鉴湖的治理。不久，王十朋升为校书郎兼建王府教授。

有一次，王十朋建议把交趾(今越南)进贡的翠玉全部销毁，高宗采纳，下令宫中一律不准佩戴翠品，但收效甚微。王十朋再次上疏："臣闻陛下宠幸的刘贵妃颇好翡翠饰物，在陛下下令禁止后仍然佩戴，还以翡翠饰脚踏，如此怎能让天下心服？上行下效，臣以为陛下此令收效不大的原因在宫中。"高宗仍难以说服刘贵妃。王十朋知道后，再次上疏道："皇上是天下百姓的表率，如果皇上在这种小事上失信于民，长此以往，必将酿成大患。"高宗无奈，只得斥令刘贵妃将翠玉首饰、玩器一律销毁。自此，王十朋从谏如流的声名远播。

秦桧死后，朝中大权旁落于杨存中之手。杨朋比为奸，左右朝政。王十朋对此十分愤慨，上疏高宗说："秦桧死后，权力回归陛下，但政出多门。这样等于死了一个秦桧，又出现了一百个秦桧。现在的杨存中结党营私，其子弟亲戚占据高位，御史台、谏院都没有人敢说话。在军中，将帅们克扣军饷，贿赂杨存中，士兵怨声载道；在民间，杨存中肆意抓人当兵，强抢民女，百姓怨声载道，这样下去很危险。"高宗纳谏，下诏解除了杨的兵权，重新规定了各部门的职责，朝中空气为之一新，王十朋也升为著作郎。

宋金"绍兴和议"后，高宗的卑躬屈膝，令王十朋焦虑万分。他做梦都想统一中原，多次上疏高宗，劝他早做准备，以防不测。高宗竟以"抵斥和议""迷惑众听"的罪名，将王十朋贬出京城。

绍兴三十一年（1161）秋，金主完颜亮率十万大军南下，长驱直入，旬月之间攻下了扬州。高宗如梦初醒，火速召王十朋进京献策。王十朋说："大敌当前，陛下首先不能流露出慌乱之情，这样就可以稳定军心、民心。另外，御敌最重要的在于知人善任。朝中有许多忠心耿耿、文武双全的良臣名将，可惜一直得不到重用，愿皇上重新起用他们。"高宗听从王十朋的建议，任命王十朋举荐的刘锜为江淮浙西制置，张浚任元帅。两人不负众望，在抗金作战中都立下赫赫战功。金兵大败，退回北方。

孝宗隆兴元年（1163）六月，高宗禅位。王十朋上言孝宗："贵为皇帝，一国之主，最重要的有三条：任用贤才，虚心纳谏，赏罚分明。"孝宗很是赞同，改任他为起居舍人，升为侍讲，为皇帝进读书史、讲说经义。

当朝权贵史浩，官至宰相，曾被封为越王，权倾一时。朝中大臣都怕他，没人敢说话。王十朋不畏权势，将个人安危置之度外，上疏孝宗述说史浩的八大罪状，如玩弄权术、延误国事、结党营私、滥用职权、为非作歹、蒙蔽皇上、欺君罔上等。孝宗免除了史浩的宰相之职,调任其为绍兴知府兼两浙东路安抚。王十朋再次上疏:"陛下虽然能同舜一样斥逐奸臣,但是没有同舜一样把奸臣治罪。绍兴府在临安附近,史浩到职后有何面目见全府父老?"于是,孝宗再次下诏,免去史浩的一切官职,并严惩史氏一党。后来,主和派掌权,孝宗命王十朋为吏部侍郎,王十朋坚辞不受。隆兴二年(1164)六月,王十朋以集英殿修撰(正六品)出知饶州(今江西鄱阳),两年后调任夔州(今四川省奉节县)。当时,鄱阳百姓乞留不得,以至断桥,王十朋只得从小道离去。后来,百姓将桥修好,并命名为"王公桥"。

据《宋史》记载,王十朋在鄱阳时,丞相洪适请王十朋将学宫旧址让给他建圃。王十朋说:"先圣所居,十朋何敢予人?"此事后来朝野都知道,被传为佳话。

乾道元年至三年(1165—1167),王十朋在任夔州(今重庆市奉节县)知州时,买山植木,榜禁砍伐,劝谕儿童放牧牛羊时,不得践踏,加强护林,使之成材;又在夔州郡城东至夔唐西十余里,新栽杨柳两千株。

乾道三年(1167),王十朋加敷文阁侍制(从四品),移知湖州(今浙江湖州);次年,又加敷文阁直学士(从三品);后又移知泉州(今福建泉州)。王十朋体恤民情,礼贤下士,救灾除弊,治理有方,颇得人心。离任后,四州百姓都为他立祠以示纪念。他的好友、状元汪应辰说:"近世以来的地方官,没有一个人像王十朋这样得民心。"

王十朋孝顺父母,友爱兄弟,自书室匾,名为"不欺",常常以诸葛亮、寇准、范仲淹等名臣贤相自比。朱熹、张栻也很尊敬王十朋。乾道七年(1171),孝宗之子赵惇(即后来的光宗)被立为太子。孝宗命王十朋出任太子詹事(从三品),负责辅导太子,总理东宫事务。王十朋一再推辞未果,勉强就职。是年,王十朋已经病入膏肓,孝宗方准许他以龙图阁学士(正三品)致仕。诏书下达当日,王十朋辞世,享年五十九岁,谥号"忠文"。

王十朋学识渊博,诗文自有风格。现收入《梅溪先生文集》前后集中,计有诗一千七百多首,赋七篇,奏议四十六篇,其他如记、序、书、启、论文、策问、行状、墓志铭、祭文、铭、赞等散文、杂文一百四十多篇,此外还有《春秋》《论语》讲义八篇,内容广泛。今有《王梅溪文集》等传世。

唐震：留得丹心照汗青

唐震，字景实，会稽人。当时名闻一时的大儒杨栋、叶梦鼎等人，都与他相交并举荐他的贤能。

唐震年轻时生活在乡里，为人耿直，不随便同人结交。有人指出他的过错，他会很高兴。唐震考取进士后做了小官，有个权贵用文书推荐他，他把文书放入小箱子中。不久，他参与政事，于是取出文书还给那个权贵。文书的封条一直没有打开，那人感到十分惭愧。后来，唐震担任其他官职，不管走到哪里都以公正廉洁著称。

南宋度宗咸淳年间（1265—1274），唐震由大理寺司直，兼任临安（今浙江杭州）府通判。当时潜说友担任京城的长官，他依仗贾似道的势力，十分傲慢，处理政事时无所顾忌，从不退让。恰好府中有案卷将要用来定罪量刑，唐震极力辩说其中的错误。潜说友争论不过他，就把那事上呈刑部。最终，刑部认为唐震的意见是正确的。咸淳六年（1270），江东发生大旱灾，唐震被提拔为信州知州。到任后，唐震上奏请求减少纲运米，免除当地的租赋，下令每个街坊设置一个小吏，登记那里的户口，劝说富人分发粮食，让街坊的小吏主持供给饥民。有的小吏劳累不堪，唐震就为他们上陈情况，使他们恢复原来的身份。小吏们被他的诚心感动，办事十分尽力，救活的饥民不计其数。州里有个雇主雇佣小孩放牛，小孩逃走了，牛棚发生火灾。孩子的父亲，状告雇主杀死他的儿子并投入火中。雇主禁受不住拷打，说自己捏造事实服罪了。唐震看案卷后怀疑这事，就暗中查访，终于在临近的郡中找到了小孩。他又拿这事来诘问孩子的父亲，回答跟当初一样。唐震就叫出他的儿子让他看，案件于是得以纠正，唐震因此被提拔为浙西提刑。赵氏家族有个看守墓地的僧人十分凶暴蛮横，唐震派遣官吏去逮捕惩治他。贾似道写信来营救，唐震不予理睬，最终按照法律判了刑。贾似道发怒了，让侍御史陈坚弹劾唐震，使他被免职。

咸淳十年（1274），朝廷又起用唐震任饶州知州。当时兴国（今湖北阳新）、南康（今江西星子）、江州（今江西九江）诸郡都已经归附元朝，元军开始攻取饶

州。饶州驻军只有一千八百人，唐震发动州民登城防守，天不亮就出去整治军队，直到半夜才入睡。他上疏朝廷救援，没有得到回复。元军派人进入饶州，来取宋军表示投降的款项。通判万道同暗中派人在他部下筹集白金、牛酒，备办投降的礼物，寓居饶州的士人全都听从他。万道同婉转地劝说唐震投降，唐震大声呵斥道："我能忍心苟且偷生辜负国家吗？"城中的年轻人被唐震的话感动了，就杀了元军的使者。有个叫李希圣的平民，图谋出城投降，结果被戴上刑具投入监狱。第二年二月，大批元军到来，都大提举邓益逃离了饶州。唐震拿出府中所有的金钱，将官府悬赏文告张贴在城墙上，招募能够奋勇应战的人并奖赏他们。众人心理畏惧，不能应战，元兵登上女墙，众人溃散。唐震走进府中的玉芝堂，他的仆人上前请求道："情况紧急了，番江门敌军还没合围，赶快出去还可以脱身。"唐震骂道："城中百姓的命运都跟我连在一起。我如果听从你的话得以不死，城中百姓却死了，我有什么脸面活着呢？"左右的人不敢再劝说，都走出去了。不久，元兵进来，将文书铺在桌上，让唐震签名投降，唐震把笔投掷在地上，不肯屈服，终于为此而死。他的兄长唐椿与家人也都相继而死。唐震的幕僚冯骥后守独松关，何新之守闽之新垒，也都战死。

　　唐震破城而死的消息，传到寓居在芝山的退休宰相江万里耳里后，江万里率家人投止水池殉国，成为历史上另一大节烈忠臣的史话。

　　唐震死后不久，张世杰收复饶州。判官邬宗节找到了唐震的尸体，终于将他安葬。朝廷赠他为华文阁待制，谥号"忠介"，庙号"褒忠"，官其二子。

江万里：俯仰令人倍慨然

江万里(1198—1275)，名临，字子远，号古心，江西都昌人，后迁鄱阳居住。万里是他出仕后的用名。江万里与弟江万载、江万顷因为先后科举高中，且都登仕宋廷高官，最后又先后殉国，所以被时人和后世雅称为江氏"三古"，或江氏"三昆玉"。他是南宋著名爱国丞相、民族英雄，是南宋末年仕林和文坛领袖、著名的政治家和教育家。他所创办的白鹭洲书院，延续千年，在中国科举时代共培养出文天祥等十七位状元，两千七百多名进士。

江万里的父亲江烨为理宗赵昀特授进士，先后当过全州（今广西）教授、金溪县尉、江南东路提举常平司，转江南西路举茶盐公事等职。江万里因此也在庐山白鹿书院、南昌东湖书院读过书。

宋嘉定十五年（1222），江万里以贡入太学，极受太子赵昀（宋理宗）赏识，曾书"江万里"三字于几砚之间。宝庆二年（1226），江万里以舍选登进士第。所作策论《郭子仪单骑见虎》，表露了他对郭子仪的胆识和爱国情操的仰慕之情。主考官阅卷为之动情，欣然批道："立意新而措词妙，高古文也。"江万里由此任池州教授，后召馆试，历任著作佐郎、权尚左郎官兼枢密院检详文字。嘉熙四年（1240），江万里出知吉州军。他所作《劝农诗》云："父老来前吾语汝，官民相近古遗风。欲知太守乐其乐，乐在田家欢笑中。"从政之余，江万里特别热心教育：淳祐元年（1241）于吉州州治庐陵县城东赣江之心创建白鹭洲书院，广泛收藏图书，收授门徒。奏闻朝廷，理宗御书赐匾额"白鹭洲书院"。当时书院没有另任山长，他自主其事，自己为诸生讲授，甚至忘记自己是大府。后人为他立碑，表彰他的办学功绩。这期间，他还嘱咐南安知军林寿公，在军治大庾县（今大余县）将原祀周敦颐、程颐、程颢的三先生祠，扩建为周程书院。因办学成绩卓著，江万里于淳祐三年（1243）迁考功郎官，兼直秘阁，主管建康府崇禧观，不久改任绍兴府千秋鸣禧观，后又"以驾部郎官召，迁尚右兼侍讲"。淳祐六年（1246），迁监察御史兼侍讲，未几，又升殿中侍御史。这时的江万里，"器望清峻，论议风采，倾动一时"，但忤者嫉妒，谤言兴起，言其母病时未能及时到家送终,使其遭受酷罚,坐废十二年。

宝祐三年(1255),由于陆德兴为江万里辩白,江万里得以起用,任福建转运使。开庆元年(1259)正月,江万里投入京湖宣抚大使贾似道幕下任参谋官。十月,贾似道入相,江万里同时入朝兼国子监祭酒侍读。景定元年(1260),江万里入对,迁刑部侍郎,不久升吏部尚书;次年,迁端明殿学士,同签书枢密院事兼太子宾客。这一年,江万里已年逾六十,是贾似道府中任职最久的人。江万里开始时虽"府仰默客",为贾似道所用,但他秉性耿直,临事不能无言。贾似道讨厌他说话不够慎重,他经常触怒贾似道,所以每次在任上都不长久。这年,江万里又因言论被解职,任端明殿学士,提举临安府洞霄宫。至景定四年(1263),江万里才以原职出任福州知州,兼福建安抚使。

景定四年(1263)十一月,度宗即位,诏求直言善谏之士,召江万里回行都临安。咸淳元年(1265)二月,江万里出任同知枢密院事,兼参知政事,又与贾似道同朝。贾似道擅政后,位极人臣,极力推行卖国主张,使疆土日削、国势日危。但江万里无可奈何,便于同年七月奏请归田。十二月,贾似道以辞职要挟度宗,度宗哭着想跪拜挽留。江万里当即搀住皇帝,说:"自古没有这样的君臣礼,陛下不可拜。"江万里又一次触怒了贾似道。

皇帝在讲筵,每问经史和古人姓名时,贾似道都回答不出来,都是江万里在一旁代答,以至与贾似道积怨越来越深,图谋将江万里逐出京城。江万里与贾似道每每作对,不得已四次上疏求退。咸淳三年(1267),江万里出知太平州兼江东特运吏,后又转湖南任安抚使;咸淳五年(1269),又自湖南召拜参知政事,封南康郡公,刚到任,又拜左丞相兼枢密使。咸淳六年(1270),蒙古军围攻襄阳,江万里屡请派援军救护,贾似道不许。江万里又因此被委以观文殿大学士,出知福州兼福建安抚使,但江万里坚持依旧职——提举洞霄宫。

江万里为人秉性峭直,一身正气,他是力主抗元的南宋官员。咸淳九年(1273),他受贬担任潭州(治今湖南长沙)知州兼湖南安抚使时,会见了抗元名将文天祥。江万里对文天祥深情地说:"吾老矣,观天时人事当有变。吾阅人多矣,世道之责,其在君乎?君其勉之。"第二年,江万里眼看朝廷日益腐败,奸佞持权,内忧外患,生灵涂炭,自己又无力挽救,便泣泪上疏请求度宗赵禥让他致仕。获得批准退休的江万里,拖着疲惫不堪的身躯,回到了他的第二故乡鄱阳。

鄱阳不仅与他的出生地都昌毗邻,也是他的祖籍地,先祖们是从这里迁往都昌的回到鄱阳,也是叶落归根。

咸淳十年(1274),襄阳失守,奸相贾似道集团无心抵抗,南宋山河危在旦夕。江万里知道大势已去,便命人于鄱阳芝山西南开凿水池,取名"止水",并写诗一首:"结亭临水似舟中,夜雨潇潇乱打篷。荷叶晓看元不湿,却疑误听五更风。"这首诗,是他生命中的最后一个音符。

元兵渡江,江万里隐身在草丛中,被搜寻的骑兵捕获。他知道自己就要被杀了,便破口大骂,然而过后又逃了出来。宋恭帝赵㬎德祐元年(1275),七十七岁的江万里,闻知昌师夔以江州(今九江)、范文虎以安庆(今安徽)投降元兵。不久,听闻饶州州守唐震所在城池被元兵攻陷,江万里握着看门人陈伟器的手说:"大势不可支撑了,我虽然不在职位上了,也应当与国家共生死。"等到饶州城破,江万里随后投止水池殉国,其后,他外甥刘小村、孙江澄等全家十七口,也相继投止水池殉难。第二天,只有江万里的尸体浮出水面,手下人草草地收殓了他。这事情上报朝廷后,皇帝赠予他太傅、益国公的名位,后来又加赠他为太师,谥号为文忠。

"南渡河山已尽堙,海厓万里泛龙鳞。玉芝山下忠魂断,英布城边白骨新。但有斜阳映寒水,不闻归鹤化孤臣。我来惆怅情无限,衰草荒烟蠡浦滨。"从这首七律诗中,可以看出鄱阳人对他的感情。为纪念这位爱国名臣,鄱阳人曾在府学东亭子巷口建"江古心祠"(后改建于横街六条巷即原鄱湖饭店旧址)。

王都中：秉公执法勤政事

王都中（1279—1341），字元俞，一字邦翰，自号本斋，霞浦（今属福建宁德）人。元朝时，他为官四十余载，两次任"行省参知政事"，史称"元时南人以政事之名闻天下，而位登省宪者，惟都中一人而已"。他在理学和文学上造诣较深，喜作诗，有三卷诗集留传于世。

王都中自幼住在大都（今北京市），拜著名学者许衡为师。父亲王积翁，任元朝信使，到日本去宣谕时，在海上遇害。王都中七岁时随他母亲到朝廷，陈述父亲往日本在海上遇害的事。元世祖忽必烈非常同情他们，给差旅费让他们回到南方，并赐平江（今属湖南岳阳）田八千亩、住宅一所。

至元二十二年（1285），元世祖以荫录王都中为少中大夫、平江路总管府治中。这时，王都中年仅十七岁。同僚因他年轻，很轻视他。王都中遇到事情都认真分析，抓住要害。僚属感到惊愕，不敢欺骗他。平江路所属昆山县，有八年未决的调换官田案。他调阅案卷，澄清事实，使被告伏法，部属都敬佩他年轻有为。任满，王都中升浙东道宣慰副使。到任后，王都中秉公执法，先后查处贪赃受贿、庇护杀人凶犯的金华县丞和县尉，严惩余姚县恶霸张甲。吴江县有一个地方官，违反了官府筑堤护田的命令，并且把过错都推到其他人身上。王都中通过详细的询问，了解到其中的原因后，不追究他人的责任。这个人的罪恶就暴露无遗，最终自己出来向王都中认罪。王都中因此训诫了他，并依法惩罚他。以前官办酒税收税的时候，因为州县官吏同豪绅关系较好，一般不向豪绅收取，而把费用分摊到贫苦的"下户"那里。王都中因此向平江路总管汇报，认为酒出于粮，粮产于田。他建议把所有的"酒税"都按田亩分摊，田多多摊，田少少摊。大家都觉得这个办法公平公正。吴江学校房屋破败，很久没有修理，而郡守缺任。王都中于是首先向豪富之家募捐，筹钱新修了典礼殿堂。

大德四年（1300），王都中调任荆湖北道宣慰副使，奉命赈济灾荒。到当地后，他跑遍穷乡僻壤，发动灾民生产自救，同时奏请朝廷拨粮十万石，救活灾民数十万人。

至大二年（1309），王都中改任江淮泉货监，改革货币，铸造铜钱；不久调任郴州路（今湖南郴县）总管。郴州位于楚的上流，溪洞猺獠往来于民间，郴州百姓惧怕他们强悍、狡猾，不敢与他们进行贸易。王都中爱护他们，施以恩泽，用威严震慑他们，于是猺獠都心悦诚服。郴州百姓受蛮人的风俗影响，喜争斗。王都中便大建学舍，"作笾豆簠簋，笙磬琴瑟之属"，教民学习古代先王的礼乐，并请宿儒进行教育，用义理开导他们，终于使他们的风俗有了改变。当时，茶陵一富翁死后，小妾欲占遗产，诬陷入赘女婿藏匿玉杯、夜明珠，州吏受贿包庇。此案株连八百余人，宣抚使于是将此案移交王都中查处。王都中深入调查，发现州吏以下受贿共达十一万五千余缗。案情终于大白，诬陷者和受贿官吏均受到惩办。

延祐四年（1317），王都中调任正议大夫（正三品）、饶州路（今江西省鄱阳县）总管。那一年，饶州路正遇荒年，米价飞涨。王都中制订了赈灾计划，官仓的米原来是分上、中、下三等定价的，他下令一律按下等价卖给群众。这个计划上报到了江浙行省。行省还没有批准下来时，他通过调查，发现群众早已经断粮，而且就算按下等价格卖，群众也仍然买不起粮食。于是，王都中就按照下等价格的八折把粮食卖给群众，并且组织义赈救灾活动。江浙行省丞相知道了这件事，责备他越权行事，要治他的"专擅"之罪。王都中只好写公文解释："从饶州到杭州相距两千里，等到江浙行省审议批准，加上公文往返，至少要半个月时间，人七天不吃就会饿死，我怎么能忍心看着人饿死不去救助，而等着公文批准呢？"行省左右司都事王克敬知道了这件事，对行省丞相说："鄱阳离这里很远，要是等到公文报送批准了再赈灾，老百姓都要饿死了。王都中想要施行仁义，我们反而不仁不义吗？"于是行省丞相不再追究王都中的过失。饶州的灾民听说了这件事，十分感动。他们说："王公为我们减米价，王公真要是因此被治罪，我们宁可典当妻子、卖掉儿女，也要为王公赎罪！"鄱阳的父老，有的把两穗的麦子、六穗的稻子献给他。王都中说："这是圣主的福兆，我不敢当。"王都中还将此事奏于朝廷。

饶州地区出产黄金，郡里也把黄金当成贡品，因此产生了一批专门从事开采金矿的矿工。矿工们因为开采技术、产量、矿脉含金量不同等原因，每年的收入都不一样。元朝廷对金矿矿工征收的税，几年才定额一次。这样贫苦的矿工和富有的矿工所缴纳的税收就一样了。王都中觉得这样不公平，于是他派人到矿上去了解情况，把每个矿工的实际收入情况都调查得清清楚楚，然后把修订金矿矿工税收的意见，故意不写成正式公文，而只是用草稿，命令德兴县县丞彭庭玉送到行省上报审批。行省的工作人员与王都中都很熟，见是草稿，以为王都中并不知道这件事。彭庭玉说："王总管怎么不知道呢？他是故意这样的。"因为这件事涉及的矿工很多，让人知道调整税收的情况，同僚肯定会有不同的意见。王都中连申请的公文也不写，让人觉得这件事是行省一手包办的。这样，行省的公文下来，同僚也就没有话说了。行省知道了内幕，很快就批准王都中的意见。金矿的税收因此贴近实际情况，显得公平。

　　元朝的税收制度还实行一种"包银法"。"包银法"就是把应该缴纳的各种税费，都折算成银子来交。"包银法"规定，每户最高税收不超过二两银子。有一次，王都中因公差外出，他的属下趁这个机会，向百姓收缴包银。他们胡乱附加征收各种名目的费用，高的竟然超过了十倍税银，少的也超过一倍。王都中一回来就发现了这件事，重申"包银法"的规定，要求属下一律把多收的银子还给百姓。不久，元朝廷发现"包银法"的弊端，又因为货币改革的原因，取缔了"包银法"。丞相指责相关官吏，对百姓太过残酷，而表扬王都中在实行税收时能够体恤百姓。

　　鄱阳湖里的芦苇荡是官有的，之前任由农民割草沤肥，后来有豪绅占为私有。农民要割草，得向豪绅交钱。河流码头的税收，每年都有五万多缗，朝廷用这笔钱救助贫苦的农民。但芦苇荡被豪绅占有之后，朝廷救助贫苦农民的钱被豪绅冒领，贫苦的农民再也得不到救助。王都中了解这些情况后，严厉地惩处了为富不仁的豪绅。

　　饶州下属余干州（今江西余干）的官吏，在管理土地、粮食、税收的过程中，欺上瞒下，集体营私舞弊。王都中知道后立即展开调查。这些官吏为了逃脱惩处，就让其中的一个人顶了全部的罪行。结果，仅在这个人名下收取的非法好处，就高达十几万缗。王都中一下就发现了其中的端倪，他顺水推舟地破了这个案子。所有参与的官吏，都受到了应有的惩处。

　　王都中在饶州四年的事迹远不止这些，后人评述说他在饶州时"政平讼理"。

至大二年（1309），元朝武宗皇帝开始实行新钞法，发行"至大银钞"，并开始恢复使用铜钱。朝廷设立了六个泉货监，负责铸造铜钱。宰相认为王都中是个"通才"，什么都精通，于是任命王都中为江淮泉货监，专门负责铸造铜钱。王都中上任后，了解到赣、浙、皖交界的德兴县（今德兴市）是传统产铜区，不但出产优质的铜矿，而且炼铜技术也先进。王都中就在德兴县生产铜，几个月就生产了十万斤优质的铜。在全国六个泉货监中，江淮泉货监生产的铜质量最好，铸造的铜钱也最精美。只是不久之后，为了保证至元钞的坚挺，铜钱再次被废除。

至治元年（1321），王都中回家为母守孝时，饶州当地群众立生祠纪念。泰定元年（1324），王都中服丧期满，改任两浙都转运盐使。他走遍三十四个盐场，检查生产能力之高低，决定减税或增税。王都中后调任福建闽海道肃政廉访使，很快又升任福建道宣慰使都元帅。天历元年（1328），王都中调任浙东道、广东道宣慰使都元帅。他三次更换镇守，均佩带钦赐的金虎符。

元统元年（1333），王都中以正奉大夫任户部尚书、两淮都转运盐使，赴两淮整顿盐政，采取以前在两浙施行的办法进行整顿，使两淮盐政管理走上轨道。不久，王都中被提为河南行省参知政事。因积劳成疾，王都中中途发病南归。元顺帝降旨，令他改任江浙行省参知政事。

至正元年（1341），王都中逝世，时年六十二岁。后获赠昭文馆大学士，谥"清献"。

王都中还是一个艺术家，诗歌、绘画、书法样样精通。王都中著有诗歌《本斋集》三卷，但留传下来的不多，主要保存在清朝顾嗣立编辑的《元诗选》中，《郴州方志》也保留了一部分，共二十五首。

陶安：翰苑文章第一家

陶安（1315—1368），字主敬，当涂（今属安徽）人。少敏悟，博涉经史，尤长于《易》，对明朝初期的典章制度建设有重要的贡献。

陶安六岁丧父，幼年时就很聪明，矢志读书，日记千言，敏悟异常。长大后，陶安投师李习兄弟，广泛阅读经史，在《易经》方面特别有造诣。元至正四年（1344），陶安中浙江乡试；元至正八年（1348），任明道书院山长。陶安任余姚高节书院山长时，曾潜回老家，安排好妻儿后，赴江南投军。在军旅中，他曾担任参军，辅助将相，异常繁忙。元至正十四年（1354）冬，陶安归省，因避乱而隐居在家。

至正十五年（1355），明太祖朱元璋渡江攻取太平府，陶安与老儒李习率领城中的百姓出城迎接。太祖接见了他，并跟他谈论。陶安进言道："如今天下大乱，豪杰们纷纷起来争夺。然而那些人的用意在于掠夺子女玉帛，没有治理乱世、拯救人民、安定天下的胸怀。您这次渡江作战，军威神武而又不害百姓，使人们心悦诚服。上应天意，下顺民心，执行抚慰人民、讨伐罪人的神圣使命，天下不难平定。"太祖问："我想攻取金陵，怎么样？"陶安说："金陵，是古代帝王的都城。如果取为己有，占据优越便利的地势来面对四方，那么向哪里进攻不能取胜呢？"太祖说："好！"于是留下他参与幕府，授职左司员外郎。

不久，朱元璋攻克集庆（今江苏南京），授陶安为兴国翼元帅府史令。至正十六年（1356），朱元璋称吴国公，置江南行中书省，任陶安为左司郎中。元至正二十三年（1363）冬，陶安随征武昌，次年二月，攻克武昌。黄州刚被攻下的时候，太祖想派一个重要的大臣去镇守那里，朝中没有胜过陶安的，于是就任命他做黄州的知州。陶安在黄州宽缓租赋，减少徭役，百姓因而安居乐业。

至正二十四年（1364），朱元璋称吴王，欲任用刘基、宋濂、章溢、叶琛等名士。太祖问陶安："这四个人怎么样？"陶安回答："我在谋略方面不如刘基，在学问方面不如宋濂，在治理百姓的才干方面不如章溢、叶琛。"太祖赞许他谦让。

约半年后,陶安因事下调为桐城令,不久转知饶州。

陶安上任饶州时,正当征伐,军需紧迫。他劝导民众踊跃捐款,保证了粮草供给。其时,福建陈友定聚兵袭城,陶安召集官民,晓以大义,率之固守。至正二十五年(1365)末,援军到达后,陈友定的军队失败逃走。各位将领想杀掉全部投降叛军的民众,陶安全力相保。陶安说:"民为所胁耳,从贼非本心,奈何杀之?"于是民众皆得以保全。太祖赐诗赞扬他。

至正二十六年(1366),陶安入朝,后再被派往饶州镇守。因饶州多战乱,土瘠民困,陶安请求豁免了那里的军供,休养生息,留下德政。当地人民深感恩德,建生祠供奉他,还流传民谣称赞他:"千里榛芜,侯来之初;万姓耕辟,侯去之日。""湖水悠悠,侯泽之流;湖水有塞,我侯之德。"此外,陶安任职鄱阳时,将大有仓在原址上扩大,能容米谷仓一万六千斛之多,以更好地发挥仓储在灾荒之年的赈济作用。

洪武元年(1368),朱元璋在金陵初置翰林院,首召陶安为学士,征诸儒议礼,命陶安为总裁官,负责制诰兼修国事。陶安是朱元璋渡江后第一个迎接起义军的举人。朱元璋让他和李善长、刘基等册定律令,议定礼制。朱元璋常驾临大臣们议事的东阁,与陶安及章溢等谈论前代兴亡的原委。陶安说,丧乱的根源,在于骄纵奢侈。皇帝说:"处在高位的人容易骄纵,处在安逸享乐的环境中的人容易奢侈。骄纵的人,好的话就听不进去,有了过失也听不到;奢侈的人,正确的思想道德就不能树立,行为也会无所顾忌。这样下去,没有不灭亡的。你说的很恰当。"君臣又谈论到立国的学说、道统。陶安说:"正道不明,是因为有邪说为害。"皇帝说:"邪说妨害正道,犹如美味使人吃了愉快。邪说不除去,正道就不能兴起,天下还怎么治理?"陶安叩头说:"陛下所说可以说是深深地探求到了治国的根本了。"陶安侍奉皇帝十余年,与其他读书人相比,资格最老。皇帝制作了门联送给他,上书"国朝谋略无双士,翰苑文章第一家"。当时人们都认为这是非常荣耀的。有的御史向皇帝提到陶安的一些过失,皇帝盘问道:"陶安怎么能有这样的事?你是从哪里知道的?"那个御史回答:"我也是道听途说的。"皇帝大怒,立刻罢免了这位官员。

洪武三年(1370)四月,朱元璋命陶安代汪广洋,任江西行省参政时说:"朕渡江,卿首谒军门,敷陈王道。及参幕府,裨益良多。继入翰林,益闻谠论。江西上游地,抚绥莫如卿。"陶安婉辞,朱元璋不许。"至任,政绩益著。"陶安治理有方,军民诚服。不久,陶安染病,仍拟草本时务十二事上表朝廷,九月卒于任上。明太祖朱元璋亲致祭文,遣使吊唁,赠"姑孰郡公",对陶安的父与子亦有封赏。

陶安生前著述甚多,有《周易集粹》《辞达类钞》《姚江类钞》《知新稿》《陶学士集》(二十卷)等。

陈吾德：德言与功立不朽

陈吾德（1528—1589），字懋修，号省斋，外海（今广东江门市江海区）人。

陈吾德自幼勤奋好学，遍读经史，尤好研读陈白沙的理学，并以其为宗。明世宗嘉靖三十一年（1552），陈吾德考取举人，嘉靖四十四年（1565）登进士，上京授行人司行人之职，掌传旨、册封事宜。在任期间，陈吾德奉旨使蜀册封汶川王，祭葬李襄敏。在公务中，他拒绝收受他人送赠；闲时多与中丞李孟诚论学。

明穆宗隆庆三年（1569），陈吾德擢升工科给事中兼经筵讲官。当时两广沿海多海盗，琼州与雷州之间，以林容为梗；高州与广州之界，则有程老、王老肆虐；他们都拥有战舰数十，拥众百千。两广兵船，或被掳获，或北调抗倭。当地文武官员，假报政情，敷衍政务，海防日渐削弱。陈吾德将当地实情上疏皇上，并条陈广东事宜八款：明赏罚、复兵防、议舟师、禁阑出、核虚冒、补假贷、慎剿抚、恤忠劳。穆宗采纳建议，下诏广东依据这八条进行整治，沿海日渐稳定。于是，陈吾德以工科协理户科事务。

隆庆四年（1570）正月初一日食，继而十五月食，京城百官喧腾。陈吾德借此进谏："岁首日月并食，天之大灾，陛下宜屏斥一切玩好，应天以实。"元宵时，穆宗下诏制作鳌山灯彩，陈吾德又进言劝阻，穆宗没有采纳他的建议。朝廷派得宠的宦官去浙江督制织造，陈吾德与同事严中和紧急劝谏，但被驳回免议。穆宗听信宦官崔敏谗言，派专使去广东合浦采办珠宝，户部尚书刘体乾、户科给事中李已执奏，皇帝不听。陈吾德再与李已上疏，言辞恳切，认为"府库久虚，民生困瘁"，陛下不应该以"玩好故"，耗费数十万资财；并弹劾崔敏献谄营私，认为他罪不可赦；恳求皇帝信守登极诏书"罢采办、蠲加派"的承诺。穆宗震怒，将李已杖责一百，禁锢下狱；将陈吾德削职为民。

明万历元年（1573），穆宗病故，神宗嗣位。明神宗下诏起用陈吾德为兵科右给事中。他上奏参劾宠宦郑真私任亲侄为禁卫锦衣官；上疏参奏故都御史刘焘，指出不宜再召用他。礼部主事宋儒与兵部主事熊敦朴不和，宋儒诬蔑熊敦朴欲参劾张居正，联合尚书谭纶劾罢熊敦朴。事后真相大白，陈吾德上奏弹劾

宋儒诽谤罪，将宋儒贬谪在外。

万历初期，相国张居正掌握朝政大权，谏官上奏必先征求其意见，唯陈吾德不听。张居正借成国公朱希忠病逝之机，以金钱求赠定襄王爵。陈吾德上谏力拒封赠，违逆张居正。适逢慈宁宫后室火灾，神宗欲举行祭祀大典，祈求消灾弭祸，陈吾德再上奏谏阻。张居正趁机诬陷陈吾德屡忤圣谕，陈吾德因此被谪任饶州知府。在饶州，他正风俗、用人才、兴学宫、申乡约，救灾弭盗，暇则讲理论学，使敲诈欺骗、仗势凌人之徒莫不敛手，受到百姓立像奉祀。饶州属于淮靖王的封地，值淮靖王府失窃，王印被盗，罪犯"遁之南京见获"。张居正操纵江都御史王篆，讼诉陈吾德部下失盗，陈吾德再被谪为马邑（今山西朔州）典史。御史张简迎合张居正，诬劾陈吾德莅饶时违制讲学，用库金购置学田，陈吾德遂被除名为民。当陈吾德得报再次削籍放归时，泰然处之，并赋诗曰："海上田园归去来，片帆风送大河隈。白头好向吟边过，玄草今从静里裁。随处风尘难浪迹，浩歌天地一登台。黄云紫水春无恙，想像茅堂花正开。"

陈吾德返回居住于外海期间，于谢山前山麓种梅，修建"谢山书屋"，隐居著述。闲暇时，他与新会教谕萧瑞升、进士黄淳等，讲学于江门正学祠。陈吾德倡议修筑新会外城，筹划抗倭御盗。他还在乡中兴建义仓。有族人贫困不能下葬的，资助其家属办丧事；无钱娶妻的，捐款使其成家立室。

万历十年（1582），张居正被罢相后病卒。有官吏举荐陈吾德为思州推官，移任宝庆同知，他都以亲老留侍不就。亲老辞世后，陈吾德补任浙江绍兴同知。在任五个月，他着力绥靖治安，使浙东人民得到安宁，随后升迁湖广按察司佥事兼分巡兵备道。蕲州一带的刘汝国等聚众为盗，商民行旅常被劫掠。他与守备周弘谟等合围剿灭贼寇，神宗赏赐他们很多奖金。万历十九年（1591），陈吾德因年事已高，操劳过度，病逝于任上。《明史》有其传。生平著有《谢山存稿》十卷，载入《四库全书》；《甲了历年图》　卷，《律吕管窥》四卷，《校刊立斋语录》一卷。

陈吾德出身布衣，仕途坎坷，一生淡泊名利。为官期间，自奉甚薄，但勤于职守，正直无私，朴素随和，不畏权奸，常与同僚议理论学，人皆称颂。他被奉祀于江西省名宦祠、广东省乡贤祠。据清《四库全书》记载，明末重臣、新会杜阮乡人黄公辅称赞他："古之名臣，如公罕有；德言与功，三立不朽。"近代《中国名人传》评议陈吾德："传陈献章（白沙）之学，后官累遭贬谪，气节铮铮，诗文直达胸臆。"

陈德荣：耿介诚谨守清廉

陈德荣（1688—1747），字廷彦，直隶安州（今河北雄安新区）人，康熙五十一年（1712）进士，被授湖北枝江知县。雍正三年（1725），陈德荣升任贵州黔西（今贵州毕节）知州，因父丧归家。守丧期满，陈德荣暂时代理威宁（今贵州咸宁）府。没多久，乌蒙土司叛乱，陈德荣赴威宁防守。当时城墙坍塌，他赶忙堆聚米桶，用土石填充，用糯米、石灰汁混合而成的三合土砌筑石块，加固城池，城墙巍然屹立。叛贼焚毁了牛卫镇，在离城三十里处驻扎。陈德荣日夜备战，叛贼不敢逼近。总兵哈元生援军到后，叛贼败走。不久，陈德荣因母丧卸任。守丧期满，陈德荣被授为江西广饶九南道，把九江、大孤两关积弊全部革除。

乾隆元年（1736），经略张广泗上疏推荐，提升陈德荣为贵州按察使。当时苗裔互相勾结煽动，军事行动频繁。古州姑卢硃洪文等叛乱案件，由陈德荣负责处置审问。他周密审慎，考量轻重，大家都称赞他处置恰当，民心得以安定。等到苗疆渐渐平定，驻军与屯田的将吏，大多用苛刻严酷的手段来表现自己的能力。乾隆二年（1737），贵阳发生大火，陈德荣禀告经略张广泗："天意如此，应当竭尽诚意，修身反省。苗裔也是人类，如何能杀尽？"张广泗颇受感动，用陈德荣的话来告诫将吏。

乾隆四年（1739），陈德荣暂时代理贵州布政使，上疏皇帝："黔地山多水足，可以疏土成田。但百姓缺少资金，不能变瘠为腴。桑树繁盛，但百姓不知加工蚕丝成衣之法。如果地方官不亲自经营并且做表率，实利就不能得到并兴旺。现在雇募邻省种棉、织布、饲蚕、纺绩之人，择地试种，设局教习，转相仿效，可以有成。一年必有规模，三年渐期成效。"诏谕允许。于是朝廷给百姓提供资金，修筑坝堰，导引山泉，治理水田，导以蓄泄之法。官署自己育蚕，在省城大兴寺开缫丝织布作坊，让民众知道它的好处。乾隆六年（1741），陈德荣上疏陈述督促百姓种植杉树，后来种植了六万株杉树。乾隆七年（1742），贵筑（今贵州息烽县）、贵阳、开州（今贵州贵阳市）、威宁、余庆（今属贵州遵义）、施秉（今属黔东南苗族侗族自治州）诸州县，报垦田三万六千亩，开野蚕山场百余所，家家户户

户机杼相闻。陈德荣据实禀告皇帝,多次得到温和恳切的诏谕、称赞和奖励。

陈德荣又大力修建城郭、坛庙、学舍,广泛设置收容所以收纳生病的旅行之人,多多储备粮食。冬天寒冷,他关怀顾念那些没有棉衣的老人、病人、寡妇、孤儿等。陈德荣亲自督促学生,用孔子的修身养性之学来勉励他们,在苗疆设义学(免费学校)二十四所,以至当地民风大变。乾隆十一年(1746),陈德荣升任安徽布政使。他救助凤、颍两地遭受水灾的民众,使逃难的民众有了安定之所。乾隆十二年(1747),陈德荣卒于任上。

陈德荣在贵州兴蚕桑,为百世之利。当时遵义知府陈玉㻌,山东历城人,到郡后见当地很多檞树,本地人取为薪炭。陈玉㻌说:"此青莱树也,吾得以富吾民矣。"于是购历城山蚕种,并请来蚕师,试育五年,而蚕大熟,获茧八百万。从此,遵义绸的名声大振。

在当年贵阳的五大名山中,东山为贵阳八景之一,叫"东山胜概";黔灵山被举为"黔南第一山",是佛教十方丛林;扶风山誉为"插天一朵青芙蓉",且因在山麓建有阳明祠而驰名中外;相宝山是贵阳文人雅士经常相聚咏唱赋诗酬作之地,且寺中有面铜镜,传说可照人三世;南岳山则因有南岳山寺,乃昔日贵阳道观之首,贵州道教会会址,为贵阳道教十方丛林。南岳山道观的殿宇非常恢宏壮观,香火旺盛,名扬黔中。据《贵阳府志·山川副记》载:"南岳山,一名长连寿山,有寺,去城三里,上有仰天坪,古柏虬松,窅然深秀,山脉由定番州(注:今惠水县)青岩司狮子山右分,经南上里之杨梅堡、改毛井、摆郎苗、钱家寨而来,上有红豆树一株,大可五丈。"人们图吉利,把"长连寿"中的"连"字去掉,叫长寿山。《贵阳府志》记载:"山上有仰天坪,古柏虬松,窅然深秀,五峰回合,松篁夹经。"清乾隆年间(1736—1795),贵州布政使陈德荣,派专人往江西购买杉树三万余株,栽于此山,蓄护城林,风景绝幽,随山拾级而上,穿过石坊可达南岳山道观。如今,南岳山道观虽早已荡然无存,但山上的茂林仍彰显着清代贵州布政使陈德荣在山上种树"蓄护城林"之功。

陈德荣的家乡安州镇,为今天的雄安新区所辖,位于河北省保定市安新县中部偏西,距县城十多千米。在清代的《安州志》中曾提到"濡阳八景"。据传,此八景为元代安州太守完颜安远所定。清代道光年间(1821—1850),俞湘在编纂《安州志》时曾依名核实。据记载,八景之一是"易水秋风",此处有秋风台,为燕太子丹送别荆轲的地方。此外,安州历来文脉绵延不断,人才辈出。而"陈氏三进士"即陈德荣、陈德华、陈德正三兄弟,更是此地的人文风景。除老大陈德荣外,老二陈德华(1696—1779),雍正二年(1724)一甲一名进士,即状元;雍正十年(1732)改广、韶(今韶关)州学政;乾隆元年(1736)升詹事,充经筵讲官(向皇帝讲经史),还教皇子读书。乾隆三十六年(1771),皇太后八十大寿。陈德华因曾为亲近大臣,前往京师祝寿,参与香山宴游。乾隆命人作香山《九老图》,陈德华列于致仕九老之中。

老三陈德正(1701—1774),幼时受教于长兄陈德荣和次兄陈德华。当时古文大师方苞见到他的文章,大为赞赏,誉其为当今难得之才。雍正八年(1730),陈德正考中进士。乾隆八年(1743),在审理陕西蒲城女被勒死一案时,陈德正与其兄陈德华有密折来往。朝廷知道后,认为陈德正与陈德华兄弟俩有欺君罔上之嫌。陈德华被降职,陈德正被革职,发往军台效力赎罪。六年之后,陈德正才回原籍,在家乡安州的书院教书,培养了大批人才。

秦承恩：无愧姓秦远奸佞

秦承恩（？—1809），字芝轩，江苏江宁人，清朝大臣，秦天士（秦涧泉）之子。乾隆二十六年（1761）进士，选庶吉士，授翰林院编修，擢拔为侍讲。秦承恩出京为江西广饶九南道（领广信、饶州、九江、南康四府），后升迁为直隶布政使。乾隆五十四年（1789），秦承恩擢为陕西巡抚，负责剿匪。秦承恩依附和珅，和珅垮台后，秦承恩被遣戍伊犁，嘉庆七年（1802）释还。嘉庆十一年（1806），秦承恩被授工部尚书，终官司经局洗马，嘉庆十四年（1809）卒。

秦承恩是乾隆年间（1736—1795）出任广饶九南道巡道的。在任上，他来过鄱阳多次，让人印象最深的是开启灵芝门。灵芝门是通往芝山的要道，因人说此门风水有碍官运而封闭，以致影响百姓生产与生活。乾隆三十九年（1774），秦承恩巡道鄱阳，毅然决定开启此门并撰《重启灵芝门记》。

离开江西后，秦承恩全力投身于镇压白莲教起义。嘉庆元年（1796），白莲教起义军在荆、襄一带起事，秦承恩率师赴兴安（今广西桂林）等地筹防，"以功复翎顶"。

嘉庆三年（1798）春，秦承恩丁母忧。嘉庆四年（1799），秦承恩因出师久而无功，被令解职回籍守制；因会剿张汉潮失利，被剥夺职务，押解京城，当被砍头。皇帝念他是一介书生，不熟悉军事，可以原谅，便将他流放至新疆伊犁戍垦。七年后，秦承恩被放回，起用为主事，纂修会典；后出任直隶通永道；接着又提升为江西巡抚，迁左都御史，仍署巡抚事；嘉庆十一年（1806），召授工部尚书，调刑部，署直隶总督。嘉庆十三年（1808），因主办皇帝宗室敏学一案时徇私情，秦承恩被降为编修，效力文颖馆，迁司经局洗马，晋秩三品卿，翌年病逝。

秦承恩在陕西任巡抚时，乾隆帝读《诗经》，觉得"泾浊渭清"的解释"大失经义"，特派秦承恩进行实地考察。秦承恩奉旨先后循泾水和渭水亲自考察其水文状况。据他报告，泾水四时常清，只是每年十几天的汛期内河水浑浊，而渭水"水挟沙行，四时常浊，从未见有清澈之日"。秦承恩又进行了实验，据说泾水一石澄静之后有泥滓三升许,渭水一石则澄滓斗许。于是乾隆帝最后宣布"泾清渭浊"。

而秦承恩承办的敏学狱,更是一件棘手的案件。嘉庆十三年(1808)春,北京城发生的"敏学事件",把"黄带子(清宗室别称)"所引发的社会矛盾,摆在了嘉庆皇帝面前。有个叫敏学的"黄带子",喝了点小酒,剃完头后把衣服往随从手里一扔,光着膀子就上了大街。走着走着,他突然看见街边有卖烤地瓜的,便故意上前找碴:"这地瓜是真的还是假的?"卖烤地瓜的没好气地说:"地瓜哪有假的,你找一个假的给我看看。"敏学说:"我看你这地瓜就是假的,你拿一个给我看看。"卖烤地瓜的就给了他一个。敏学吃完后转身欲走,卖烤地瓜的不干了,拉住他的胳膊要他给钱。敏学一看,一个卖地瓜的竟然敢和自己推搡,合着手下的家丁转身就打。这时,有人去报了警。步兵统领衙门的士兵赶来,制住了敏学,给他戴上了铐子。敏学气得暴跳如雷,大声喊:"你们瞎了眼,不知道我是谁吗?活腻了是不?"敏学被押到了堆拨房(注:相当于今天的公安派出所)。家丁见势不妙,便跑回府中叫人。不一会儿,十几个家丁携刀带棒来到,和士兵打了起来。打完后,敏学对着堆拨房的长官说:"你记住了,我叫敏学,'黄带子',你可以去告我,我在家等着。"说完,敏学领着家丁扬长而去。

这事发生在闹市区,围观的人很多。步兵统领衙门受了窝囊气,便一张状纸,把敏学直接告到了嘉庆皇帝那里。嘉庆皇帝接状后,龙颜大怒。他继位以来不断接到"黄带子"聚众闹事、杀人伤人、无法无天的报告。考虑到都是自己的族人,其先祖对大清有功,嘉庆帝便采取了睁只眼闭只眼的态度。没想到这些人有恃无恐,闹得越来越不像话。嘉庆帝决定拿敏学开刀,刹一刹这股已经影响到国体的歪风邪气。嘉庆帝便把敏学案交给自己的哥哥、时任宗人府宗令的颙璇,和刑部尚书秦承恩。颙璇借口避嫌,把案子交由秦承恩全权处理。秦承恩接过案卷,愁得几乎一夜白了头:皇上有旨,要重重处罚,可朝有律令,"黄带子"不归刑部管。秦承恩拿定了主意:别看皇上盛怒之下发了狠话,等气头一过,肯定不忍心重罚自己的族人,看来此事只能大事化小小事化了,拿出个避重就轻的处理意见。于是秦承恩把一个经过反复斟酌的处理报告,上呈给嘉庆皇帝。皇帝看完这份处理报告,气得将报告摔在秦承恩脸上,当即颁下严旨,将敏学开除出宗室,宫门外重打四十大板,发配盛京(今沈阳),严加管束,永远不许回京;刑部尚书秦承恩捏造事实,为敏学开脱,革去刑部尚书之职。

秦承恩的父亲秦涧泉,远比秦承恩出名。秦涧泉(1715—1777),又名天士,号秋田老人,祖籍安徽当涂,是秦桧的后人,是南京历史上最著名的状元之一。他住的小巷,后来因此被地方官命名为"秦状元巷"。

秦涧泉自幼聪明好学,十岁便能写诗作文,少年时书法就小有名气,以至所得润笔能养活家人。当时人称"制典重高化,为熊(伯龙)刘(子壮)嗣响"。后更是精于书法,他的字直逼欧柳。二十三岁时,秦涧泉在秦淮河边的江南贡院考中举人,进京赶考时却已三十八岁,在皇太后六十寿辰的万寿恩科中,终于夺魁,成为清朝开国以来的第四十三位状元。

据《清朝野史大观》记载,乾隆十七年(1752),秦涧泉考中进士。在殿试时,乾隆皇帝对他的身世有所疑惑,因为他知道大奸臣秦桧就是南京秦淮人。也许是跟他开玩笑,乾隆皇帝见面就问:"听说你是秦桧的后代,此话当真?"这的确是一个语言陷阱,答"是"答"否"都不妥,答"是"就意味着承认自己也可能是奸臣;答"否",自己的出身是不容更改的,弄不好会有欺君之罪,惹怒龙颜,吃不了兜着走。满朝文武都为他捏了一把汗。秦涧泉毕竟不是等闲之辈,他饱读诗书,智慧过人。只见他不卑不亢地向前施礼回答道:"皇上,一朝天子一朝臣。宋高宗是昏君,用的是奸臣;而您是明君,用的自然是忠臣。"果然,乾隆皇帝听后不但没有生气,反而龙心大悦,破格点他为状元。同科二甲的梁同书、翁方纲均成为一代名臣,排在秦涧泉之后。

秦涧泉高中状元后,同诗友相约一起到杭州游览西湖。他在岳王坟前看见铁铸的秦桧夫妇跪像,周身都是秽物,深感尴尬。诗友们还戏谑他姓秦,是秦桧的后裔,非要让他题对以记此游。秦涧泉略一思忖,挥笔立就:"人自宋后羞名桧,我到坟前愧姓秦。"表达了自己忠奸分明。这成了西子湖的一段佳话。

秦涧泉有一句关于廉洁的名言:正直可以奋铠廉之气。意思是正直的品格可以使国家廉洁的风气奋起。所以他从政十多年,一直廉洁从事,克己奉公,深得乾隆皇帝信任。也许正因为这样的家族背景,秦家在乾隆、嘉庆、道光三朝达到鼎盛,子孙中不乏朝中重臣。

人称秦涧泉的诗、书、画为三绝。中状元后，他更加精益求精，曾奉乾隆之命缮写《昭明文选》。他用正、草、隶、篆四体书写的碑刻，各具形神，赏心悦目。秦涧泉晚年喜欢绘画，尤其善于写竹，有时作写意花卉，生机盎然，名重一时。他的著作也多，有文集《秦状元稿》，诗集《蓬莱山樵集》《抹云楼集》及书法、绘画作品传于后世。

秦家的后世子孙，仿佛也学到了秦涧泉的这种忠君遗风，中华书局出版的《清史稿》中，载有秦涧泉的儿媳妇在文德桥上演绎的一段"忠君"故事。咸丰三年（1853），太平军攻占南京，秦涧泉儿子秦跃曾的妻子毕还珠，已经八十岁，为对清王朝效忠，不落于太平军之手，毕还珠率领全家投水而死。只是这段历史一直少有提及，因此鲜为人知。

沈葆桢：清望冠时威卓然

沈葆桢（1820—1879），原名沈振宗，字幼丹，又字翰宇，福建侯官（今福建福州）人。晚清时期的重要大臣、政治家、军事家、外交家、民族英雄，中国近代造船、航运、海军建设事业的奠基人之一，清朝抵抗侵略的封疆大吏林则徐之婿。

沈家祖居河南，南宋时迁至浙江。雍正年间（1723—1735），家族中的一支，继续南迁至福建侯官（今福建福州市区和闽侯县的部分地区）。沈葆桢出生于贫苦的读书人家庭，父亲沈廷枫以教书为业，靠每个月微薄的收入养家糊口。母亲林惠芳娴熟勤快，不但终日替别人做女红补贴家用，而且还负责沈葆桢童年时代的教育。她的教子方法独特、直接而有效：先克服儿子的一些缺点，然后再教习《三字经》《百家姓》等启蒙读本，教授的过程并非按书诵读，而是常常讲解原因。

沈葆桢是舅舅林则徐阁楼上书房的常客。在这里，他阅览了许多古今中外的名作。在与舅舅的交谈中，他开始对"洋务"有了一些了解。此外，他还经常把从书中得到的想法告诉舅舅，表达自己对兴办洋务的看法。道光十六年（1836），十六岁的沈葆桢考取秀才。道光二十年（1840），他和老师林昌彝同榜考中举人，这年沈葆桢刚好二十岁。此时，第一次鸦片战争爆发，不久，担任两广总督的舅舅林则徐被朝廷革职查办。这年在双方父母的主持下，他和小他一岁的表妹、林则徐的次女、十岁时和他订婚的林普晴完婚。

道光二十七年（1847），沈葆桢中进士，选庶吉士，授编修，升监察御史。咸丰四年（1854），沈葆桢补江南道监察御史，一年后调贵州道监察御史。咸丰五年（1855），沈葆桢出任江西九江知府。咸丰六年（1856），朝廷擢升沈葆桢为杭州知府，然而沈葆桢以祖上曾在杭州居住、杭州亲戚过多为由，推辞而改任地处偏远的江西广信（今江西上饶）的知府。这时候，太平军已两次攻打江西，占领了八府五十多县。朝廷只剩南昌、饶州、广信、赣州、南安五郡，整个江西的局势岌岌可危。八月，江西太平军将领杨辅清，率万余人向清军发起了进攻，连克泸溪、贵溪、弋阳，进逼广信城。当时，沈葆桢正陪同工部右侍郎廉兆纶，外出征办军粮、军饷。广信城里的四百守军,闻弋阳失守,纷纷遁逃。城里只剩下知县、参将、千总和知府夫人林普晴,他们组织百姓紧逼城门,誓死坚守。在危急关头,林普晴显示了将门名臣之女的风范和气节。她一边鼓舞百姓,一边派人向林则徐以前的部下,驻扎在浙江玉山的提督饶廷选求援。第二天,沈葆桢赶回了广信,不久援兵至。在同饶廷选商议之后,沈葆桢采取了攻其不备、袭扰辎重的战术,七战七捷,打退了杨辅清的进攻。经此一役,沈葆桢扬名官场,升任江西广饶九南道道台。石达开攻打广信,沈葆桢、饶廷选率守军顽强抵抗。激战数日,石达开败走浙江。咸丰九年(1859),沈葆桢以父母多病,十五年没有回家为由,请求离职回家探望父母。咸丰十年(1860),沈葆桢重新被起用,授吉赣南道道台,沈以父母年老为由婉辞,于是被留在原籍办团练,得曾国藩赏识。咸丰十一年(1861),曾国藩请他赴安庆大营,委以重用。不久,曾国藩推荐他出任江西巡抚。沈葆桢倚用湘军将领王德标、席宝田等镇压太平军,同治三年(1864),捕杀太平天国幼天王洪天贵福、洪仁玕等。同治四年(1865),沈母去世,沈葆桢离官回乡丁忧。

同治五年(1866)春,左宗棠升任闽浙总督,行辕设在福州。八月,朝廷批准了左宗棠关于设轮船制造局的奏折,决定在马尾江的三岐山下建设船政局,即以后的福州船政局。十月,左宗棠因陕西回民起义,调任陕甘总督,行前力荐丁忧在家的江西巡抚沈葆桢接手船政,并亲自到宫巷请沈葆桢出山。然而,左宗棠两次探望沈葆桢都被沈以"重孝在身"为由推诿了。

同治六年(1867),沈葆桢接替左宗棠任福建船政大臣,主办福州船政局。沈葆桢一上任就建船坞及机器厂,并附设艺童学堂,造船舰二十艘,分布各海口。同治七年(1868)正月,沈葆桢又创办艺圃,学制五年,培养监工人才。

同治十三年(1874),日本以琉球国船民漂流到"台湾",被高山族误杀为借口,发动侵台战争。清廷派沈葆桢为钦差大臣,赴台办理海防,兼理各国事务大臣,筹划海防事宜,办理日本撤兵交涉事务。由此,沈葆桢开始了他在台湾的近代化倡导之路。

沈葆桢到台后,一面向日本军事当局交涉撤军,一面积极着手布置全岛防务。他在府城与澎湖增建炮台,安放西洋巨炮;在安平、厦门间装置海底电线;增调淮军精锐武毅铭军十三营六千五百人入台,部置于凤山;陆上防务北路由

台湾镇总兵负责,南路由台湾兵备道负责,海上防务,以扬武、飞云、安澜、靖远、镇威、伏波六舰常驻澎湖,福星一号驻台北,万年清一号驻厦门,济安一号驻福州;同时大力开通部落地区的道路,并派员招抚各处"番社"。清政府也相继运来洋炮二十尊,洋火药四万磅,火药三万磅,士气民心为之大振。这些措施渐次推行开来,形成相当大的声势,使日军不能不有所顾忌。这时候,台南南部恶性疟疾流行,因气候炎热,水土不服,疾疫在侵台日军中迅速流行。每日死者达四五名至数十名,士气极其低落。在进退维谷、内外交困的形势下,日本不得不寻求外交解决途径。在前后七次谈判中,日方仍坚执日本进兵的是"无主野蛮"之地,对此清政府予以严厉驳斥。大久保利通认识到,只有在清政府坚持"番地属中国版图"的前提下,才能和平解决日本侵台的问题。当时清政府的内政外交也存在很多困难,于是在英、美、法三国出面调停下,清政府决定让步。同治十三年(1874)十月,双方签订了《中日北京专条》(《北京专约》)三条,除以"抚恤"及付给修道建屋费用为名偿银五十万两外,约中有"兹以台湾生番曾将日本国属民等妄为加害"之语,日本出兵乃为"保民义举"。实际上该条约等于承认琉球为日本的属国。日军于同治十三年(1874)十二月一日撤出台湾。

光绪元年(1875)四月,清廷发布上谕,派李鸿章督办北洋海防事宜,沈葆桢督办南洋海防事宜,中国近代海军的建设从此走上轨道。沈葆桢守住台湾后,立即着手进一步开发,实施了开禁、开府、开路、开矿四大措施。

光绪元年(1875),沈葆桢撤军内渡,同年奉旨进京,升任两江总督兼南洋通商大臣,督办南洋海防,扩充南洋水师,并参与经营轮船招商局,派船政学堂学生赴英、法留学。

光绪五年(1879)十一月,沈葆桢病逝于江宁任上,享年五十九岁。派遣优秀学员出国留学,是沈葆桢晚年对近代中国的又一重大贡献。这些出国深造的人员不乏严复、詹天佑之辈,他们后来成了近代中国各个领域的专家,对推动中国近代社会的进步起了巨大的作用。

沈衍庆：取义成仁担纲常

沈衍庆，字槐卿，安徽石埭（今安徽石台县）人。道光十五年（1835）进士，以知县发江西，先是暂代兴国知县，接着正式补为泰和知县。道光二十五年（1845），沈衍庆调至鄱阳。

鄱阳地处鄱阳湖滨，经常有盗贼出没。为了管理治安，沈衍庆仿照保甲法，对渔民进行编制连保，因此抓获一些大盗。鄱阳有些地区的人，剽悍好斗。只要闻讯，他就轻骑驰往，竭诚开导，使纠纷平息。沈衍庆任职鄱阳时，两次遭遇洪水。他亲自勘察灾情，尽力赈抚，救活灾民无数。所有举措，卓异有效，深得县民赞许。

咸丰二年（1852），太平军攻占湖北武昌，沈衍庆请兵镇守康山，以控制鄱阳门户。咸丰三年（1853），九江沦陷，谣言四起，老百姓纷纷逃亡，以致无法禁止。于是，沈衍庆率领练勇守巡东门。见粮船中有数百人趁乱打劫，沈衍庆毫不犹豫地手刃了两个人，使余党惊服，人心才得以安定。太平军围攻南昌，巡抚张芾令沈衍庆赴援。沈衍庆奉檄率领兵勇与太平军交战。鄱阳县的事务由乐平知县李仁元代为处理。当时，虽时值七月，但涨大水。沈衍庆前脚刚走，随后便谣言四起，风声鹤唳，说太平军已经由湖口分兵夺取饶州。于是，沈衍庆星夜赶回鄱阳。这个时候，太平军果然已从水路渡鄱阳湖，直奔县城而来。为了抵抗太平军，知府胡正仁防堵西门，知县沈衍庆防堵南门，代县事李仁元防堵东门。没料到太平军由北门攻城。七月十四日，鄱阳终于失守，沈衍庆、李仁元战死。后清廷追赠道衔，立祠于鄱阳。

虽然沈衍庆一生最高的职务，不过是七品县官，但在历史上仍有一定的影响。尤其值得称道的是，大名鼎鼎的民族英雄、政治家林则徐，与他有师生情谊。

林则徐（1785—1850），福建省福州市人，是近代史上著名的民族英雄、政治家、思想家、诗人。林则徐和沈衍庆，从籍属地缘关系上说，两者相隔千里之遥；从入仕后政治地位上看，林则徐曾是朝廷一品大员，沈衍庆则只是个基层官

259

员——知县。那么，林则徐与沈衍庆的师生关系，是如何形成的呢？

道光十四年（1834），林则徐"监临江南省试"。省试揭榜后，众多成绩优异的青年才俊脱颖而出。而这些人中有沈衍庆，他最出类拔萃，"巍然房魁，闱艺尤高于众"，因而预料他势必"连步以登"。第二年，会试揭榜，沈衍庆果然捷得甲科，名列前茅。对此，林则徐内心感到十分高兴。在之后的宦海生涯中，他听说沈衍庆到金溪任职，"出为司牧"。在林则徐的心目中，沈衍庆相当优秀，但到底是少年出道，阅历浅，经验终归不足，而且他和沈衍庆之间不曾有过直接的上下级关系，所以对沈衍庆的政务问题解决能力，心里没底。一次偶然的公差，林则徐途经南昌，微服私访了江西境内的吏治民情。在无任何官方正面引导的情况下，他获得了大量的一手信息。当年鄱阳湖流域水灾严重，灾情最为严重的是地处鄱阳湖滨的鄱阳县。虽然鄱阳县灾情最为严重，而官民一致公认："振民最勤，不为成例所束缚，良法美意，常出于功令之外，民爱之若父母焉。"而做到这点的主政者，就是他十六年前主试江南榜时进入甲科的沈衍庆。其人其事使林则徐大发感慨。感慨之一：时人多认为"做文章"和"做官"是两回事，做得一手好文章的人，不一定能够当得好官；同样，能够当好官的人，不一定能够写出一手好文章。这个成见在沈衍庆的身上遭到了彻底的颠覆：他把做文章的智慧和才情，巧妙地融合到治县理政的实践之中，赢得了当地朝野一致的广泛赞誉。感慨之二：他自己一直很低调地认为，当官这门差事于社会是没有什么大作用的。但是透过沈衍庆的所作所为，他又深深地感到：作为一名高官，能够为国家发现有真才实学、品德高尚的人才，造福于民，造福于国，实在是一件令人无比欣慰的快事。他对自己所选中的人才"心窃敬之"。

林则徐对沈衍庆的倍加赏识，不仅仅因为沈衍庆能够做好职责范围内的事，恪尽职守，更重要的还在于沈衍庆在立足本职工作的基础上，把国家的大事、国家的兴衰存亡时刻萦系于心。当时最突出的问题就是外国列强的侵略以及由此导致的激烈的阶级冲突。对此，沈衍庆站在国家、民族利益的高度，旗帜鲜明、立场坚定地站在"禁烟、主战"派林则徐一边，并且多次通过林则徐"恩师"这个渠道，给朝廷上疏，痛陈"禁烟"之利和御侮之计。他的词采横溢的《鸦片烟赋》，在当时禁烟派的读者群中广为流传。其中"才储八斗而皆虚，力扛九鼎而亦竭"，"白昼作夜长眠，虚度半生驹晷"，"怜形容兮柴共瘦，憎面目兮鬼为徒"等妙语警句,读来令人痛彻肝肠。

沈衍庆在《上大府请罢英夷和议书》中,痛陈鸦片烟对国库资财的严重掠夺,对官场风气的严重腐蚀,以及对国民健康的严重危害。他旗帜鲜明地站在主战派一边,如数家珍地列举了从古到今的"城下之盟",给国家民族招致的灭顶之灾,从而形成自己坚决抵制鸦片烟进入中国的主张。

沈衍庆虽然进士出身,具有文人禀赋,但素尚勇武。然而,这并不意味着他好斗。在当时的情况下,他之所以毫不犹豫地站在主战派一边,是因为他认为"能战而后可和",只有完全掌握了控制战争局面的主动权,才可以和英夷讲和。除此之外的另一种选择,就是依据自己的地利优势,团结一致,"据险守御"。并且他为此列举了福建、浙江、台湾等地御敌有方的成功事例,佐证了自己观点的可行性。林则徐对于这份"上疏"给予高度评价:"陈义大正,论事明切、严气正性……古今之至文哉。"同时,林则徐为了保护自己的门生,使他不至于在风云诡谲的政治斗争中付出不必要的代价,在充分肯定沈衍庆"上疏"内容的基础上,又对表达的时机和知晓范围表明了自己的态度和观点:"惟佩服在心。已将此稿存之箧笥。此文垂之久远,自有定论。"

沈衍庆作为林则徐的得意门生,他没有辜负前辈对他的厚望,咸丰三年(1853),在一次敌我悬殊的鄱阳保卫战中,他身先士卒,英勇献身。他为后人留下的《槐卿遗稿》,成为现在研究清末时期江西地方官员判牍案例的重要资料。

赵之谦：师法秦汉才华展

赵之谦（1829—1884），初字益甫，号冷君；后改字㧑（huī）叔，号悲庵、梅庵、无闷等，浙江绍兴人。所居曰"二金蝶堂""苦兼室"。官至江西鄱阳、奉新、南城知县，工诗文，擅书法，初学颜真卿，篆隶法邓石如，后自成一格，别出心裁。善绘画，花卉学石涛而有所变化，为清末写意花卉之开山。篆刻初学浙派，继法秦汉玺印，复参宋、元及皖派，博取秦诏、汉镜、泉币、汉铭文和碑版文字等入印，一扫旧习，所作苍秀雄浑。青年时代，他即以才华横溢而名满海内。他在书法方面的造诣是多方面的，可使真、草、隶、篆的笔法融为一体，相互补充，相映成趣。赵之谦曾说过："独立者贵，天地极大，多人说总尽，独立难索难求。"他一生在诗、书、画、印上进行了不懈的努力，终于成为一代大师。

赵之谦一生命途多舛，五十五年的岁月中，经历四朝，生于道光朝，最终历经咸丰、同治朝，死在了光绪朝。中间又经历了太平天国战乱。他少年丧母，兄家遭诬破产；壮年时，妻女皆亡。

赵之谦天分聪颖，"天禀瑰异，颖悟倍常童"，两岁就能把笔写字，读书习字，博闻强识。道光三十年（1850），二十一岁的赵之谦，受绍兴知府缪梓赏识。缪梓将其纳入幕中，负责府上的文案笺奏等事务。当时太平军侵入江浙，赵之谦随缪梓辗转温州、福建一带。他妻子范敬玉，则留在绍兴主持家务。同治元年（1862），太平军攻克绍兴，赵之谦家因战火被焚，亲友亦遭杀戮，妻子范敬玉携女避难至母家。不久，年仅一岁多的幼女蕙榛夭折，范敬玉肝肠寸断，遂病殁于绍兴娘家，年仅三十五岁。因战事影响，赵之谦直到两个月以后才在福建得知妻女过世的消息。当"家人死徙，屋室遭焚"的噩耗传来，赵之谦伤心不已，"我妇死离乱，文字无一存。惟有半纸书，依我同风尘"，"今我不陷贼，生存非我喜。洁身对君父，负心与妻子"。接到家书的赵之谦悲痛欲绝，改号"悲盦"并刻"悲盦"一印，刻款云"家破人亡，更号作此。同治壬戌四月六日也"。

赵之谦一生于功名无望，考试屡试不中，虽然最后考得功名，但终因风气所限，无法正常入仕为官。四十四岁的赵之谦心灰意冷，转求实务，呈请分发，以的顶梁柱位置,只要有亲友求助,他一定不会看着不管,如:家中阿忠今年娶亲,阿月于六月间又断弦。两人均写信来要钱,赵之谦勉强凑出银八十两寄至杭州,以四十元寄予子安侄……一个家族的大事小情、红白往来,所耗不在小数,他居然承担起了他自认为应当承担的责任。

赵之谦从小就耿直,在《亡妇范敬玉事略》中,赵之谦这样评价自己:"余少负气,论学必疵人,乡曲皆恶。"他是天才,性格孤傲,又加上贫穷,言语上经常跟同乡人起争执,甚至达到了"乡曲皆恶"的地步,这当然影响到了他后来的科举考试进程。赵之谦对八股文深恶痛绝,他二十五岁的时候,作过一首诗《答王瓒公问学》,诗中有这样的句子:"识字务觅举,八比且称文。如妆复如戏,鼓掌遂摇唇……英雄入彀中,祸甚于坑焚。地下秦祖龙,游魂来笑人。"在他的眼里,写八股文是对学问人的戕害,比焚书坑儒更为惨烈。因此,他一方面想通过科举考试获得功名,实现自己一生最大的愿望;另一方面对科举考试所必须使用的八股文章,鄙夷到了极点。他曾记录了一次会考情形:"今春应试,又以次场经艺贪用纬书子史,致主司有不识之字三十余。"学问与才华太过出众,他在应考的文章中使用了许多他认为很平常的字,但这些字考官不认得,当年落榜于是在情理之中。

赵之谦一生刻了不到四百方印,其中还包括他的自用印九十七方,平生能得到他的印的也就五六十人而已。一个篆刻家,甚至中年时还靠此谋生,作品却这么少。这跟他的耿直性格有关:不对脾气的,他坚决不刻。不过,对于真正让赵之谦看上的人,他是丝毫不吝啬的。赵之谦的传世印作,不管是兴致所至、往来唱和,还是姓名、堂号之类,他都精心创作,绝非泛泛应酬之作。读他的印有如读他的人生,亲情友情、悲欢离合,皆在这一刀一石中真情流露。

国史馆誊录议叙知县之职赴江西上任,任《江西通志》总编。后来他实在没有办法,于光绪二年(1876)鬻艺捐官,以一千七百金勉强获得一个末流小吏——鄱阳知县,继而调往奉新、南城担任七品芝麻官,直至卒于任上。

赵之谦一生对篆刻艺术情有独钟。然而在技艺上,本来认为是知己的吴让之,在印学观点上与他冲突极大。好端端的几个有"金石癖"的朋友,几乎都先他去世。胡澍殁于同治十一年(1872);次年沈树镛殁,魏锡曾稍晚,于光绪八年(1881)去世。本来他收了个得意的弟子钱式,就是"西泠八家"最后一位钱松的儿子,以传他衣钵。偏偏钱式又英年早逝(二十一岁)。无亲无朋无弟子的赵之谦,剩下的只有先人遗传给他的哮喘病一直陪伴他,这确是悲苦到了极致的一生。赵之谦自号"悲盦",是真正的"我欲不伤悲不得已"。

赵之谦是中国晚清艺术史上最重要的艺术家之一。绘画上,他是"海上画派"的先驱人物;书法上,他是清代碑学理论的有力实践者,其魏碑书风使碑派技法体系得以完善,是全面学碑的典范;篆刻上,他开创了"印外求印"的创作模式,后世的大篆刻家无一不从他这里获得开山立派的灵感和滋养,吴昌硕、黄牧甫、齐白石等大家都从学他入手,之后遂成一代大家。虽然如此,赵之谦一生所刻,却都是为自己及亲朋好友所作,绝无泛泛的应酬作品。四十二岁时,他曾在杭州以字画为生,晚年也有过应酬,但却从未以篆刻鬻食,这表明他不愿以篆刻为生的态度,可知其对篆刻艺术爱好的纯粹。

为官是赵之谦的理想,他决心做一位受百姓爱戴的好官。为此,他放弃了自己经营多年的爱好——篆刻。在鄱阳县任上,他想起曾为彭泽令的陶渊明,于是便刻了一方"为五斗米折腰"印。赵之谦引用这个典故,去了"不"字,而用了"为五斗米折腰"六字。此印章的边款上说:"扔叔戏反陶彭泽语以自况。"可见他的矛盾心理和窘迫生活。

赵之谦是书、画、印天才,一生该当不愁吃喝,毕竟画画、写字、刻印,任何一项都能换来银两。光绪十一年(1865)前后,赵之谦在杭州黄岩县翼文书院当客座教授,收入颇丰,"此间身兼两役,所入不下五百金"。显然,他生前的进项还是不少的。可是,赵之谦身后萧条,他的遗柩都是由浙、赣故友凑钱运回杭州的。照理说,他收入不错,生前岂会无积蓄?不过依他自己所记多是"整顿家事,弥补旧亏,周济不足,因此得畅所欲为,而入者尽出矣"。他把自己置于一族